D1513625

Collection ASPECTS no. 21

Les classes sociales au Cegep

Distributeurs exclusifs

PARTI PRIS

C. P. 149, Station "N", Montréal, Qué.

Tél.: 844-2187

L'Agence de Distribution Populaire

955 rue Amherst,

Montréal 132, Qué.

Tél.: 523-1182

1SBN 0-88512-066-3

Dépôt légal, Bibliothèque Nationale
du Québec, Montréal, quatrième trimestre 1973

Claude Escande

Les classes sociales au Cegep

(Sociologie de l'orientation des étudiants)

Éditions Parti Pris

SOMMAIRE

Introduction

Au mois d'octobre 1968, pour marquer leur deuxième année d'existence, les Collèges d'Enseignement Général et Professionnel connaissent leur première contestation étudiante d'envergure. Cette explosion spontanée, confuse dans ses revendications, rappelait brusquement aux promoteurs de la réforme scolaire qu'une politique en matière d'éducation ne se conçoit pas sans tenir compte du comportement des étudiants.

Ces évènements survenaient au moment où devant les premiers résultats obtenus, des administrateurs et des universitaires commençaient à douter de la nouvelle institution et s'inquiétaient qu'elle n'atteigne pas les objectifs prévus(1)*. Alors que les instigateurs de la réforme prévoyaient un développement de l'enseignement technique par le regroupement des enseignements général et professionnel dans un même établissement, les choix des étudiants venaient contrarier les prédictions initiales. A la répartition souhaitée de 70% d'étudiants pour le cours*

(1) Cf. les travaux du 4ème colloque annuel de la Faculté des Sciences de l'éducation de l'Université Laval tenu au mois de septembre 1968.

professionnel et de 30% pour le cours général répondait une distribution approximativement inverse. (1)

Il était évidemment difficile de présumer de l'orientation définitive des choix étudiants puisque la première année, seulement douze Cegeps avaient ouvert leur porte. Dès septembre 1968, ils atteignaient le nombre de vingt-trois et la Province en compte aujourd'hui près de quarante avec les institutions associées. Sans préjuger de l'évolution future de cette première répartition, il était opportun d'étudier dès ce moment les choix des étudiants à l'entrée des Cegeps.

Les facteurs individuels du devenir scolaire et professionnel ne sauraient être évalués pleinement sans leur dimension sociale. Pour cela il fallait tenir compte d'une part, de la réforme scolaire, commandée par une politique, c'est-à-dire par l'état de rapports sociaux au Québec, et d'autre part, des comportements des étudiants, déterminés à la fois par une origine et par une destination sociale (2)*. Cette dimension sociale s'exprime donc sous deux aspects, l'un relativement statique (les institutions et leur configuration strictement juridique), l'autre plus dynamique (les forces ou les actions qui les animent).*

---

(1) Le rapport Parent (Rapport de la Commission Royale d'enquête sur l'enseignement dans la province de Québec – Gouvernement du Québec) Tome 11 – 1966 indique "des prévisions variant entre 11.5% et 20 ou 30% de la population totale de 18 à 21 ans comme effectifs universitaires possibles" (p. 29) et préconise plus loin une orientation de "plus des trois quarts des effectifs scolaires... vers des emplois et professions techniques" (p. 32).

(2) Une analyse en terme d'origine et de destination de classe reconnaît le caractère transitoire de la situation des étudiants et leur enlève définitivement l'appartenance à un groupe social homogène, une classe étudiante et même une condition étudiante. La démonstration magistrale de cette hétérogénéité a été effectuée par Pierre Bourdieu et Jean-Claude Passeron qui, dans un autre ordre d'idées, définissent indirectement les fondements sociaux des échecs répétés du syndicalisme étudiant (Cf. Bibliographie en annexe).

Dès lors l'orientation des étudiants, comme fait social, ne pourrait être envisagée que par la mise en évidence de toute une série de médiations ou rapports. Parmi ces médiations ou rapports, nous retiendrons à titre d'exemple: le rapport entre le passé scolaire des étudiants et leur origine sociale, le rapport entre leur orientation au Cegep et leur destination sociale (en terme d'affectation éventuelle sur le marché du travail), le rapport entre l'institution (les différents types de formation qu'elle contient) et ce même marché du travail, caractérisé par la division sociale du travail et la division entre les sexes, le rapport entre le Cegep et un pouvoir qui légifère en matière d'éducation et par conséquent régit l'ensemble des institutions scolaires.

Quand on commence à dresser de cette façon toutes les implications de l'orientation des étudiants, on constate à la fois l'ampleur de l'objet de la recherche et la nécessité d'en limiter les contours. C'est pourquoi il nous a paru important de regrouper l'analyse de ces rapports selon plusieurs niveaux d'investigation distincts et complémentaires.

La présente étude traitera d'abord des liens rattachant la création et le fonctionnement des Cegeps aux institutions économiques et politiques. Il n'y a dans cette démarche que l'application du principe selon lequel, "dans la production sociale de leur existence, les hommes nouent des rapports déterminés, nécessaires, indépendants de leur volonté"[1]*. Ces rapports comprennent certes les rapports du travail, mais également ceux du secteur qui nous concerne davantage: la reproduction de la division sociale du travail par l'école.*

Pour appliquer ce point de vue théorique à la connaissance des choix et aspirations des étudiants de Cegep, nous préférons partir d'une double recontextualisation de l'institution Cegep: d'une part le contexte de l'histoire économique et politique qui englobe les transformations du système d'éducation québécois,

---

(1) Marx (Karl): Contribution à la critique de l'économie politique, avant propos — Paris Gallimard — Bibliothèque de la Pléiade, 1963, p. 272.

et d'autre part celui de la solidarité qui lie l'institution scolaire à d'autres institutions sociales. Ce n'est qu'après avoir saisi ces relations extérieures à la vie collégiale proprement dite, que nous envisageons l'étude des comportements étudiants.

Reconnaître que les comportements des étudiants sont les produits non de leur conscience, mais de la réalité sociale d'un système d'éducation à un moment donné du développement de la société québécoise, ce n'est pas méconnaître l'action en retour des conduites étudiantes sur la vie spécifique de l'institution Cegep. C'est la saisir sous un autre angle, et refuser une explication exclusivement volontariste ou idéaliste.

Il importe de saisir en premier les contradictions, c'est-à-dire le mouvement qui a abouti à la mise en place des Cegeps, et ensuite les nouvelles contradictions que développe cette institution du point de vue des étudiants et des positions sociales qu'ils expriment.

Pour résumer, l'étude de l'entrée dans les Cegeps de même que celle de l'institution Cegep sont conçues comme les éléments d' "un ensemble de pratiques et d'institutions qui se sont organisées lentement au cours du temps, qui sont solidaires de toutes les autres institutions sociales et qui les expriment, qui, par conséquent, ne peuvent pas plus être changées à volonté que la structure même de la société"(1).

L'organisation administrative de l'école, les programmes de formation, doivent également exprimer une politique en matière de reproduction de la force de travail, conformément aux intérêts de la classe dominante. Il faut donc définir les composantes politiques de la réforme scolaire.

C'est cette attitude générale vis-à-vis de notre objet de recherche qui a impliqué une approche selon trois paliers d'investigation de la réalité sociale de l'école:

---

(1) Durkheim (Emile): Education et sociologie – Paris, P.U.F. Collection "Le Sociologue", 1966, p. 120.

- *Premièrement, celui de la création historique des Cegeps et de l'éventail des possibilités offertes aux étudiants;*
- *Deuxièmement, celui des effets de l'appartenance sociale sur la sélection et l'orientation;*
- *Troisièmement, les comportements des étudiants tels qu'ils apparaissent dans des représentations idéologiques.*

Ces trois paliers représentent formellement la gradation des contraintes sociales qui pèsent sur l'orientation des étudiants, la contrainte la plus intense étant institutionnelle et par conséquent politique.

Pour préciser la portée de ce travail, ajoutons qu'il ne faudrait pas, malgré les résultats obtenus, surestimer le rôle de l'école dans la reproduction des rapports sociaux et des classes.

En effet les places offertes aux étudiants après la formation scolaire, ne sont pas le produit de l'école elle-même. Nicos Poulantzas nous fait justement remarquer dans un article sur les "classes sociales"(1)*, qu'il faut tenir compte de deux aspects dans la reproduction élargie des classes sociales: d'une part de la reproduction élargie des places qu'occupent les agents et d'autre part de la distribution de ces agents parmi ces places.*

La reproduction élargie des places occupées par les agents est commandée par l'existence du mode de production lui-même qui exige la reproduction de la bourgeoisie et du prolétariat. L'école ne joue donc ici qu'un rôle secondaire. Les facteurs sociaux de l'apprentissage ne se manifestent donc pas exclusivement par le seul jeu de l'héritage d'un "capital culturel" transmis par la famille. Il s'agit plutôt de tenir compte de l'impératif premier de la division entre les deux classes fondamentales, la bourgeoisie et le prolétariat, impératif inhérent au mode de production capitaliste. A cet égard Christian Baudelot et Roger Establet ont clairement établi qu' "il s'agit bien de diviser d'abord

---

(1) POULANTZAS (Nicos): Les classes sociales in "*L'Homme et la société*", nos 24 - 25 - Avril, septembre 1972, p. 23-55.

d'apprendre ensuite ou plutôt et simultanément de diviser par l'apprentissage"[1].

En ce qui concerne la distribution des agents parmi les places offertes, l'école joue un rôle décisif. Il faut cependant envisager aussi les capacités du marché du travail à recevoir ou produire lui-même la main d'oeuvre, sans oublier les différentes modalités de formation permanente.

Le lecteur conviendra que les données présentées dans cette étude n'abordent la vaste question des fonctions sociales de l'école qu'à un de ces niveaux, l'entrée dans les Cegeps.

Il faut par conséquent en limiter la portée tout en l'articulant à d'autres recherches. Par ailleurs les résultats valent davantage par leur caractère particulier de la connaissance du système d'éducation au Québec, que par celui plus général de l'analyse de l'école capitaliste. D'autres recherches analogues dans d'autres sociétés ont déjà abouti au même type de résultats que ceux que nous obtenons au Québec[2]. *Cependant ce genre d'investigation reste à poursuivre, tant au niveau secondaire, que collégial et universitaire.*

Un point doit être acquis cependant. Après avoir esquissé les implications économiques et politiques de l'école en matière d'orientation, après avoir repéré les effets de l'appartenance sociale des étudiants sur leur distribution entre les cours et les secteurs des Cegeps, après avoir relevé les motifs invoqués par ces mêmes étudiants, leurs incertitudes sinon parfois leur égarement, il sera difficile de soutenir que l'orientation relève d'abord d'une problèmatique du sujet détaché de sa position de classe et des rapports de classes de la société.

---

(1) BAUDELOT (Christian) et ESTABLET (Roger): L'école capitaliste en France - Paris - Maspéro - 1971. Voir à ce sujet la critique à l'encontre des analyses sociologiques de Pierre BOURDIEU et Jean-Claude PASSERON, p. 220-225 et 279-291.

(2) Cf. Bibliographie en annexe du présent ouvrage.

Chapitre premier

La création économique et politique des Cegeps

INTRODUCTION A L'HISTOIRE DE L'ÉDUCATION AU QUÉBEC

L'intervention de la politique dans l'éducation ne date pas de l'instauration d'un Ministère de l'Education en 1964 et encore moins de la création des Cegeps. En réalité, tout système d'éducation sert une politique, dans la mesure où il tend à reproduire les conditions d'existence d'une société (socialisation et reproduction de la force de travail). Il suffit de rappeler quelques évènements majeurs de l'histoire du Québec pour s'apercevoir que les conflits politiques qui animent la société, s'expriment aussi dans des luttes pour le contrôle de l'école.

Sans le régime français jusqu'en 1760, l'enseignement avait été l'oeuvre exclusive de l'Eglise catholique avec l'octroi de subsides royaux. La scolarisation débute donc sous le signe de l'initiative privée (l'Eglise) avec l'aide de l'Etat. Le seul fait marquant de la colonisation est sans doute l'organisation de la base de l'enseignement supérieur, avec l'ouverture en 1635 à Québec d'un collège de Jésuites et la fondation d'un Petit Séminaire par Mg. Laval en 1668.

Après la conquête, l'Angleterre envisage un moment de pratiquer l'assimilation de la communauté francophone par l'extension de l'école unique protestante et unilingue[1].

---

(1) Groulx (Lionel): L'enseignement français au Canada. Ed. Granger Frères. (Montréal - 1933 - Tome 1).

Les administrateurs locaux comprennent, avant la couronne britannique, le profit qu'ils pourraient tirer d'une collaboration avec le clergé catholique français. Le clergé catholique se retrouve en effet l'autorité reconnue, représentant officiel de la communauté francophone après le départ de la noblesse et des administrateurs français. Par ailleurs, les difficultés de l'économie de fourrure et la situation économique catastrophique qui accompagne la défaite militaire, incitent les commerçants français à quitter le Canada. Cette situation privilégiée de l'Eglise commence cependant à être contestée au début du XIXe siècle avec la montée d'une petite bourgeoisie composée principalement de professions libérales influencée par les théoriciens anglais et français du XVIIIe siècle. Ces tensions s'expriment dans les rapports entre l'Eglise et l'Etat [1].

L'Acte de 1791 qui divise le pays en deux Etats, le Haut et le Bas Canada, permet en effet aux canadiens-français d'envoyer à l'Assemblée du Bas Canada une majorité composée essentiellement de représentants de cette petite bourgeoisie. Dès lors, trois forces s'affrontent sur le terrain scolaire: l'Eglise catholique, la petite bourgeoisie qui contrôle l'Assemblée, la bourgeoisie marchande anglaise avec l'Eglise anglicane.

Comme le clergé catholique et la petite bourgeoisie canadienne-française perçoivent toujours la menace de l'assimilation, ils concluent une alliance de fait pour mieux sauver la nation et s'opposent à tout projet centralisateur. C'est ainsi qu'ils mettent en échec l'application de l'Institution Royale de 1801.

La loi de l'Institution Royale permettait au gouverneur de nommer dans chaque paroisse les commissaires chargés d'adminis-

---

(1) Cf. Ouellet (Fernand): L'enseignement primaire: responsabilité des Eglises ou des Etats? (1801-1836) in Bélanger (Pierre W.) et Rocher (Guy): Ecole et Société au Québec - Ed. H.M.H. - Montréal - 1970 - 465 p.

Audet (Louis Philippe): Histoire de l'enseignement au Québec. Ed. H.R.W. Montréal - Toronto. 1971. Tome I.

trer des écoles élémentaires gratuites et d'engager des maîtres. Il y avait là évidemment un danger d'assimilation par l'action de l'Eglise anglicane. Les paroisses francophones n'ont pas réclamé la création d'écoles. En 1829, il y avait dans le Bas Canada environ 80 écoles, en majorité protestante.

Néanmoins la petite bourgeoisie canadienne-française parvient progressivement à s'affirmer contre le clergé. La loi de 1829 (Loi des écoles d'Assemblée) écarte partiellement l'Eglise de l'enseignement par l'engagement d'instituteurs laïcs et un contrôle de l'Etat. Ce qui l'emporte à ce moment là dans la petite bourgeoisie, c'est l'esprit nationaliste et libéral. La loi de 1829 devient donc, par le contrôle de l'école, un moyen de prévenir l'assimilation et parallèlement de surveiller le clergé.

Sur le terrain des luttes de classes il se développe au cours de cette première moitié du XIXe siècle une contradiction qui oppose la petite bourgeoisie canadienne-française aspirant à la création d'un ensemble économique bas canadien et la bourgeoisie marchande anglaise soucieuse de maintenir sa domination sur les deux parties du Canada(1).

Or cette contradiction s'est rapidement exacerbée au début des années 30, en raison de la crise économique qui sévit durant cette période, notamment dans les campagnes. Les petits propriétaires fonciers mécontents appuieront les politiciens les plus radicaux de la petite bourgeoisie. Cette alliance de classes prépare l'affrontement et lui donne la forme de la lutte entre deux nations.

La révolte des Patriotes est réprimée en 1837 par l'armée britannique avec la bénédiction de l'Eglise catholique. Cette nouvelle alliance entre le clergé et la couronne britannique permet à l'Eglise de contenir le libéralisme et l'esprit laïc chez les Canadiens français et d'assurer de la sorte sa suprématie sur le système d'éducation. Le monopole de l'Eglise en matière d'éducation se

---

(1) Voir à ce sujet BOURQUE (Gilles): Classes sociales et question nationale au Québec - 1760–1890 - Montréal Ed. Parti Pris. 1970 - 350 p.

renforce donc après la défaite des patriotes, notamment avec les lois scolaires de 1841.

C'est en effet de 1841 que datent le régime d'administration locale avec la commission scolaire(1) et le droit de dissidence pour la minorité religieuse.

Le pouvoir de l'Eglise de plus en plus remis en cause jusqu'en 1837, va être progressivement renforcé après cette date. L'enseignement confessionnel dans des écoles séparées, catholique francophone et protestante anglophone, est alors solidement implanté sur la base de la réciprocité de services rendus pour le maintien du statu quo et l'exercice du pouvoir. La domination politique partagée et complémentaire de l'Eglise catholique et des administrateurs anglais sur la communauté canadienne française correspond grosso modo à une division sociale du travail entre des colons petits exploitants agricoles (en majorité francophones) et les milieux d'affaires des villes (en majorité anglophones). Les cadres et notables canadiens-français sont formés dans les collèges classiques et les facultés des Arts, qui ouvrent la porte aux facultés de Théologie, Droit et Médecine(2).

L'école confessionnelle maintenait donc et renforçait la séparation des deux communautés, à tel point que le système des écoles séparées a fait de l'école unilingue le pôle de résistance à l'assimilation, comme foyer de contre-acculturation(3). On com-

---

(1) Les Commissions Scolaires sont composées d'élus de la population municipale. Seuls les propriétaires fonciers sont éligibles et électeurs. Elles administrent l'école, recrutent les maîtres grâce à des prélèvements fiscaux. Elles bénéficient aujourd'hui de subventions de l'Etat provincial. En 1973, pour la première fois, tous les citoyens canadiens sont électeurs à la Commission des Ecoles Catholiques de Montréal.

(2) La nomenclature des facultés est une reproduction de la nomenclature de l'Université médiévale. Les Collèges classiques de leur côté, tant dans leur programme que leur organisation, sont apparentés aux collèges des Jésuites du XVIIe siècle. Voir à ce sujet: Durkheim (Emile): L'évolution pédagogique en France - Paris - P.U.F. 1969 - 403 p.

(3) Voir à ce sujet: Denton (Trevor): The Structure of French Canadian Acculturation in "Anthropologica". N.S. Vol. VIII No 1 - 1966.

prendra que la deuxième moitié du XIXe ait été une période de "cléricalisation" du système d'éducation québécois.

C'est ainsi qu'est créé en 1836 le Conseil de l'Instruction public[1] qui constitue l'organisme central de direction de l'administration scolaire.

En 1869 le Conseil de l'Instruction Publique est composé de deux comités, un catholique et un protestant, ce qui accentue la division selon la confession. En 1875 les évêques catholiques québécois en font partie d'office. On supprime la même année le poste de Ministre de l'Education pour mettre l'école à l'abri de la politique. En réalité il s'agit encore pour l'Eglise de préserver l'école de l'influence du Parlement et plus généralement de l'Etat. La mainmise de l'Etat sur le système d'éducation représente pour l'Eglise à cette époque le pire des maux avec ses symptômes étrangers: la laïcité, la franc-maçonnerie, le "matérialisme" américain, l'anticléricalisme français, qui menaçaient de conduire le Québec vers sa perte. Il faudra attendre quatre-vingt-neuf ans jusqu'en 1964 pour la réouverture d'un Ministère de l'Education.

Si la deuxième moitié du XIXe siècle a été une période de "cléricalisation", la première partie du XXe siècle constitue une période de maintien du statu quo avec toutes ses implications, notamment le retard de formation scientifique et technique.

En ce qui concerne l'enseignement préuniversitaire qui nous intéresse davantage, il n'y a au début du siècle dans la Province qu'une vingtaine de collèges classiques appelés parfois séminaires. Les cours de base consistent en l'enseignement du latin, grec, lettres françaises et philosophie scolastique avec quelques rudiments de sciences.

Vers 1910 un cours commercial est dispensé dans le collège classique. L'Enseignement public commence à se développer dans le secondaire, sous la pression de nécessités économiques et

(1) Le Conseil de l'Instruction Publique règlemente le statut des Ecoles Normales et de la qualification des Maîtres. Il choisit les livres en usage dans les Commissions scolaires.

sociales. En 1907 sont créées les premières écoles techniques. Un Conseil Supérieur de l'Enseignement Technique sera institué en 1941. En 1958 les écoles techniques administrées par le gouvernement prendront le nom d'Instituts de technologie.

Par ailleurs, après la première guerre mondiale le développement des sciences dans l'enseignement supérieur[1] favorise la création de sections scientifiques dans le cours primaire supérieur, puis dans le cours secondaire public. Un nouveau cours ouvrait la porte à l'université: le cours scientifique.

Il serait cependant inexact de conclure que le système d'éducation basé sur les humanités a freiné le développement économique de la Province. Depuis le début du siècle, période de démarrage économique, le Québec n'a pas été en marge du mouvement général d'industrialisation au Canada. L'industrialisation au Québec s'est effectuée en même temps et en étroite relation avec celle de l'Ontario. Elle a accusé toutefois un léger retard tout en gardant un taux de croissance identique à celui de l'économie ontarienne jusqu'à la deuxième guerre mondiale[2]. Ce qu'il faut souligner, c'est que l'industrialisation du Québec s'est faite essentiellement par l'investissement d'un capital provenant de l'extérieur de la Province, de l'Ontario et surtout des Etats-Unis.

Les appels constants et presque désespérés à la "libération économique" des canadiens-français, que ce soient ceux d'Etienne Parent au milieu du XIXe siècle, d'Errol Bouchette et Edouard Montpetit plus tard, ne font qu'exprimer, sous la forme d'une idéologie nationaliste, les aspirations d'une petite bourgeoisie canadienne-française encore faible. Les séquelles de la conquête, le confinement des Canadiens-français dans des activités agricoles

---

(1) La première Faculté des sciences dans une université francophone date de 1920 (Université de Montréal). Celle de l'Université Laval à Québec a été créée en 1937.

(2) Cf. Raynauld (André): Croissance et structure de la Province de Québec. Ministère de l'Industrie et du Commerce de la Province de Québec. 1961.

durant le XIXe siècle, n'ont pas permis à une bourgeoisie nationale de jouer un rôle dans le développement économique de la Province(1).

La formation des cadres supérieurs de l'industrie et du commerce avait été assurée pour l'essentiel par les institutions anglophones(2).

Il ne restait plus à la communauté francophone qu'à fournir durant la première phase d'industrialisation, d'une part une minorité de notables ou professions libérales issues des collèges classiques et formée dans les Facultés de théologie, droit et médecine, et d'autre part, une majorité de main d'oeuvre à bon marché grâce au réservoir de l'exode rural.

---

(1) Il existe plusieurs explications controversées sur l'infériorité économique des Canadiens-français.
Cf. Comeau (Robert) éd.: Economie québécoise - Montréal - Cahiers de l'Université du Québec - 1969 - 495 p. dont les articles suivants:
Desrosiers (Richard): La question de la non-participation des Canadiens-français au développement industriel au début du XXe siècle - p. 301.
Vallerand (Noël): Agriculturisme, Industrialisation et triste destin de la bourgeoisie canadienne-française (1760-1920) p. 325.
Angers (François-Albert): L'industrialisation et la pensée nationaliste traditionnelle. p. 417.
Voir également: Rioux (Marcel) et Martin (Yves) éd.: La société canadienne-française. Montréal - Hurtubise H.M.H. 1971, 404 pages dont:
Faucher (Albert) et Lamontagne (Maurice): L'histoire du développement industriel au Québec.

(2) Les quelques ingénieurs francophones formés au début du siècle à l'Ecole Polytechnique se trouvaient souvent isolés dans les emplois industriels et s'orientaient au bout de quelques années vers la fonction publique.
Cf. Ryan (William F.): L'Eglise et l'éducation au Québec - in Bélanger (Pierre W.) et Rocher (Guy): Ecole et Société au Québec. op. cit. p. 201.

L'INDUSTRIALISATION APRÈS LA DEUXIÈME GUERRE MONDIALE – LES CHANGEMENTS DANS LA STRUCTURE DE LA MAIN D'OEUVRE

L'industrialisation du Québec s'est accélérée après la deuxième guerre mondiale sous l'impulsion du capital américain. L'américanisation de l'économie canadienne et québécoise est aujourd'hui accentuée à un point tel que le capital provenant des Etats-Unis contrôle "97% de l'industrie automobile, 90% du caoutchouc, 75% du pétrole et du gaz naturel, 70% des appareils électriques, 60% de l'exploitation minière, 52% des produits chimiques"(1). A ce contrôle manifeste sur des industries de pointe et des ressources naturelles, il faudrait ajouter la capacité des compagnies américaines de financer sur place leur propre investissement. C'est dire que l'économie canadienne et québécoise est profondément intégrée à l'ensemble nord-américain dominé par les Etats-Unis.

L'afflux du capital étranger a donc favorisé l'expansion économique du Québec. Les innovations techniques appliquées dans la production de même que l'augmentation de la population, de la consommation de biens et de services qui en découlent, ont modifié considérablement la structure de la main d'oeuvre.

Les emplois du secteur primaire au Québec passent de 26.54% de la population active en 1941 à 11.4% en 1961(2). En 20 ans la part de la population active à la campagne aurait diminué de plus de la moitié en pourcentage, de telle sorte qu'en

---

(1) Chiffres cités in Bergeron (Gérard): Le Canada français après deux siècles de patience. Paris - Seuil - 1967. 271 p. p. 59.
Voir également: Le Rapport Gray: Ce que nous coûtent les investissements étrangers. Ed. Lemeac - Le Devoir - Montréal - 1971 - 213 pages.

(2) Allen (Patrick): "Tendances des professions au Canada, de 1891 à 1961" in *"Actualité économique"* - Avril-juin 1965. p. 49, p. 86.

1967, 79% de la population du Québec vit dans des centres urbains[1]. L'économie des services (secteurs tertiaires) connaît une évolution contraire passant de 38.42% à 51.1% pour les mêmes années 1941 et 1961 [2].

Il n'y a pas que la part des secteurs primaire, secondaire et tertiaire, qui se trouve modifiée par cette évolution économique, mais également les occupations à l'intérieur de chacun de ces secteurs. Aussi parmi les occupations tertiaires, les professions exercées dans les affaires, l'éducation et les hôpitaux ont connu la plus forte augmentation. Même l'effectif des professions libérales s'est accru en proportion dans tout le Canada[3].

L'analyse des statistiques compilées lors des recensements fédéraux nous permet de percevoir plus précisément l'influence de la structure de la main d'oeuvre sur les transformations de la structure sociale[4]. Pour l'ensemble du Canada les professions de "cols blancs" passent, entre 1941 et 1961, de 25.2% à 38.6%, les professions manuelles de 33.4% à 34.9%, les services de 10.5% à 10.8% et les professions primaires de 30.6% à 13.1%. De la catégorie "professions manuelles" qui représente essentiellement la classe ouvrière on pourrait donc rapprocher des catégories comprises dans les services comme les journaliers et les concierges (1.59% en 1961), les garçons et les filles de table (1.39%) etc. . ., catégories dont les effectifs progressent. Avec les

---

(1) Bureau de la statistique du Québec. Statistiques - Déc. 1968 - Vol. III, No. 3.

(2) Allen (Patrick): op. cit. p. 85.

(3) Cf. Ahamad (B): Une projection des besoins en main d'oeuvre par profession en 1975. Le Canada et ses régions. Ministère de la main d'oeuvre et de l'Immigration. Ottawa - Imprimeur de la Reine - 1969 - 319 p.

(4) Cf. Meltz (Noah M.): La main d'oeuvre au Canada. 1931 à 1961. Statistique historique de la population active au Canada. Ministère de la Main d'oeuvre et de l'immigration. Ottawa - Imprimeur de la Reine - 1969. 290 p.

correctifs à apporter à la catégorie "cols blancs" du fait de son hétérogénéité sociale (elle comprend en effet indistinctement les professions "propriété et gestion", "professions libérales", "emplois de bureau", "commerce et finance"), il apparaît que la classe ouvrière reste du point de vue numérique le premier groupe social [1].

L'évolution de la main d'oeuvre féminine dans cet ensemble est remarquable à maints égards. La part des employés féminins recensés passent de 19.8% en 1941 à 27.8% en 1961. On peut constater aisément que plus les femmes sont "actives" plus on les trouve regroupées dans certaines professions. Le pourcentage des femmes diminue par exemple dans les services (65.1% à 57.8%) et les professions libérales (46.1% à 43.2%), professions qui comprennent cependant les infirmières et les enseignants, alors qu'il augmente considérablement dans les emplois de bureau (50.1% à 61.5%). Le passage des emplois féminins de professions libérales et services aux emplois de bureau prouverait que la division du travail entre les sexes ne se résorbe pas avec l'augmentation du travail des femmes. Leur importance numérique dans les emplois de bureau, qui représentent près du tiers de la main d'oeuvre féminine en 1961, montre qu'un grand nombre de femmes occupent de plus en plus des postes de subordination dans l'admi-

---

(1) Une autre correction s'imposerait dans le décompte de la population active pour envisager une correspondance en terme de groupes sociaux. Ne sont considérées comme actives que les personnes exerçant une activité rémunérée. Ainsi les ménagères ne sont pas considérées comme actives, si bien que pour le 1/3 des ménages les deux conjoints sont comptés).

Comme les femmes sont surreprésentées dans les emplois de bureau (61.5% par rapport aux hommes en 1961) et sous-représentées dans les professions manuelles (10.6%), elles modifient (par l'absence des ménagères) la structure de la population réellement active. Lorsqu'on ne considère que la population active masculine, le groupe des professions manuelles passe, de 1941 à 1961, de 37.1% à 43.2%, et les "cols blancs" ne représentent que 31.4% en 1961.

Cf. Meltz (Noah M.): op. cit. Tableaux p. 60-61-62.

nistration, lorsqu'elles exercent une activité professionnelle rémunérée [2].

Si intéressante que soit l'analyse des modifications de la structure de la main d'oeuvre, elle ne nous donne qu'un vague aperçu des transformations de la structure sociale et des rapports de classes. Il y a des changements qualitatifs que les données statistiques ne traduisent jamais. Que signifie notamment le passage de 5.38% à 7.90% de la catégorie "propriété et gestion"? Nous savons que cette catégorie comprend "les propriétaires qui exploitent ou dirigent leur propre affaire; les directeurs et fonctionnaires payés, sauf en agriculture, en exploitation forestière et dans l'industrie de la pêche"[1], autrement dit les petits commerçants et les administrateurs de grandes compagnies privées ou publiques.

Les changements quantitatifs du point de vue statistique négligent les changements qualitatifs du fait de l'évolution des techniques de production et des qualifications professionnelles. Ainsi un technicien de l'industrie ou un petit propriétaire foncier aujourd'hui ne sont pas assimilables à leur semblable d'il y a une vingtaine d'années.

Il est indéniable que le progrès scientifique concourt au développement des forces productives. Par conséquent la reconnaissance du savoir dans des titres de propriété donne aux détenteurs des connaissances un statut privilégié dans l'organisation du travail. C'est également un des traits de la société bureaucratique que la propriété des connaissances, sous la forme juridique de diplômes distincts et hiérarchisés, consacre des pouvoirs eux-mêmes hiérarchisés.

Cette évolution ne change en rien le fondement même du mode de production capitaliste, à savoir la propriété privée des moyens de production. Elle ne permet pas non plus d'affirmer que le savoir, la science est devenue une force productrice

(1) Ibid. tableau p. 62.

(2) Ibid. p. 27.

directe, ce qui conférerait à ses détenteurs le titre de producteurs, à côté des ouvriers.

En effet, les connaissances ne sont pas en elles-mêmes, c'est-à-dire dans leur formulation théorique, des forces productrices. Elles le deviennent seulement dans leurs applications pratiques. Or la division capitaliste du travail maintient la séparation entre d'une part, ceux qui véhiculent le savoir et d'autre part, ceux qui utilisent des techniques que la science permet de perfectionner.

Cette évolution ne modifie finalement que les formes d'organisation de la production, les formes d'exercice du pouvoir et surtout de délégation du pouvoir. La hiérarchisation des tâches implique précisément à la fois une forme de division du travail et de délégation du pouvoir.

Le développement de nouvelles tâches dans la gestion des entreprises, la croissance des administrations publiques et des services, la différenciation des cadres supérieurs, comme la multiplication des types d'ingénieurs, de conseillers, etc... modifie qualitativement d'anciennes fonctions. Dans le domaine de l'enseignement, la concentration dans de grandes unités urbaines au secondaire transforme la fonction de l'enseignant dans les rapports qu'il entretient avec son employeur ou les parents. Dans les collèges et les universités les professeurs sont appelés à participer à la gestion de certains services administratifs. On pourrait multiplier ainsi les exemples qui affectent également le statut de certaines professions libérales par de nouvelles législations (assurance-maladie, assistances judiciaires, etc...) qui modifient leur responsabilité publique, leur pouvoir.

En général, l'accès à des postes d'administration, de responsabilité dans la conception du travail, par des personnes qui ne détiennent pas exclusivement leur autorité de la propriété de biens matériels mais de la propriété de connaissances, pourrait bien être défini par l'appellation commune de technocratie[1].

Finalement le Canada et la Province de Québec ont connu avec l'expansion économique de l'après-guerre, sous l'impulsion des Etats-Unis, des transformations considérables sur le plan social et politique. Pour le Québec en particulier, il s'agit dans les années 60 d'une véritable rupture d'avec la "société traditionnelle"[2]. L'évolution des forces productrices entraîne des exigences nouvelles sur le plan des institutions qui les canalisent et les reproduisent. C'est ainsi que l'appareil d'Etat, dont fait partie le système d'éducation, connaît des transformations qualitatives qui apparaissent comme autant de ruptures brutales avec le passé. Au cours de ces transformations d'ordre juridique et idéologique interviennent évidemment des luttes pour le pouvoir. Nous essayerons maintenant de les définir dans les caractéristiques politiques de la "Révolution Tranquille" [3].

---

(1) L'apparition d'une technocratie s'accompagne de la diffusion d'une idéologie technocratique. La pensée technocratique procède d'une logique conforme aux exigences d'une société "organisée" (C'est-à-dire au Québec d'un capitalisme de plus en plus planifié). Si on pouvait réduire cette pensée à ses fondements philosophiques, elle se définirait comme un positivisme étriqué, persuadé que l'homme ne progresse que dans le développement continu des connaissances. Le savoir neutralise toutes les impulsions idéologiques non rationnelles et ramène toute question à sa dimension technique. Idéologie de la négation des idéologies, elle est l'idéologie des serviteurs dévoués et inconditionnels du pouvoir établi. Dans la pratique elle est soucieuse de rationaliser les institutions, de les rendre plus "fonctionnelles" sans s'interroger davantage. D'où le culte que cette idéologie voue aux "experts" et aux vertus de l'adaptation dans une société en "constante évolution".

(2) Le concept de "société traditionnelle" appliqué au Québec est défini et illustré notamment dans les nombreux articles édités par:
Rioux (Marcel) et Martin (Yves): La société canadienne-française, op. cit.

(3) L'expression "Révolution Tranquille" traduit bien les promesses et la prudence du gouvernement de Jean Lesage, arrivé au pouvoir au mois de juin 1960 après un long règne de l'Union Nationale et de son chef Maurice Duplessis. Les Québécois avaient le sentiment que désormais rien ne serait comme avant, d'autant plus que l'on se proposait de transformer ce qui semble avoir marqué le plus la Province: son système d'éducation.

LES RAPPORTS DE CLASSES DANS LA RÉVOLUTION TRANQUILLE

Pour mettre en lumière les liens entre les transformations profondes dans les rapports entre groupes sociaux et la vie politique, nous pourrions suivre deux démarches complémentaires: d'une part analyser les objectifs politiques que se fixent les différents partis aussi bien dans les idéologies proclamées que dans les intérêts défendus lors de l'exercice effectif du pouvoir, et d'autre part saisir l'influence ou la faveur des partis concernés au sein des différentes classes de la société.

Dans le premier cas il faudrait se livrer à une sociologie des organisations politiques, une analyse de contenu des programmes des partis et des prises de décision lors de l'exercice du pouvoir; dans le deuxième nous n'aurions pas d'autre solution aujourd'hui que le recours aux enquêtes d'opinion et à la sociologie électorale. Le caractère de ces recherches ne peut en aucun cas nous conduire à la conclusion selon laquelle chaque classe a nécessairement un défenseur de ses intérêts dans un parti, ni qu'un parti soit seul à défendre les intérêts d'une classe ou fraction de classe. Elles permettent tout au plus d'ôter des illusions sur la neutralité ou l'approche purement technique des réformes institutionnelles et notamment des réformes scolaires(1).

---

(1) Pour ce travail nous pouvons consulter:

- BOILY (Robert): Les hommes politiques du Québec - 1867—1967. Revue d'Histoire de l'Amérique Française, XXI, 3e (1967) p.599-634;
- BELANGER (André J.) et LEMIEUX (Vincent): Le nationalisme et les partis politiques. R.H.A.F. XXII, 4 (Mars 1969) p. 54-563;
- LESAGE (Jean): Lesage s'engage - Montréal - Ed. Politiques du Québec - 1959 - 123 p.;
- CHAPUT (Marcel): Pourquoi je suis séparatiste - Montréal - Ed. du Jour - 1961 - 156 p.;
- D'ALLEMAGNE (André): Le Colonialisme au Québec - Montréal - Editions R.B. 1966 - 191 p.; →

Car le problème fondamental qui est celui de l'exercice du pouvoir et de la nature de ce pouvoir, ne saurait se résoudre dans des analyses de la vie politique des partis. Le pouvoir d'une classe se manifeste d'abord dans les formes d'organisation de la production matérielle, de la vie sociale, c'est-à-dire d'un mode de production et de son régime de propriété. En ce sens le pouvoir d'une classe pré-existe au jeu des partis, dont la fonction principale est d'assurer la légitimité de ce pouvoir.

Nous considérerons que l'alternance des partis au pouvoir, dans le système parlementaire, n'implique aucunement une alternance quant à la domination d'une classe. Elle signifie principalement des modifications quant aux bases sociales sur lesquelles s'appuie la classe dominante, c'est-à-dire des changements d'alliance de classes ou de fractions de classes.

Par ailleurs les institutions politiques québécoises ne sont qu'un élément de l'Etat fédéral canadien et c'est seulement pour préciser le terrain des affrontements politiques que nous traiterons de l' "Etat" québécois. En réalité il n'existe qu'un Etat canadien avec plusieurs paliers de gouvernement, dont celui du gouvernement provincial.

L'économie canadienne enfin est, rappelons-le, largement dominée par les Etats-Unis, et le Québec n'échappe pas à cette domination. L'exercice du pouvoir au Québec n'existe pas à l'extérieur de ce contexte économique et politique. Nous pouvons donc considérer que, indépendamment de la vie parlementaire, le

---

- LEVESQUE (René): Option Québec - Montréal - Ed. de l'Homme - 1967 - 173 p.;
- Parti Pris Ed.: Les Québécois - Préf. de BERQUE (Jacques) Paris - Ed. Maspero - 1967 - 300 p.;
- JOHNSON (Daniel): Egalite ou indépendance - Montréal - Ed. de l'Homme - 1961 - 125 p.;
- LEMIEUX (Vincent): Quatre élections provinciales — 1956-1966 - Québec - P.U.L. - 1969 - 246 p.;
- LEMIEUX (Vincent), GILBERT (Marcel), BLAIS (André): Une élection de réalignement - l'élection du 29 avril 1970 au Québec - Montréal - Ed. du Jour - Cahier de Cité libre - 1970 - 182 pages.

pouvoir au Québec se partage entre la bourgeoisie impérialiste américaine et la bourgeoisie canadienne, par l'intermédiaire d'alliances avec des fractions de la moyenne et petite bourgeoisie québécoise. Toute alliance peut développer évidemment des contradictions entre les partis en cause, sur la base de contradictions d'intérêts. C'est ce jeu d'alliances et de reconsidération des alliances qui selon nous caractérise la vie politique québécoise.

Après la deuxième guerre mondiale, les gouvernements de l'Union Nationale et de leur chef Maurice Duplessis ont, de 1944 à 1959, joué à fond les investissements étrangers en accordant des concessions avantageuses aux compagnies américaines, surtout dans l'exploitation des ressources naturelles. On ne peut pas soutenir qu'il se soit créé de cette façon une grande bourgeoisie nationale au Québec. La bourgeoisie qui contrôle les principales unités de production dans le Québec est essentiellement américaine ou anglo-canadienne. Quelques familles québécoises seulement, ont réussi à se hisser au rang de cette bourgeoisie et elles s'y sont assimilées.

Il existe cependant une classe dominante au sein du groupe canadien-français du Québec: une moyenne et petite bourgeoisie québécoise, qui a constamment fourni les cadres de la vie politique provinciale. La période du gouvernement Jean Lesage après la victoire électorale du Parti Libéral en 1960, correspond au renouvellement des bases sociales d'un pouvoir qui s'appuie sur une moyenne et petite bourgeoisie urbaines. L'expansion économique de l'après-guerre a en effet favorisé l'ascension d'administrateurs québécois, de cadres supérieurs de grandes sociétés étrangères et de certains groupes capitalistes québécois de plus petite dimension avec leurs institutions financières comme la Banque Provinciale, le Mouvement Coopératif des Caisses Populaires Desjardins, etc... C'est cette fraction qu'on pourrait qualifier de moyenne bourgeoisie québécoise.

Par ailleurs, la petite bourgeoisie traditionnelle du Québec regroupant les petites entreprises familiales, les professions libérales et les notables ruraux, a été progressivement éclipsée, par le mouvement d'industrialisation et d'urbanisation, derrière une petite bourgeoisie urbaine. Dans cette dernière il faudrait comprendre les cadres moyens de l'industrie, du commerce, des services de la fonction publique, les professions de l'enseignement, les cadres des appareils syndicaux et même des membres des professions libérales devenus salariés ou soumis à des fonctions les rapprochant des cadres supérieurs des entreprises privées ou publiques.

Sans présumer des types d'alliance entre ces différentes fractions de la moyenne et petite bourgeoisie, on peut affirmer que la "Révolution Tranquille" est l'oeuvre d'une petite bourgeoisie urbaine, animée par une idéologie technocratique(1). Il faut cependant souligner que cette petite bourgeoisie québécoise agit alors pour le compte de la bourgeoisie canadienne, seule classe au pouvoir, qui contrôle l' "Etat" provincial comme composante de l'Etat fédéral. Avec la défaite électorale de l'Union Nationale en 1960, le "renouveau" se fait contre la petite bourgeoisie traditionnelle des propriétaires fonciers, des petites exploitations familiales, des notables ruraux (dont le clergé) et des professions libérales dans leur ancienne conception.

En effet les principales réformes et transformations de l'appareil d'Etat amorcées par le gouvernement libéral de Jean

---

(1) Certaines analyses de la question nationale au Québec démontrent dans la "Révolution Tranquille" l'alliance provisoire de deux fractions de la petite bourgeoisie. Une fraction regrouperait des dirigeants d'entreprises québécoises dans le commerce, l'industrie, les services et des cadres supérieurs de grandes compagnies privées et étrangères. L'autre fraction proprement "technocratique" comprendrait un intelligentsia d'administrateurs en poste dans la fonction publique, les entreprises d'Etat, les universités, les appareils syndicaux. La bourgeoisie anglo-canadienne aurait évidemment soutenu cette coalition libérale puisqu'elle se proposait, dans le cadre constitutionnel fédéral, de moderniser l'économie capitaliste au Québec.
Cf. Bourque (Gilles) et Frenette (Nicole): La structure nationale québécoise in "Socialisme québécois" No 2-22 - Montréal - Avril 1971 - p. 109-155.

Lesage traduisent la volonté d'adapter la société québécoise à la dimension américaine tout en restant dans le cadre fédéral et en défendant des revendications nationalistes exprimées dans le slogan "maîtres chez nous". Parmi ces réformes retenons: la nationalisation de l'hydro-électricité et la création de l'Hydro-Québec, la création de la Société Générale de Financement pour favoriser les investissements et aider certaines industries québécoises en difficulté, d'entreprises d'Etat comme la Société d'Exploitation Minière (SOQUEM), la Société de récupération et d'exploitation forestière (REXFOR), etc..., la multiplication de services ministériels, la création d'un corps policier provincial unifié (la Sûreté du Québec), sans traiter pour l'instant de la réforme scolaire.

Cette tendance n'a pas été freinée par le retour au pouvoir de l'Union Nationale en juin 1966, qui a su utiliser les comtés ruraux sur-représentés au Parlement de Québec. Les transformations de la "Révolution Tranquille" se sont poursuivies sous le gouvernement de Daniel Johnson avec les instruments mis en place par le gouvernement précédant, mais cette fois avec une autre variante du thème nationaliste: "Egalité ou indépendance". On retrouve finalement dans toutes ces mesures gouvernementales les caractéristiques d'un renforcement du capitalisme d'Etat. Il est significatif par ailleurs que cette évolution accentue les contradictions dans le régime fédéral canadien, entre l'appareil étatique d'Ottawa, qui s'est également renforcé, et les Etats provinciaux dont le Québec en particulier, très jaloux de conserver son champ de juridiction, sinon de l'étendre. La charte de l'Amérique du Nord (1867), conçue dans un cadre économique libéral ne pouvait pas définir et prévoir le partage des compétences dans une situation de capitalisme d'Etat. C'est ainsi que les conflits de juridiction entre les deux paliers gouvernementaux vont se multiplier. La succession et les difficultés des conférences constitutionnelles à déterminer les champs de législation respectifs (notamment dans le domaine de la fiscalité, de l'assurance sociale) marquent dans une certaine mesure les limites de la "Révolution Tranquille".

Pour certains groupes nationalistes, ces limites sont perçues comme un échec, en raison des prérogatives du pouvoir central qui interdisent le contrôle absolu d'un "Produit National Brut" québécois par le gouvernement québécois.

Cette période partage en effet une constante de la vie politique québécoise: le nationalisme de la petite-bourgeoisie[1].

Après avoir été les principaux artisans de la "Révolution Tranquille", certains politiciens de l'équipe gouvernementale de Jean Lesage, font un constat d'échec de ce mouvement. C'est ainsi que René Lévesque, ancien ministre du Cabinet libéral, fonde d'abord le Mouvement Souveraineté Association qui fusionne ensuite avec d'autres mouvements séparatistes dans le Parti Québécois (1968). A partir de l'analyse de la conjoncture politique québécoise, il apparaît clairement que les éléments les plus nationalistes, aujourd'hui indépendantistes, de la "Révolution Tranquille", se retrouvent dans la fraction technocratique de la petite bourgeoisie, qui entend poursuivre le mouvement sous une autre forme.

Si nous nous sommes arrêtés un instant sur le contexte politique et social de la réforme scolaire et de la création des Cegeps, c'est pour mettre en évidence les aspects tant économiques que politiques des "Choix" que les nouvelles institutions entendent proposer aux futurs étudiants. Dans ce climat de déblocage, de rupture avec une société traditionnelle rurale et quasiment théocratique, l'essentiel de la réforme scolaire va consister à adapter le système d'éducation à une économie capitaliste moderne.

---

(1) Le thème de la "nation", dans la tradition de "l'intelligentsia" québécoise, recouvre tout l'éventail politique allant de la droite la plus conservatrice du type de l'Union Nationale de Maurice Duplessis, à la version Daniel Johnson "Egalité ou indépendance" (1966), au Parti Libéral de Jean Lesage "Maîtres chez nous" (1960), à la "Souveraineté-association" du Parti Québécois (1968) jusqu'au slogan de la "Lutte de Libération Nationale pour l'indépendance et le socialisme" de certaines organisations politiques se réclamant de la théorie marxiste.

LE RAPPORT PARENT ET LA RÉFORME SCOLAIRE

A plusieurs occasions, le gouvernement de Maurice Duplessis avait été vivement attaqué dans les années 50 en matière d'éducation. Il s'était notamment obstiné à refuser des subsides fédéraux pour l'enseignement supérieur, au moment où les inscriptions dans les universités commençaient à augmenter(1). Cette intransigeance n'aurait peut-être pas ébranlé considérablement le système d'éducation québécois, si vers 1959 ne s'étaient pas manifestées d'autres critiques plus fondamentales.

En effet plusieurs publications entamèrent alors le procès d'un enseignement public qui, par la médiocrité de son administration, de ses enseignants, de ses manuels, compromettaient l'avenir de la communauté francophone(2). Derrière ces attaques c'est essentiellement la politique du Conseil de l'Instruction Publique qui est en cause.

Le succès de librairie des Insolences du Frère Untel suscitent de nombreuses interrogations et préparent l'opinion publique à remettre en questions les institutions scolaires et les méthodes d'enseignement. A cela il faudrait ajouter le désordre et le manque de coordination règnant entre les différents réseaux de l'enseignement post-secondaire et l'Université. Aussi le parti libéral, après avoir fait des promesses de réformes scolaires durant sa campagne électorale, se devait-il de prendre des mesures dans ce domaine.

Par une loi adoptée le 28 février 1961 est instituée une Commission Royale d'Enquête sur l'Enseignement, composée de

---

(1) Cf. Audet (Louis-Philippe): Bilan de la réforme scolaire au Québec, 1959-1969 - P.U. de Montréal - 1969 - 70 pages.

(2) Voir à ce sujet: Desbiens (Jean-Paul): Les insolences du Frère Untel - Ed. de l'Homme - Montréal - 1960 - 158 pages.
Chalvin (Solange et Michel): Comment on abrutit nos enfants - La bêtise en 23 manuels scolaires. Ed. du Jour, Montréal - 1962 - 139 pages.

quatre universitaires dont le président de la Commission, Monseigneur Parent, d'une religieuse professeur de philosophie, d'un administrateur de la Commission des Ecoles Catholiques de Montréal, d'un homme d'affaire secrétaire-adjoint de la Compagnie Aluminium Limited, du directeur du quotidien "Le Devoir" qui deviendra par la suite président de la Compagnie Marine Industrie et président de l'Association des Manufacturiers du Canada.

La Commission est chargée de faire rapport sur la situation de l'enseignement dans la province du Québec et de formuler des recommandations. Durant ses réunions à travers la province, elle va étudier plus de trois cents mémoires qui lui ont été soumis par des Associations religieuses, professionnelles, des syndicats, des chambres de commerce, des grandes compagnies privées, des commissions scolaires, des universités et même des particuliers.

De l'ensemble des volumineux rapports publiés entre 1963 et 1966 (1) se dégagent deux idées directrices:

D'une part la nécessité de bâtir un système d'éducation qui réponde au besoin de la société, d'autre part la promotion d'une conception humaniste de l'école centrée sur les besoins et les goûts de l'enfant. Le Rapport Parent relève donc le défi qui consiste à vouloir adapter les jeunes générations à la société établie et édifier une école qui tienne compte des aspirations des élèves et favorise leur épanouissement. A cela il faudrait ajouter les méthodes de gestion préconisées, qui appellent à la participation et aux multiples consultations de comités spécialisés. C'est dans ce cheminement de deux conceptions apparemment contradictoires, un humanisme personnaliste et une idéologie technocratique que réside, selon nous, l'originalité du Rapport Parent et de la réforme qui va être amorcée à la suite des recommandations formulées. Les volumes publiés traitent successivement de l'histoire de l'éducation au Québec, de l'école dans la société

---

(1) Les textes que nous avons utilisés pour fin de commentaires sont extraits de l'édition en 5 volumes.
Rapport Parent - Gouvernement du Québec - Québec - 1963-1966.

d'aujourd'hui, des responsabilités en matière d'éducation, des réformes à apporter aux différents niveaux d'enseignement, des programmes d'études, des services éducatifs, de la confessionnalité, de l'administration scolaire, du financement de l'éducation et enfin des droits et des devoirs de chacun.

Donc après avoir brossé un tableau historique présentant les lois qui ont régi les institutions scolaires, les rapporteurs analysent les principales caractéristiques de la société actuelle pour en dégager ultérieurement des conséquences sur le rôle de l'éducation. Il est fait mention, dès le début du chapitre IV (Tome I) d'une crise de l'enseignement qui serait universelle et dont les facteurs seraient à la fois démographiques ("explosion scolaire"), économiques ("révolution scientifique et technologique..), sociaux (transformation des conditions de vie) et enfin idéologiques (évolution des idées). Parmi les transformations engendrées par ces facteurs, les plus importantes, celles qui affectent le plus la mission de l'école, sont les modifications de la structure de la main d'oeuvre.

Sur ce point, le rapport résume les analyses sur l'automation et la multiplication des emplois tertiaires. Ces phénomènes apparaissent comme des mutations brusques et généralisées. Quels sont les secteurs les plus marqués par l'automation? Quel est le pourcentage des postes automatisés dans un secteur donné? Nous manquons sans doute d'informations précises sur l'ampleur de cette évolution, sur le rythme de mise en place des processus automatisés dans la production. Pourtant il est écrit en ce qui concerne les emplois tertiaires: "Démographes et économistes prédisent qu'avant longtemps, les agriculteurs représenteront au plus 5 à 10%, et les ouvriers 10 à 15% de la population active, et que les emplois tertiaires occuperont la majorité, soit 70 à 80% de la population" (1).

(1) Rapport Parent: op. cit Tome I page 68.
Cette assertion, qui ne fait aucun doute pour la diminution des emplois primaires, est totalement démentie par les faits en ce qui concerne l'évolution des emplois secondaires et tertiaires. →

Si nous n'avons là qu'une indication globale quantitative et très imprécise, nous avons en revanche plus loin une précision très grande sur l'éventail des nouvelles professions, ce qui pose immédiatement la question de la formation et des choix scolaires: "Et dans le même espace de temps, nombre de professions ou de fonctions, comme celles de psychologues, économistes, démographes, anthropologues, sociologues, directeurs du personnel, directeur des relations extérieures, avocats spécialisés en matière d'accidents automobiles, le droit aérien, le droit fiscal (sic), chirurgiens s'occupant de chirurgie plastique ou esthétique, pour n'en nommer que quelques unes, se sont créées de toutes pièces, ou dégagées complètement d'anciennes professions"(1).

La lecture de ces lignes évoque curieusement le gonflement des effectifs dans les cours des sciences sociales, les revendications des étudiants réclamant des débouchés dans leur discipline et enfin le cri d'alarme lancé dès septembre 1968 par le IXe Colloque annuel de la Faculté des sciences de l'éducation de l'Université Laval. Le Rapport Parent indiquait toutefois: "On a vu que la proportion des élèves destinés à poursuivre des études jusqu'au niveau supérieur peut constituer de 12 à 30% de la population scolaire, selon les critères utilisés. De 70 à 88% des élèves se préparerait à la vie ailleurs que dans les établissements supérieurs" (2).

Le mythe de la réduction de la classe ouvrière ne résiste pas à l'analyse des tendances des vingt dernières années. Nous savons que les effectifs ouvriers ("Professions manuelles" dans le recencement fédéral) ont légèrement augmenté par rapport à 1941. (33.4% à 34.9% en 1961). Enfin si on se réfère aux précisions des économistes en question (Cf. Ahamad (B): Une projection des besoins en main d'oeuvre par profession en 1975 - op. cit), on relève pour l'ensemble du Canada un pourcentage compris entre 33.5% et 34% dans le secteur secondaire en 1975. Pour le Québec ce même type de prévision dépasse 35%. On ne peut que s'interroger sur la "source" prédisant des effectifs de 10% à 15% pour la classe ouvrière "avant longtemps".

(1) Ibid. p. 69.

(2) Ibid. Tome 11, p. 46.

A l'épreuve des faits, on pourrait soupçonner une contradiction entre la volonté de respecter les goûts et le libre choix de chacun et le souci de limiter à seulement 12 ou 30% d'élus l'accès aux universités. En réalité la contradiction n'est qu'apparente. Le Rapport Parent est animé d'une seule conception de l'éducation qui combine la nécessité de l'intervention de l'Etat et différents thèmes de la rénovation pédagogique. Il n'est donc pas surprenant de rencontrer constamment dans le texte, deux énoncés idéologiques qui s'excluent à première vue, l'un humaniste et l'autre technocratique. Ces deux facettes se retrouvent toutefois étroitement complémentaires dans la mise en oeuvre de la réforme qui devait, par ses projets novateurs, séduire le plus de monde possible.

Examinons donc dans un premier temps cette conception humaniste défendue à maintes reprises par le Rapport Parent, idéologie de l'éducation comme bien de consommation individuelle:

"Dans les sociétés modernes, le système d'éducation poursuit une triple fin: donner à chacun la possibilité de s'instruire, rendre accessibles à chacun les études les mieux adaptées à ses aptitudes et à ses goûts, préparer l'individu à la vie en société"(1).

"C'est un lieu commun de dire que l'école est faite pour l'enfant; pourtant on pense trop souvent l'enseignement en fonction des programmes, des maîtres ou de l'école elle-même. . . Ce courant de pensée s'inspire de valeurs que nous voulons voir honorer à l'école: respect de l'intelligence, des dons créateurs, de l'esprit de recherche. Systématisé au niveau de la maternelle et de l'école élémentaire, ce courant pédagogique porte en lui un esprit et une intention que l'on devrait aussi retrouver dans l'enseignement secondaire et universitaire"(2).

Cet humanisme centré sur le sujet, peut s'élever jusqu'au désintéressement et à la gratuité dans l'effort, lorsqu'il s'applique

---

(1) Ibid. Tome II, p. 46.

(2) Ibid. Tome II, p. 15.

à l'enseignement supérieur. Au stade universitaire, il valorise l'individualisme et justifie dans une certaine mesure, en reconnaissant la valeur de l'effort pour l'effort, le caractère traditionnellement désintéressé de certaines études. Après avoir cité le philosophe Alain qui recommande l'effort dans la recherche ("Tout l'art d'instruire est d'obtenir au contraire que l'enfant prenne de la peine et se hausse à l'état d'homme"), le Rapport indique:

"Dans tout enseignement, le contact avec les livres, avec la nature ou avec les hommes, ne vaut que dans la mesure où il conduit à la réflexion, ramène à l'étude personnelle, entraîne à la recherche. En ce sens les études doivent être désintéressées, car elles constituent une étape de formation et de maturation en vue du plein épanouissement de la personnalité" (1).

Il s'agit donc bien de former d'abord des Hommes. Le moteur de l'acquisition du savoir ne réside pas dans une activité pratique, mais plutôt et d'abord dans une attitude de l'esprit attiré par la connaissance:

"Si trop d'étudiants ne se préoccupent pas suffisamment de devenir des femmes et des hommes compétents dans un domaine, c'est qu'ils n'ont pas acquis ce goût et cette passion de la recherche et du travail de l'esprit", et plus loin, "la compétence s'acquiert au prix d'une ascèse, d'une discipline intellectuelle aussi bien que morale, d'une exigence de perfection" (2).

Avec ces longues citations, nous avons non seulement une philosophie de l'éducation, mais aussi le style d'exercices qu'elle implique. Tout est centré sur les goûts personnels de l'individu, ses aspirations. Dans la définition des aptitudes, seule l'attitude intellectuelle est déterminante, à tel point que la compétence dans un domaine ne peut s'obtenir que par le développement d'aspirations quasi morales de perfectionnement individuel.

Si on considère maintenant le deuxième énoncé idéologique du Rapport Parent, il semblerait que cette philosophie humaniste

---

(1) Ibid. Tome V, p. 237.

(2) Ibid. Tome V, p. 237.

de l'éducation soit difficilement conciliable dans son application avec la conception technocratique. Cette dernière s'attache en effet davantage à l'efficacité économique de la main d'oeuvre produite, à la rentabilité des investissements en éducation exigés par un développement déterminé des techniques de production.

Les rapporteurs notent justement, en référant au colloque de Bellagio (1960) que "une des caractéristiques de la nouvelle société industrielle consiste précisément dans le fait que l'éducation, qui a été considérée comme un bien de consommation, devient de plus en plus, sur le plan économique, un bien d'investissement".

C'est ici qu'apparaît la volonté technocratique d'utiliser le système d'éducation pour la reproduction de la force de travail, de rationaliser au maximum son fonctionnement, de prévoir la qualité et la quantité de ses produits. Comme chaque unité de production ne peut pas prendre en charge toute la formation de sa main d'oeuvre spécialisée et de ses cadres, il appartient évidemment à l'Etat d'investir dans le domaine de la formation professionnelle dispensée dans les écoles et de coordonner cette activité. En ce sens la création d'un Ministère de l'Education est la première des nombreuses recommandations du Rapport Parent et la première traduction institutionnelle de cette conception de l'éducation au Québec (1964):

"Nous recommandons la nomination d'un Ministère de l'Education dont la fonction sera de promouvoir et coordonner l'enseignement à tous les degrés, tant dans le secteur privé que dans le secteur public" (1).

---

(1) Ibid. Tome II, p. 69.
De 1955 à 1965, la proportion des ressources affectées à l'éducation passent de 3 à 6.1% du P.N.B. Le Ministère de l'Education partage aujourd'hui plus du 1/3 du budget de l'Etat Provincial. En 1969-70 la population étudiante s'élève à 1,800.000 (de l'élémentaire à l'université), soit 30% de la population totale. A raison d'un coût moyen de $670 par étudiant/année, le gouvernement couvre les 2/3 des coûts par des subventions aux institutions scolaires. Données extraites de: →

Le texte refuse cependant que le pouvoir d'Etat impose une quelconque doctrine. Les gouvernements pourraient être tentés de se servir de cet appareil de domination que constitue l'école. Les commissaires font alors preuve de prudence. Leur exposé sur le rôle de l'Etat révèle qu'ils sont, de façon explicite, attachés à la fonction humaniste de l'enseignement. La conception technocratique, jugée comme un mal nécessaire, est atténuée et présentée sous une forme libérale et acceptable. Aussi l'Etat ne doit-il rester qu'un agent d'organisation, de coordination et de financement de l'enseignement. Il prendra l'apparence d'un Etat-Gendarme:

"L'action de l'Etat comme un gage de liberté est une garantie de l'autonomie de la personne. . . . . . C'est la responsabilité de l'Etat démocratique de permettre la diversité en évitant le chaos, de respecter tous les droits en évitant les abus, de garantir les libertés à l'intérieur du bien commun" (1).

Mais ce même Etat doit également organiser, régler la vie économique et par conséquent planifier l'éducation:

"Le système d'enseignement de la province doit, comme celui des autres pays, évaluer suffisamment à l'avance les besoins futurs et se préparer immédiatement à y répondre. Il faut mettre en place des organismes chargés de prévoir et de planifier, et des structures administratives efficaces pour exécuter les décisions"(2).

Bertrand (Gordon W.): L'éducation et la croissance économique. White (Sylvester F.): Bilan économique et la démocratisation de l'enseignement. in Bélanger (Pierre W.) Rocher (Guy) et al: Ecole et société au Québec - op. cit.

(1) Ibid. Tome I, p. 78.

(2) Ibid. Tome I, p. 66.

LES RECOMMANDATIONS FORMULÉES

La philosophie qui émerge des textes du rapport se retrouve également dans la plupart des mesures préconisées pour moderniser le système d'éducation. Nous n'en retiendrons que deux, qui, outre la création d'un Ministère de l'Education, sont à notre avis les idées maîtresses de la réforme et de véritables innovations au Québec: l'instauration d'un enseignement polyvalent et la création d'un niveau post-secondaire et préuniversitaire.

La polyvalence découle de la reconnaissance d'un "pluralisme culturel" et de la volonté de ne pas séparer les "divers ordres de connaissances"(1). Ce cloisonnement des "cultures" est d'autant plus fâcheux qu'il divise et hiérarchise les différents types d'enseignement au détriment des cours techniques dépréciés par l'opinion publique:

"La fragmentation du système atteint encore les élèves, de façon plus insidieuse, par le jeu de l'opinion publique. Celle-ci donne tout le prestige aux humanités, classe les études scientifiques au second rang, considère comme des pis-aller le cours technique et la section commerciale. Parents et élèves subissent cette pression de l'opinion. . . . . . On ne mesure pas tous les effets néfastes qui découlent de ces préjugés: mauvaise orientation, échecs, retards scolaires, pertes de temps et d'argent"(2).

---

(1) Ibid. Tome II, p. 8: "Nous avons ici défini la culture comme un univers polyvalent de connaissances (cultures humanistes, scientifique, technique, culture de masse); chacun de ces univers correspond à un mode de perception du réel et à des attitudes mentales, morales et spirituelles qui lui sont propres; chacun développe certaines qualités de l'être, exerce certaines facultés, active des attitudes ou des tendances particulières" et plus loin ". . . ces attitudes de l'humaniste et de l'homme de science, étrangers l'un à l'autre, coupés aussi de la culture technique et de la culture de masse, témoignent de la tragique compartimentation des cultures".

(2) Ibid. Tome II, p. 9.

Il faut donc à tout prix rester prudent en matière d'orientation scolaire et éviter deux sortes d'erreurs, écrivent les rapporteurs: une orientation prématurée et une orientation irréversible. A cette fin on va "décloisonner" les réseaux parallèles d'enseignement (classique et scientifique, général et technique) et instituer un système à options avec des matières de base obligatoires pour tous. L'élève pourra composer lui-même son programme en choisissant ses cours dans les séries de cours proposées.

Enfin on supprime la classe degré, pour éviter qu'un échec dans une matière oblige à une reprise de l'ensemble des cours suivis durant l'année. La promotion par degré sera remplacée par une promotion par matière.

La polyvalence préconisée par le Rapport Parent(1) se résume donc dans trois principes clefs: décloisonnement, système d'options et promotion par matière. Elle sera appliquée principalement dans l'enseignement secondaire(2), poursuivie dans l'enseignement collégial comme illustration de la nécessité de "partir des besoins de l'enfant" (système d'option), de faciliter l'orientation de chacun (promotion par matière) et d'institutionnaliser le "Pluralisme culturel" (décloisonnement).

L'application de ces mêmes principes à un enseignement post-secondaire et le souci de mettre fin à la dispersion et l'anarchie dans l'enseignement préuniversitaire, conduisent les membres de la Commission Parent à recommander la création

---

(1) Ibid. Tome II, p. 46 à 61.

(2) Le regroupement de plusieurs milliers d'élèves dans des écoles secondaires polyvalentes a produit des effets contraires à cet idéal humaniste. La destruction de la classe, unité de groupe, a accentué l'isolement de chacun alors que la multiplication des options compliquée par la nécessité de construire les horaires ramènent les étudiants à de simples numéros.
Cf. Gagnon (Lysiane): Une semaine dans une "polyvalente" - publié dans le quotidien "La Presse" les 7-8-9-10-11-12 décembre 1970.

d'Instituts[1] polyvalents. Ces Instituts auront la double tâche de préparer aux études universitaires, et au marché du travail pour celles et ceux qui ont reçu une formation professionnelle insuffisante au sortir du secondaire. La scolarisation après le secondaire permet d'éviter le chômage chez les moins de 18 ans, nous dit le rapport [2].

Selon les commissaires, le décloisonnement dans les Instituts, c'est-à-dire le regroupement d'un enseignement général et technique dans un même établissement permettra de réhausser le niveau de la formation technique qui "a pris un caractère trop exclusivement appliqué, même dans les matières de bases: mathématiques, langues, sciences"[3]. Cependant les cours communs préconisés à savoir, langue, philosophie et éducation physique ne permettent un décloisonnement que pour les étudiants du professionnel qui ont effectivement deux types de cours à suivre. Pour les autres, ils constituent la base humaniste de leurs études et non un complément. On présente la philosophie sous la forme traditionnelle d'une activité essentiellement spéculative:

"A celui qui n'a jamais réfléchi sur une page de Platon, d'Aristote, de Thomas d'Aquin, de Descartes, de Kant, de Hegel, de Marx, de Bergson, de Sartre ou de tant d'autres philosophes, échappe toute une dimension intellectuelle absolument irremplaçable"[4].

Cette "dimension intellectuelle", telle que décrite ci-dessus, est peut-être irremplaçable pour effectuer les études proposées en philosophie, théologie, sociologie, sciences politiques, droit, histoire, etc. . . Toutefois pour les orientations en électricité industrielle, métallurgie-fonderie, télécommunications, techniques de l'assainissement, secrétariat, etc. . ., elle ne peut que demeurer

(1) L'appellation de Collège d'Enseignement Général et Professionnel sera préférée à celle d'Institut lors de la mise en oeuvre de la réforme.

(2) Ibid. Tome II, p. 156.

(3) Ibid. Tome II, p. 159.

(4) Ibid. Tome II, p. 11.

dans le domaine marginal du savoir encyclopédique et de l'érudition, parce que non intégrée dans le processus d'apprentissage des techniques. On peut se demander si la volonté d'associer la formation générale à la formation technique sur cette base, n'aboutit pas d'une part à reconnaître la supériorité d'un savoir sur l'autre, d'autre part à mieux les séparer.

Quant à l'orientation scolaire et professionnelle qu'on entend développer à tous les niveaux du système d'éducation, elle demeure foncièrement libérale dans sa forme et complémentaire d'une "pédagogie de l'éveil". L'élève doit prendre conscience de ce qu'il est, par lui-même et décider librement ce qu'il fera. Encore une fois, on veut éviter les cloisons étanches dès le début du secondaire et faire en sorte que les choix définitifs soient repoussés le plus loin possible:

"Le service d'orientation constituera une pierre d'angle du système d'éducation que nous avons proposé. Les nouvelles structures supposent en effet que l'on retarde le plus possible les choix définitifs et irréversibles; elles se fondent sur une orientation progressive à travers une série d'options échelonnées tout au long des études, depuis la fin du cours élémentaire. Nous avons aussi insisté sur le fait qu'aucun cours ne doit être considéré comme terminal, c'est-à-dire comme ne débouchant pas sur des cours plus avancés" (1).

Cette dernière citation engage vers un enseignement prolongé, ce qui correspond à l'esprit de la réforme, puisque son objectif était de scolariser le plus longtemps possible un plus grand nombre de jeunes gens après leurs études secondaires. Cependant en repoussant le choix de cette façon, on valorise en même temps le cycle préuniversitaire des Instituts puisque le choix ultime ne se situe pratiquement qu'à l'entrée des cours universitaires. Si on laisse entendre aux étudiants qu'il est préférable pour eux de ne pas se prononcer trop tôt, on les oriente implicitement vers l'université qui, elle, permet encore de repousser les choix professionnels.

---

(1) Ibid. Tome III, p. 263.

En rappelant les principales conclusions du Rapport Parent, nous avons voulu définir les intentions et l'idéologie qui ont animé la réforme scolaire. Les réactions à la publication du premier volume du rapport (1963) ont été très vives dans la province. Elles se sont manifestées dans des prises de positions très tranchées, des polémiques qui ont confronté le gouvernement, les partis politiques, des associations professionnelles, les syndicats, l'Eglise et plusieurs personnalités.

Lorsqu'on analyse les différents groupes de pressions en présence lors de la première bataille pour le Bill 60(1), on retrouve nettement le clivage entre ce que nous avons convenu d'appeler d'une part, une petite bourgeoisie traditionnelle sinon traditionaliste à dominante rurale et d'autre part, une petite et moyenne bourgeoisie technocratique urbaine(2). L'essentiel du débat porte sur le rôle de l'Etat en matière d'éducation et sur l'éducation chrétienne. Lors de ce premier coup d'envol politique de la réforme scolaire, nous retrouvons d'un côté un pôle conservateur, clérical et nationaliste, partisan du statu quo. Ce pôle est composé de l'Union Nationale, des sociétés Saint-Jean-Baptiste, des Chevaliers de Colomb, des associations de professeurs catholiques de

---

(1) Le Bill 60 est l'appellation du projet de loi déposé le 26 juin 1963, proposant la création d'un Ministère de l'éducation et d'un Conseil Supérieur de l'Education. Retiré le 8 juillet et redéposé sous une forme amendée le 14 janvier 1964, le Bill 60 sera adopté le 5 février 1964.

(2) Voir à ce sujet l'ouvrage de Léon Dion qui présente un cheminement détaillé de la campagne pour le Bill 60 et du processus de décision qui a conduit à l'adoption du projet de loi.
Dion (Léon): Le Bill 60 et la société québécoise - Montréal - Ed. H.M.H. Collection Aujourd'hui - 1967 - 197 pages.
L'analyse reste cependant au niveau des prises de position des groupes de pression. L'auteur conclut donc que cette campagne a été un affrontement entre un "pouvoir civil" (le gouvernement et l'Etat) et un "pouvoir ecclésiastique" (représenté par l'Assemblée des Evêques). Cette opposition se serait terminée sur la base d'un nouveau compromis, d'un nouveau concordat. Il reste que les forces sociales supportant ces deux partenaires sont reléguées au second plan derrière le jeu des institutions.

l'enseignement primaire et secondaire, de la Fédération des Collèges classiques, des commissions scolaires rurales, de la plupart des évêques et membres du clergé. Le second pôle réformiste et progressiste comprend: le Parti Libéral(1), le Mouvement laïc de langue française, les associations de professeurs d'université, la Commission des Ecoles Catholiques de Montréal, les syndicats C.S.N. et F.T.Q., les Chambres de Commerce, le Parti Socialiste du Québec, les associations étudiantes etc. . . Les interventions de l'Assemblée des Evêques amèneront le gouvernement à retirer le premier projet et à l'amender en fournissant des garanties à l'Eglise en ce qui concerne son autorité en matière d'éducation chrétienne. Cette refonte du Bill 60 ne freine pas les recommandations du Rapport Parent, et l'adoption de la loi instituant le Ministère de l'Education signifie que la réforme est désormais irrémédiablement engagée.

Cependant une partie du pôle réformiste, qui a animé et soutenu la Révolution Tranquille, estimera quelques années plus tard que le gouvernement libéral n'a pas répondu suffisamment aux promesses du Rapport Parent. Dans le domaine de l'éducation, comme dans d'autres champs de juridiction du gouvernement provincial, c'est encore le Parti Québécois qui exprime le mieux la volonté de poursuivre aujourd'hui un mouvement inachevé.

C'est ainsi que dans un dossier intitulé "A quand la réforme scolaire"? (2), le parti indépendantiste reprend à son compte les principaux objectifs du Rapport Parent, soutient les mesures législatives prises en matière d'éducation durant les années 60 et affirme que "la véritable réforme scolaire est à peine amorcée"(3).

---

(1) Le principal artisan de la réforme scolaire dans le cabinet libéral est le Ministre de la Jeunesse, M. Paul Gérin-Lajoie, futur Ministre de l'Education. Cf. Gérin-Lajoie (Paul): Pourquoi le Bill 60 - Montréal - Ed. du Jour - 1963 - 142 pages.

(2) A quand la réforme scolaire? - Dossier - Ed. du Parti Québécois. 1972 - 40 pages.

(3) Ibid. p. 9.

Revendiquant "certains aspects positifs de la contestation étudiante qui débute au Québec en 1968", le document se prononce en premier lieu sur un renouvellement de la pédagogie. Une pédagogie active consisterait en un accent plus grand mis sur le travail en équipe, en un rôle de conseiller dévolu au professeur, en un enseignement centré sur l'enfant et plus près de la vie. Cette orientation permettrait de préparer davantage l'étudiant au marché du travail. Mais là encore, il s'agit d'un problème constitutionnel à résoudre:

"Il est certain d'autre part que la solution au problème dépend d'une planification à long terme du développement de l'économie qui n'existe pas actuellement. Comme le souligne le récent manifeste du Parti Québécois: "Quand nous serons vraiment chez nous", cette planification est rendue en pratique impossible par un demi-gouvernement à Québec, qui, tout en étant responsable de l'Education, n'a pas le contrôle des leviers économiques" (1).

Le Parti Québécois souligne également les inégalités sociales devant l'école et avance que la démocratisation de l'enseignement reste un mythe, tant que le programme du P.Q. restera lettre morte, programme "qui vise à remplacer l'impôt foncier, lequel frappe plus durement le petit salarié, par un impôt progressif sur le revenu" (2).

Toutefois le P.Q. ne peut pas s'interroger sur la reproduction nécessaire des rapports sociaux, commandée par l'existence du mode de production capitaliste. C'est la raison pour laquelle les exhortations finales de son dossier sur l'éducation ne dépassent pas les accents du Rapport Parent lorsqu'il affirme:

"Il s'agit de préparer des milliers de jeunes à un monde du travail qui dans dix ans exigera de moins en moins de gestes mécaniques et de plus en plus de créativité, d'imagination et

---

(1) Ibid. p. 17;

(2) Ibid. p. 25.

d'initiative; à un monde où le travail d'équipe sera la règle plutôt que l'exception.

Il s'agit enfin de préparer la prochaine génération à vivre dans une société. . . qui exigera de chacun une participation critique aux décisions collectives dans le cadre d'un plan de développement du Québec élaboré démocratiquement par tous, exigeant donc des citoyens formés à l'esprit de concertation"(1).

Si la réforme scolaire s'est fixée comme but de rationaliser le système d'éducation et de l'adapter aux besoins économiques de la société québécoise, le Rapport Parent a servi également à conditionner l'opinion publique à l'idée de changement. La philosophie d'inspiration personnaliste qui s'en dégage, incitera les enseignants à participer à la réforme en leur présentant, en même temps que de nouvelles structures scolaires, des objectifs de rénovation pédagogique. Elle engagera également les parents et les étudiants à accentuer un effort de scolarisation sans précédent. Gérard Bergeron note fort justement à ce sujet que "tout un peuple se remet à l'école".(2).

C'est dans leurs aboutissements politiques que les deux énoncés idéologiques analysés dans le Rapport Parent se retrouvent indissociables. La réforme scolaire, malgré les interventions de l'Assemblée des Evêques, a enlevé à l'Eglise catholique son monopole traditionnel dans le domaine de l'éducation. Il reste à l'Eglise, avec le maintien de deux comités confessionnels, un rôle de gardien de la confessionnalité et de contrôle de l'enseignement religieux. Les thèmes de l'éducation nouvelle et de la rénovation pédagogique balayent les anciennes pratiques des collèges classiques. Héritiers dans leur forme des collèges des Jésuites du XVIIe siècle, les collèges québécois avaient prolongé l'union de l'enseignement des humanités classiques avec l'éducation chrétienne.

La conception technocratique redonne par l'intermédiaire du Ministère de l'Education le premier rôle à l'Etat, au détriment

---

(1) Ibid. p. 36;

(2) BERGERON (Gérard): Le Canada-français - op. cit. p. 172.

de l'Eglise. Elle enlève enfin à cette dernière l'autorité politique qu'elle détenait dans l'administration centrale des écoles, même si les membres du clergé continuent d'exercer leur profession d'enseignant au sein de l'appareil scolaire.

Le développement progressif du capitalisme d'Etat consacre le déclin de l'Eglise en lui enlevant le secteur clef de l'éducation pour l'intégrer au projet de développement économique et social d'un pays.

L'aspect principal de la réforme reste donc dans la pratique la création d'un appareil scolaire volumineux, qui tend à produire une force de travail adaptée à l'évolution de l'économie de marché. Les faits confirment également le renforcement d'une conception technocratique, qui n'est qu'une rationalisation de l'école capitaliste. Nous allons le constater avec l'implantation des Cegeps.

LES C.E.G.E.P.:

Les Collèges d'Enseignement Général et Professionnel sont créés par voie de règlement (no 3 arrêté en Conseil du 30 mars 1966) et de législation (Bill 27 du 29 juin 1967). Ils ouvriront leurs portes dès septembre 1967.

Les nouveaux collèges sont constitués à partir du regroupement d'établissements dispensant des cours préuniversitaires ou post-secondaires: collèges classiques et instituts de technologie principalement. Par ailleurs des cours dispensés jusque là dans les universités sont progressivement intégrés à l'enseignement collégial.

Les Cegeps sont des corporations publiques non confessionnelles administrées par un collège composé de représentants de "groupes socio-économiques" (cinq)[1], de parents d'élèves (quatre), de professeurs (quatre), d'étudiants (deux) et enfin d'un directeur général et d'un directeur des services pédagogiques"[2].

Le collège forme un conseil d'administration qui confie l'administration courante à un conseil exécutif. Le collège (ou conseil d'administration) choisit les programmes de cours, engage les professeurs, définit la régie interne de l'institution, choisit en principe les manuels d'enseignement. Toutefois l'autonomie des Cegeps n'est que relative. En réalité l'emprise du Ministère de l'Education sur l'enseignement s'avère très forte par l'élaboration des programmes, le financement des institutions et un strict contrôle budgétaire. Bien que le collège puisse hypothéquer des biens, émettre des obligations et recevoir des dons, l'essentiel de son financement est assuré par des subventions gouvernementales[3].

En ce qui concerne le régime des études, on organise dans un même établissement, une formation générale de deux ans conduisant à l'Université et une formation professionnelle de trois ans préparant directement au marché du travail. Les programmes de formation sont regroupés dans des secteurs. Il en existe six pour le cours général: sciences biologiques (ou sciences de la santé)[4], sciences physiques (ou sciences pures et appliquées[4], sciences humaines, sciences de l'administration, arts et

---

(1) Dans les groupes socio-économiques il faut comprendre: les associations patronales, chambres de commerce, syndicats ouvriers, paysans, associations professionnelles.

(2) Tous les membres du collège sont nommés par le lieutenant-gouverneur (en conseil), ceux des groupes socio-économiques après consultation, les autres après désignation.

(3) Pour la première fois au Québec, l'enseignement post-secondaire est gratuit. Tous les cours universitaires sont encore payants. Les frais d'inscription s'élèvent en moyenne à $500 par an dans les universités du Québec

(4) On retrouve les deux appellations dans les documents officiels et dans les Cegeps.

lettres[1] et cinq pour le cours professionnel: techniques biologiques, techniques physiques, techniques humaines, techniques administratives, arts appliqués.

On remarque immédiatement qu'à chaque groupe de sciences correspond un ensemble de techniques. Les lettres pour lesquelles les techniques littéraires n'ont pas encore été définies font exception. Cette dichotomie dans la nomenclature des secteurs préfigure la dualité dans la division du travail entre ceux qui conçoivent et ceux qui leur sont subordonnés dans le travail. Chaque secteur regroupe pour le cours général des disciplines et pour le cours professionnel des spécialités. La lecture de ces disciplines et spécialités nous donnent pratiquement une image de l'ensemble des domaines d'activités professionnelles existant dans la société[2]. Pour ne prendre que la biologie à titre d'exemple, nous avons en passant des sciences aux techniques: médecine et techniques de laboratoire médical, chirurgie dentaire et techniques dentaires, médecine vétérinaire et animalerie ou aménagement de la faune, mais aussi sciences infirmières et techniques infirmières, etc. . . La tendance de l'école à pourvoir à l'ensemble de la production de la main d'oeuvre, celle du Cegep à prendre le monopole de la formation de la main d'oeuvre qualifiée, est parfaitement illustré par l'éventail des cours et leur contenu.

Les seuls cours obligatoires, donc communs à l'ensemble du général et du professionnel sont, répétons-le, les cours de littérature, de philosophie et d'éducation physique. Même si ces cours sont communs, ils ne se donnent pas souvent dans la pratique en commun, du fait de la complexité des emplois du temps. Les professeurs sont donc amenés, partant des "besoins des étudiants", à donner des cours de philosophie et de littérature pour les étudiants du professionnel et des cours de philosophie et de littérature pour les étudiants du général.

---

(1) Souvent les arts et les lettres ne forment qu'un seul secteur.

(2) Cf. Annexe I - Disciplines et spécialités dans les Cegeps.

De la même façon, le système des cours par options n'existe que pour les étudiants du général. Les étudiants du cours professionnel ont à suivre en moyenne 36 cours répartis sur 3 ans et 6 sessions. Une fois qu'ils ont choisi leur spécialité en s'inscrivant au Cegep, ils doivent suivre les cours compris dans le programme de leur spécialité. C'est dire qu'ils n'ont alors que des cours obligatoires.

En revanche les étudiants du cours général ont trois types de cours: les cours obligatoires (littérature, philosophie et éducation physique), des cours faisant partie d'un "champ de concentration"(1), et des cours complémentaires choisis à l'extérieur de leur concentration.

Comme les étudiants ont en tout 28 cours à suivre durant deux années, dans le général, ils peuvent prendre en moyenne 7 cours par session, soit: 3 cours obligatoires, 3 cours de leur concentration (au choix) et un cours complémentaire (au choix).

Pour tous les étudiants l'année scolaire est divisée en trois sessions, dont une session d'été prévue essentiellement pour le redoublement des cours. En ce qui concerne l'évaluation, l'examen final tend à perdre de l'importance au profit des travaux personnels ou collectifs effectués durant la session.

Le Diplôme d'Etudes Collégiales donne soit l'accès aux études supérieures, sous réserve des prérequis exigés par les différentes universités et du nombre de candidats qu'elles acceptent de recevoir, soit l'attestation d'une formation technique pour exercer une activité professionnelle.

Les finissants des cours professionnels devraient obtenir des emplois de techniciens dans l'industrie ou le commerce, de cadres

---

(1) La concentration est définie par un choix de cours dans un même secteur (par exemple sciences biologiques, sciences humaines, etc...) entre 3 ou 4 disciplines (par exemple droit, géographie, histoire, sciences sociales, etc... pour les sciences humaines ou médecine, pharmacie, sciences infirmières, etc... pour les sciences biologiques). L'étudiant ne peut pas choisir plus de 6 cours dans une même discipline.

moyens dans le secteur public ou parapublic. Chaque spécialité des secteurs techniques prépare en principe à une formation professionnelle spécifique.

Nous avons donc deux types de formation distincts et il s'agit bien d'un objectif visé par l'instauration des Cegeps. Cependant les principes du décloisonnement et des options ne s'appliquent pas dans les deux cours de la même façon. La réforme de l'enseignement collégial aboutit finalement à une rationalisation de la formation préuniversitaire, par le regroupement d'anciens établissements de façon à mieux utiliser les ressources professorales surtout pour les cours de base, par l'uniformisation des programmes à l'échelle de la province, par une coordination dans le passage du niveau secondaire au niveau supérieur. Quant aux principales recommandations du Rapport Parent (décloisonnement - système d'options), elles ne s'appliquent vraiment que pour le cours général.

Chapitre deuxième

La fréquentation scolaire et sociale des Cegeps

LA DÉMOCRATISATION EN QUESTION

Comme bien d'autres mesures de mise en oeuvre de la réforme scolaire, la création des Cegeps a suscité diverses interrogations. Ces Cegeps vont-ils et peuvent-ils permettre une démocratisation de l'accès aux études universitaires? Répondent-ils aux besoins de la société québécoise?

La tentative de répondre à ces deux questions, sans préciser davantage le sens que l'on donne aux termes de "démocratisation" et de "besoins", risque de nous ramener à la problématique apparemment contradictoire du Rapport Parent. Dans un certain sens, il faudrait répondre immédiatement par l'affirmative à ces deux questions, dans un autre il faudrait au contraire opposer la négative. Ce sont ces "certains sens" et leur contenu idéologique qu'il faut élucider par le recours à l'enquête.

Ici encore les impressions variées, les expériences personnelles et limitées, élevées au niveau des généralités, en un mot toutes les analyses sociologiques spontanées, valent moins que l'étude systématique et quantifiée des faits.

Sans céder à la seule argumentation du chiffre(1), il faut néanmoins admettre que "la statistique a pour premier mérite

(1) Les données quantifiées ne valent pas seulement par la dimension des populations étudiées, la représentativité des échantillons prélevés, les tests d'hypothèses s'appliquant aux résultats, mais aussi par la qualité des catégories construites pour le classement des données. La discussion sur les données statistiques ne peut évidemment porter que sur ces éléments dont le dernier, souvent négligé, n'est pas le moindre.

d'opposer les faits indiscutables – ou, à tout le moins, discutables – aux "vérités" indiscutées du bon sens"[1].

Ce sont ces faits discutables que nous voudrions opposer à la prise de parole sans enquête ou aux discours idéologiques sur les vertus de "l'école libératrice".

Il faut d'abord rappeler que peu de recherches antérieures nous ont fourni des données pertinentes, si ce n'est sur des points très particuliers. Ainsi dès l'instauration des Cegeps, une enquête a été menée pour vérifier si, par les premières tendances des inscriptions, on pouvait déceler une démocratisation de l'enseignement et de l'accès à l'Université[2]. Il s'agissait évidemment d'apprécier la réalisation d'un des objectifs prioritaires énoncés dans le Rapport Parent. L'enquête effectuée au mois de mai 1968 date donc de l'ouverture des premiers Cegeps (année 1967-68). Elle porte sur une étude comparée des caractéristiques des étudiants inscrits en première année dans deux Cegeps et de ceux fréquentant la première année de la Faculté des Arts (programme des collèges classiques). On y apprend que les étudiants de Cegep sont plus vieux que ceux des collèges classiques surtout chez les garçons, que leur origine scolaire est plus diversifiée puisque 91.7% des étudiants des Facultés des Arts avaient suivi le cours classique contre 56.3% de ceux des Cegeps.

---

(1) BOURDIEU (Pierre), CHAMBOREDON (Jean-Claude), PASSERON (Jean-Claude): Le métier de sociologue. Paris, Ed. Mouton Bordas, 1968. p. 141.

(2) Baby (Antoine), Bélanger (Pierre W.), Ouellet (Roland), Pépin (Yvon): Nouveaux aspects du problème de la démocratisation de l'enseignement dans les Cegeps. in *"L'Orientation Professionnelle"*, Vol. 5, No. 2 Printemps 1969.
Les résultats de cette enquête ont été présentés plus amplement dans un nouvel article:
Ouellet (Roland), Baby (Antoine) et Bélanger (Pierre W.): Les orientations des étudiants du cours collégial. in "L'étudiant québécois - Défi et dilemnes - Rapports de recherches", Ministère de l'Education - Editeur officiel du Québec, 1972, 364 pages.

L'étude de l'origine sociale indique que 20.5% des étudiants du collège classique proviennent de familles de professions libérales et cadres supérieurs contre 10.6% pour les Cegeps. En revanche les Cegeps comprennent 26.7% de filles et fils d'ouvriers semi-spécialisés, manoeuvres et journaliers contre 15.8% dans les collèges classiques. Le niveau de scolarité des parents d'étudiants de collège classique est évidemment plus élevé.

En ce qui concerne les attentes ou "expectations"(1) professionnelles dans les deux institutions, nous avons au Cegep par ordre d'importance: l'éducation, les sciences sociales, la médecine et en bonne position les sciences appliquées. Au collège classique: éducation, sciences sociales, administration et commerce mais aussi littérature et philosophie.

Les auteurs ont classé également les aspirations professionnelles des étudiants. A la première place on note dans le collège classique, la médecine, le droit et les sciences sociales, et au Cegep: l'éducation, les sciences sociales et la médecine, avec au tout dernier rang la philosophie.

La conclusion nuancée de cette étude comparée avance que l'enseignement collégial "paraît plus démocratisé" pour les garçons que pour les filles. Rien cependant dans l'enquête ne laisse soupçonner l'influence des facteurs sociaux dans les choix scolaires préférentiels entre tel ou tel cours.

Cette absence est d'autant plus manifeste que l'orientation n'est définie qu'en termes d'aspirations et d'expectations professionnelles et non pas de choix scolaires effectifs. Il n'y a par conséquent aucun croisement possible entre les variables appartenance sociale et orientation effective des étudiants. Une étude plus fouillée aurait pu permettre par le truchement de différents cours, de vérifier, si la nouvelle institution ne reproduisait pas le

---

(1) Les auteurs distinguent les aspirations professionnelles des "expectations" professionnelles, les aspirations étant ce que les sujets voudraient atteindre (optimum) et les expectations ce qu'ils pensent faire plus tard.

même clivage que celui que le collège classique entretenait auparavant avec les autres institutions scolaires (dont les Instituts de technologie ou le cours scientifique).

En 1953 l'origine sociale des candidats aux "éléments latins" (première année des collèges classiques) se définit comme suit: (1)

TABLEAU I

Origine sociale d'un groupe de candidats aux Eléments latins (1953)

Genre d'occupation du père	Candidats aux Eléments latins	
	Nombre	Pourcentage
Professionnels (2)	88	7.9
Semi-professionnels	16	1.4
Gérants et administrateurs	42	3.8
Petits gérants et administrateurs	327	29.4
Employés de bureaux	47	4.2
Ouvriers spécialisés	200	18.0
Ouvriers semi-spécialisés	87	7.8
Journaliers	92	8.3
Cultivateurs	214	19.2
Incertain	80	—
Total	1,193	100.0

(1) Lauzon (M): La persévérance scolaire dans les institutions classiques affiliées à l'Université Laval. Document No 258. Québec - Université Laval - 1961.
Ces tableaux sont reproduits dans: Fédération des Collèges classiques: Notre réforme scolaire - Mémoire à la Commission Royale d'Enquête sur l'enseignement - Centre de Psychologie et de Pédagogie - Montréal. 1963 - 2 vol. 206 et 254 pages.

(2) Professions libérales.

En juin 1959 l'origine sociale des finissants des collèges classiques exprime bien l'influence des facteurs sociaux de la sélection qui modifie la situation initiale:

TABLEAU II

Origine sociale des finissants des collèges classiques (1959)

Genre d'occupation du père	% des finissants (garçons)
Profession (060 - 099) *	16.5
Administration (001 - 059)	26.6
Commerce et finance (301 - 369)	7.1
Bureau (110 - 119)	3.3
Métiers spécialisés (201 - 299 - 700 - 939)	15
Travail non spécialisé (550 - 619 - 950)	8.7
Métiers agricoles (500 - 509)	19.5
Services (402 - 499)	3.3
Total	100.00

* Les chiffres entre parenthèses correspondent à la codification du recensement fédéral de 1951.

Pour une meilleure compréhension des liens entre ces deux tableaux, il faudrait préciser, qu'après avoir formulé une demande d'admission en Eléments latins, 83% de fils de professionnels réussissent à l'examen d'admission contre 59% pour les fils de journaliers, etc... et 62% pour les fils de cultivateurs[1]. La même étude sur les finissants de 1959 révèlent que les fils de professions

(1) Fédération des Collèges Classiques: Notre réforme scolaire - op. cit. p. 124.

libérales s'orientent surtout vers la médecine (25%), le droit (17.5%) alors que les fils de cultivateurs s'orientent vers le clergé (45%) et les sciences (17.7%) (1).

Plusieurs enquêtes ont été effectuées depuis, soit sur l'orientation des étudiants aux différents niveaux de scolarité, soit sur la fréquentation sociale des collèges et la "démocratisation" par les Cegeps(2). Parmi ces dernières, on peut retenir en particulier la recherche de Hélène Guindon et Robert Beaudry, qui établissent l'origine sociale des étudiants du cours général d'un Cegep durant l'année 1967-68 comme suit:

Classe professionnelle:	11.49%
Classe moyenne:	52.87%
Classe arriérée:	35.63%

La plupart des autres travaux indiqués en référence ne portent pas directement sur le même objet, à savoir l'orientation des étudiants à l'entrée des Cegeps. Ils permettent cependant de confronter les résultats et d'articuler les recherches les unes aux autres, lorsque les catégories d'analyse l'autorisent, pour avoir ainsi une meilleure vue d'ensemble des fonctions du système d'éducation québécois. La recherche la plus prometteuse est sans aucun doute le projet A.S.O.P.E. qui consiste en une étude longitudinale entreprise en 1972 auprès de plus de 20,000 étudiants et devant s'échelonner sur six ans.

---

(1) Ibid. p. 138.

(2) Parmi les plus connues, retenons celle de Baby (A), Bélanger (P.W.), Ouellet (R), Péquin (Y) déjà mentionnée.
D'autres travaux permettront de compléter ces analyses:
- Beaudry (Robert) et Guindon (Hélène): Attentes et satisfaction d'un groupe d'étudiants de niveau collégial. Centre d'animation de développement et de recherche en éducation - Montréal, 218 pages.
- Beaudry (Robert): Niveau d'aspiration et statut professionnel. Thèse de maîtrise ès arts - Université de Montréal, 1968.
- Breton (Raymond) et MacDonald (John C.): Projets d'avenir des étudiants canadiens. Ministère de la Main d'Oeuvre et de l'Immigration. Ottawa - 1967, Volume I, 204 pages. ⟶

L'identification de la population étudiante:

Pour avoir une connaissance plus précise de la fréquentation scolaire et sociale des Cegeps, il nous a fallu recourir au recueil de données à partir d'un questionnaire. Ce questionnaire comprenait plusieurs variables d'identification dont l'inscription à un cours et un secteur, le sexe, l'âge, la nationalité, l'origine sociale, le niveau de scolarité des parents, l'origine géographique et l'appartenance religieuse.

De toutes les caractéristiques d'identification de la population étudiante, l'origine sociale est sans doute la plus délicate à définir.

Par origine sociale, il faut entendre appartenance familiale à une classe de la société, appartenance déterminée elle-même par la condition sociale des parents de nos étudiants.

- Magnan (Jean-Luc): La variable sexe dans la perception des carrières universitaires. Fédération des Collèges classiques, Montréal, 1959, 111 pages.
- Brazeau (Jacques) et al.: Les résultats d'une enquête auprès des étudiants dans les universités de langue française du Québec, Département de sociologie, Université de Montréal, Montréal, 1962.
- Savard (Rémi): L'orientation des finissants des collèges classiques du Québec de 1924 à 1956, Ecole de Pédagogie et d'orientation, Univ. Laval, Québec, 1963.
- Denis (Ann), Lipkin (John): Quebec's CEGEP: Promise and Reality in McGill Journal of Education. Vol. VII, No. 2, Fall 1972.
- Rapport statistique sur les sortants de l'enseignement collégial — 1970-1971. C.A.D.R.E., Montréal, 1973.
- Rapport de l'enquête sur les projets d'orientation des finissants des écoles secondaires. Documents Etudes et Recherches. 2.03 Gouvernement du Québec, Ministère de l'Education, Avril 1970.
- L'Etudiant Québécois. Défi et dilemnes. Rapports de recherches. Ministère de l'Education. Québec, 1972, 364 pages.
- Bédard (Robert), Garon-Audy (Muriel): L'indécision professionnelle des étudiants de niveau collégial II - Atelier spécial sur la recherche A.S.O.P.E. (Aspirations Scolaires et Orientations Professionnelles des Etudiants du Québec). Colloque sur l'Information Scolaire et Professionnelle - Université de Sherbrooke - 12-13-14 avril 1973.

Nous retiendrons que le type de société dans laquelle nous vivons, une société capitaliste, se divise fondamentalement en deux classes: la bourgeoisie et le prolétariat. En apparence les deux classes mentionnées se présentent évidemment sous une forme plus complexe. Cette division en deux renvoie néanmoins à une division sociale du travail, basée sur les formes de propriété, qui opposent les détenteurs des moyens de production et ceux qui en sont dépourvus – le même principe de division fondamentale en deux, nous le retrouvons également dans l'opposition entre travail intellectuel et travail manuel, entre ceux qui conçoivent et ceux qui exécutent.

Mais précisément parce qu' "un se divise en deux", les deux classes fondamentales de la société capitaliste sont elles-mêmes divisées et sous-divisées en fractions plus ou moins nombreuses. Ces fractions, tant par leur fonction spécifique, leur importance numérique, expriment la situation concrète et particulière, de la généralité de la société capitaliste. C'est cette situation concrète, particulière au Québec dans le cadre général du capitalisme, qu'il nous a fallu définir en terme de structure sociale, ceci afin de classer les étudiants et relever les fréquences d'appartenance.

Pour déterminer l'origine sociale des étudiants nous avons considéré le travail des parents, si bien que nous utilisons le terme de catégorie socio-professionnelle, couramment retenu dans les enquêtes pour la collecte de données d'identification sociale(1).

La bourgeoisie n'existe pas comme une classe homogène, loin de là. Elle se compose de plusieurs fractions et notamment d'un ensemble numériquement très important, lui-même très fractionné: la petite bourgeoisie.

---

(1) Pour tenir compte de la spécificité d'une situation concrète, il a fallu commencer à dépouiller les questionnaires à l'aide de catégories préconstruites avant de présenter définitivement les catégories retenues, après regroupements ou nouvelles divisions.

La moyenne et la grande bourgeoisie n'apparaît que faiblement dans ce genre d'étude statistique. Avec la catégorie "grosse industrie et gros commerce"(1), elle ne représente que 0.4% de notre population étudiante totale. Elle a donc été regroupée avec une fraction de la petite bourgeoisie intellectuelle des cadres supérieurs et des professions libérales, sous le terme de classe supérieure. Il y a là tous les éléments de la petite bourgeoisie technocratique et professionnelle (professions libérales) et une très faible proportion de moyenne bourgeoisie; d'où l'appellation "supérieure" pour qualifier le niveau élevé de professions s'exerçant souvent dans des secteurs d'activité hiérarchisés. Nous retrouvons en effet certaines de ces professions à un statut inférieur dans les classes moyennes (instituteurs par rapport aux professeurs – petits entrepreneurs par rapport aux propriétaires de grosses entreprises – techniciens par rapport aux ingénieurs).

La petite bourgeoisie "traditionnelle" (petite production et petit commerce a été regroupée avec la fraction de la petite bourgeoisie composée de travailleurs salariés non directement productif. Il a été convenu d'appeler ce groupement "classes moyennes" pour signifier la situation intermédiaire de ces fractions.

Le pluriel exprime l'hétérogénéité de ce groupe. Comme pour les classes supérieures, l'appartenance aux classes moyennes peut être fondée sur la propriété ou le savoir (possession d'une qualification professionnelle préalable et reconnue dans un diplôme).

Nous avons placé les contremaîtres et les techniciens dans les classes moyennes. Les techniciens du fait de leur formation professionnelle se trouvent bien dans une situation hiérarchique intermédiaire entre l'ingénieur et l'ouvrier qualifié. Les contremaîtres bien que issus de la classe ouvrière, relèvent davantage du personnel d'encadrement de la production plutôt que d'une

(1) Voir le détail des catégories socio-professionnelles plus loin.

activité directement productrice dans l'industrie. En ce sens l'autorité et la responsabilité qu'ils détiennent de la direction les placent dans une situation intermédiaire.

La classe paysanne comptée à part ne représente elle-même qu'une autre fraction de la petite bourgeoisie, dans l'ensemble des petits propriétaires fonciers, agriculteurs, dont la condition sociale peut varier, selon la dimension de leur propriété.

Enfin le prolétariat se divise entre la classe ouvrière proprement dite, productrice directe de plus values et tous les autres salariés qui, sans produire directement des biens, n'ont que leur force physique de travail à vendre. Nous avons préféré retenir le terme de classe ouvrière pour désigner le regroupement de ces catégories, par référence au groupe numériquement le plus important.

La classe ouvrière a été définie dans des catégories groupant des travailleurs salariés de l'industrie, sans responsabilité dans l'encadrement de la production. Font également partie de cette classe les hommes de métier en dehors de l'industrie, comme les électriciens, mécaniciens, menuisiers etc... Nous avons également uni à la classe ouvrière le personnel salarié des services, sans formation professionnelle préalable, comme les chauffeurs, livreurs, salariés vendeurs dans les grands magasins, etc...

Dans l'identification de l'origine sociale de la population en terme de classes, nous avons finalement retenu: la classe supérieure, les classes moyennes, la classe ouvrière, la classe paysanne. En détail, les catégories socio-professionnelles incluses dans ces classes se présentent de la façon suivante:

TABLEAU III

Classes sociales et catégories socio-professionnelles

I – Classe supérieure:

– Propriétaires-gérants et gestionnaires de grosses industries et grands commerces 11

IV – Classe paysanne:

– Cultivateurs (petits propriétaires exploitants). 41

– Salariés agricoles 43

– Sans profession déclarée - Ménagères 99

Les questionnaires ont été distribués aux étudiants de première année dans cinq Cegeps (sur sept) de la zone métropolitaine, soit les Cegeps: d'Ahuntsic, de Rosemont, Saint-Laurent, Edouard-Montpetit et Maisonneuve.

Pour communiquer les questionnaires aux étudiants, nous avons dû compter avec la bonne collaboration des professeurs, le plus souvent professeurs de français ou de philosophie, puisque ces matières sont obligatoires pour tous les étudiants des cours général et professionnel. Il pouvait y avoir néanmoins des absences lors de la distribution du questionnaire.

Cependant, rien ne laisse supposer que les absences relevées affectent la connaissance sociologique de la population étudiante. En effet nous n'avons pas perçu, lors des entretiens auprès d'étudiants les indices d'un plus grand absentéisme selon l'origine sociale ou le sexe. En nous servant du pourcentage obtenu au collège Maisonneuve (72.4%), où le questionnaire a été distribué pendant les examens, nous avons une meilleure idée du rendement de notre enquête. C'est en comparant la population répartie dans les différents cours et secteurs avec les données officielles fournies pour l'ensemble des Cegeps de Montréal et de la Province que nous pourrons avoir une meilleure image de la représentativité de l' "échantillon". (Df. tableau VII). De toute façon ce travail limité aux choix scolaires pour les cours offerts dans cinq Cegeps de Montréal ne prétend pas rendre compte de l'orientation des étudiants à l'échelle de la province. En comparant le nombre d'étudiants ayant rempli le questionnaire aux effectifs fournis par la D.I.G.E.C. et les collèges nous obtenons le tableau suivant qui donne une idée du rendement du questionnaire:

TABLEAU IV

Rendement du questionnaire

Sources / C.E.G.E.P.	N_1 Nombre de questionnaires remplis dans chaque collège	N_2 Effectifs fournis par la D.I.G.E.C. 1ère année	N_3 Effectifs fournis par le collège	N_4 % des étudiants ayant répondu au questionnaire $N_4=N_1/N_3$
Ahuntsic	926	1,806 (1)	1,178	78.6%
Maisonneuve	458	796	632	72.4%
E. Montpetit	504	756	754	66.8%
Rosemont	693	800	939	73.8%
St-Laurent	466	916	900 (2)	52
TOTAL	3,047	5,074	4,419	68.95

---

(1) L'écart entre les chiffres (N_2 et N_3 pour Ahuntsic), provient de la présence dans les tableaux de la DIGEC de 385 étudiants en Techniques Humaines (Assistance sociale). Nous n'avons atteint aucun de ces étudiants par questionnaire. Par ailleurs ils ne figurent pas sur les listes d'inscription fournies par le collège d'Ahuntsic le 9 septembre 1969.

(2) L'incertitude des effectifs pour le collège St-Laurent est due à la source de nos renseignements, un annuaire étudiant qui ne distinguait pas les étudiants réguliers des étudiants à temps partiel (cours du soir pour adultes).

I – RÉSULTATS GÉNÉRAUX:

a) L'accès des filles à l'enseignement collégial:

Sur un effectif total de 3047 étudiants ayant répondu au questionnaire, nous comptons une proportion de fille légèrement inférieure à celle des garçons(1). Comparant nos chiffres aux inscriptions officielles(2) nous obtenons le tableau suivant:

TABLEAU V

Distribution des étudiants selon le sexe

Sources / Sexe	Questionnaire	DIGEC Région administrative de Montrál * (Cegep I)	DIGEC Ensemble de la Province (Cegep I)
Garçons	52.5% (N = 1599)	57.7% (N = 8197)	57.1% (N = 15 577)
Filles	46.9% (N = 1430)	42.3% (N = 6011)	42.9% (N = 11 667)
Non réponses	0.6% (N = 18)	0	0
TOTAL	100.0% (N = 3047)	100.0% (N = 14208)	100.0% (N = 27244)

* La région administrative de Montréal regroupe 13 Cegeps, une association (Drummondville) et une affiliation (Tracy). De ce total 8 Cegeps sont situés dans la zone urbaine proprement dite, dont 7 Cegeps déjà mentionnés et un Cegep anglophone (Dawson).

---

(1) Le traitement des données a été effectué par le Service de l'Informatique de l'Université du Québec à Montréal, sous la direction de MM. Serge Boisvert et Jean Dreyer.

(2) Nous appellerons désormais "inscriptions officielles" les données fournies par la DIGEC (Ministère de l'Education).

La présence des filles dans une telle proportion est tout à fait remarquable. Une dizaine d'années plus tôt soit en 1961-1962, les filles ne représentaient que 24% des effectifs inscrits au cours classique[1]. C'est à cette date qu'il faut d'ailleurs situer la première scolarisation massive des filles puisque, de 1955-1956 à 1961-1962, les effectifs féminins avaient plus que triplé dans le cours collégial classique (100 à 320.3), tandis que ceux des garçons n'avaient même pas doublé (100 à 187.5) [2].

Mais c'est vraiment le Cegep qui ouvre aux filles la porte de l'enseignement collégial. En 1967-1968 elles ne représentent que 26% des inscriptions en Cegep I. En 1968-1969 cette proportion passe à 38.5% et pour l'année 1970-1971 elle se maintient autour de 43%.

Ann Denis et John Lipkin[3] soulignent également ce résultat indéniable de la création des Cegeps. Les deux auteurs nous rappellent encore que la scolarisation des filles dans l'enseignement universitaire a toujours été plus élevée chez les anglophones que chez les francophones. En 1966, la proportion des filles est de 27.7% dans les universités francophones, contre 34.6% dans les universités anglophones.

Cette progression rapide de l'accès des filles à l'enseignement collégial rend d'autant plus intéressante la répartition des étudiants dans les différents cours et secteurs selon le sexe. Il s'agit en effet de vérifier plus loin si l'accès des filles au Cegep contribuera à placer les hommes et les femmes sur un pied d'égalité quant à leur orientation vers le marché du travail.

---

(1) Cf. Fédération des collèges classiques: Notre réforme scolaire, op. cit. p. 113.

(2) Ibid. p. 107.

(3) Denis (Ann), Lipkin (John): Quebec's CEGEP: Promise and Reality (in McGill Journal of Education, vol. VII No. 2 Fall 1972) op. cit.

b) Répartition entre les cours et secteurs:

TABLEAU VI

Distribution des étudiants au général et au professionnel

Source / Cours	Questionnaire	DIGEC Région administrative de Montréal (Cegep I)	DIGEC Ensemble de la Province (Cegep I)
Cours général	65.2% (N = 1985)	61% (N = 8668)	58.8% (N = 16024)
Cours professionnel	34.0% * (N = 1038)	39.% * (N = 5540)	41.2% (N = 11220)
Non réponses	0.8% (N = 24)	0	0
TOTAL	100.0% (N = 3047)	100.0% (N = 14208)	100.0% (N = 27244)

* La remarque formulée au Tableau IV (Note (1)) s'applique évidemment à la différence de pourcentage entre nos résultats et les données officielles. En retranchant les 385 étudiants de ces derniers, nous obtenons pour les cinq Cegeps qui nous concernent 64.8% pour le général et 35.2% pour le professionnel, ce qui rejoint de très près notre relevé.

Nous sommes loin d'atteindre la répartition souhaitée par les promoteurs des Cegeps soit 70% pour le cours professionnel et 30% pour le cours général. Les proportions du cours professionnel ont cependant légèrement augmenté depuis la création des Cegeps.

Pour l'année 1967-68, il y avait en Cegep I, 32.5% d'étudiants au cours professionnel, en 1968-69: 29.8% [1].

Il faut noter que cette évolution tient en partie à des facteurs indépendants de l'attitude des étudiants vis-à-vis de l'enseignement technique. Ainsi certains Instituts de Technologie n'ont été rattachés aux Cegeps que quelques années après l'ouverture des Cegeps. D'autre part, si tous les Cegeps offrent pratiquement la plupart des orientations dans le cours général, certains n'avaient même pas de secteurs professionnels lors de leur création. Aujourd'hui les secteurs et spécialités du professionnel sont inégalement répartis entre les Cegeps en raison des coûts d'équipement et des besoins en matière de qualification professionnelle variables selon les régions de la province. De cette façon certains Cegeps sont spécialisés dans certains secteurs de l'enseignement technique. Ce fait pose le problème de la mobilité de la population étudiante pour offrir à tous les mêmes possibilités dans le cours professionnel.

L'importance des sciences humaines n'est pas inconsidérée si on tient compte du fait que le secteur tertiaire et les services tiennent une grande part dans le domaine de l'emploi.

(1) En 1970-71 nous comptons 43.9% d'étudiants inscrits au cours professionnel (Cegep I) et en 1971-72: 46.17% (sources DIGEC).

TABLEAU VII

Distribution des étudiants dans les différents secteurs

Sources / Secteurs	Questionnaire 5 Cegeps Cegep I	DIGEC 5 Cegeps Cegep I	DIGEC Région administrative de Montréal Tous niveaux	DIGEC Province tous niveaux
Sciences biologiques	13.4%	10.9%	8.5%	7.9%
Sciences physiques	16.7%	15.7%	12.4%	11.0%
Sciences humaines	17.7%	21.7%	21.6%	22.6%
Sciences administratives	5.1%	5.4%	4.5%	4.3%
Arts	1.1%	1.3%	3.4%	2.5%
Lettres	10.9%	10.6%	10.0%	10.1%
TOTAL GENERAL	64.9%	65.6%	60.4%	58.4%

Techniques biologiques	8.4%	8.1%	7.9%	10.0%
Techniques physiques	11.1%	12.1%	14.2%	14.1%
Techniques humaines	2.8%	2.4% *	6.2%	6.3%
Techniques administratives	11.4%	11.7%	8.7%	9.7%
Arts appliqués	0.0%	0.0%	2.0%	1.0%
TOTAL PROFESSIONNEL	33.7%	34.3%	39.0%	41.1%
Non-réponses - Non-définis	1.4%	0.0%	0.6%	0.5%
TOTAL GENERAL + TOTAL PROFESSIONNEL	100.0%	99.9%	100.0%	100.0%

* Pour rendre la comparaison possible, nous avons évidemment retranché les 385 étudiants inscrits au Cegep d'Ahuntsic dans la spécialité "Assistance sociale".

En ce qui concerne la distribution des étudiants dans les différents secteurs (Tableau VII), nous constatons que nos pourcentages par secteurs suivent de très près ceux calculés à partir des données officielles.

Puisque nous avons fait une distribution massive du questionnaire, il n'est pas surprenant que la proportion des étudiants inscrits dans le général et le professionnel recouvre celle fournie par les chiffres officiels. En répartissant également les non-réponses entre les deux cours, nous obtenons rigoureusement le même pourcentage que celui de la DIGEC pour le total de cinq Cegeps considérés.

c) L'origine sociale des Cegepiens:

TABLEAU VIII

Origine sociale des étudiants et catégories socio-professionnelles de leur père (1)

Classe d'origine	Catégorie socio-professionnelle (du père)	N_1	N_2	% par rapport à l'ensemble N_1/N	% par rapport à l'ensemble N_2/N	% par rapport à la classe
Classe supérieure		283		9.3%		
	Grosse industrie et grand commerce		11		0.4%	4.0%
	Cadres supérieurs		123		4.0%	44.4%
	Professions libérales		118		3.9%	42.6%
	Professeurs		25		0.8%	9.0%
Classe moyenne		1631		54.2%		
	Petits producteurs indépendants Commerçants - artisans		405		13.3%	24.8%
	Cadres moyens		386		12.7%	23.7%
	Fonctionnaires moyens - Subalternes		328		10.8%	20.1%
	Instituteurs		36		1.2%	2.2%
	Contremaîtres		328		10.8%	20.1%
	Techniciens		93		3.1%	5.7%
	Employés de bureau		55		1.8%	3.4%

Classe ouvrière		910		29.9%		
	Ouvriers de l'industrie		280		9.2%	30.7%
	Hommes de métiers hors de l'industrie		248		8.1%	27.2%
	Manoeuvres et journaliers		98		3.2%	10.7%
	Personnel de service sans qualification professionnelle		287		9.4%	31.4%
Classe paysanne		80		2.6%		
	Cultivateurs - fermiers		80		2.6%	98.7%
	Salariés agricoles		1		0.0%	1.2%
Non-réponse ou négatifs		125		4.1%		
TOTAL N =		3029		100.0%		

* Nous avons convenu de définir l'appartenance sociale en priorité à partir de l'activité professionnelle du père de famille. Néanmoins certains étudiants n'ont pas mentionné la profession de leur père, lorsque celui-ci est décédé ou inactif. Par ailleurs, une très faible minorité de mères de famille exercent une profession d'une catégorie supérieure dans notre hiérarchie à celle de l'activité du père. Ceci explique que les pourcentages des différentes classes sociales d'appartenance, ne sont pas rigoureusement égaux à la somme des pourcentages de chaques catégories socio-professionnelles des pères de famille.

La connaissance de la fréquentation d'une institution scolaire devient intéressante lorsqu'elle est comparée à la structure sociale de l'ensemble de la population. Nous n'avons malheureusement aucune donnée récente sur l'ensemble de la population.

Les seules données de référence proviennent des compilations des recensements fédéraux(1). Encore faut-il dans ce cas prendre soin de reconsidérer les catégories utilisées pour rendre la comparaison possible.

En 1961 le recensement répartissait la population active masculine de l'ensemble du Canada comme suit (2):

Propriété et gestion	9.8%
Professions libérales	7.9%
Emploi de bureau	6.9%
Commerce et finance	6.8%
Professions manuelles	43.2%
Services	6.3%
Professions primaires	16.4%
(dont agriculture: 12%)	
Professions non déclarées	2.7%
TOTAL	100.0%

En regroupant les sous-catégories plus détaillées de ces grandes catégories, selon les critères que nous avons utilisés pour définir l'origine sociale des étudiants, nous obtenons la distribution suivante (3):

(1) Les résultats du dernier recensement décennal (1971) devraient être publiés au cours de l'année 1973.

(2) Cf. Meltz (Noah M.): La main d'oeuvre au Canada. 1931 à 1961, Op. cit. p. 61.

(3) Pour effectuer cette correspondance nous avons dû retrancher des professions libérales certaines occupations (dont les instituteurs, photographes, bibliothécaires, infirmiers, etc...), affecter une faible part de gestion en classe supérieure, répartir les services entre classe moyenne et classe ouvrière (soit: journaliers, porteurs, garçons d'ascenseur, gardiens, veilleurs, garçons et filles de table en classe ouvrière et coiffeurs, teinturiers etc... en classe moyenne).
Cf. Meltz (Noah M.): La main d'oeuvre au Canada. 1931 à 1961, op. cit.

Classe supérieure	6.91%
Classe moyenne	27.78%
Classe ouvrière	46.14%
Classe paysanne . . . . (dont cultivateurs, pêcheurs, exploitants forestiers)	16.45%
Non déclarées	2.72%
TOTAL	100.00%

Il faut néanmoins considérer que le Canada diffère sensiblement de la Province de Québec dans la répartition en pourcentage de la main d'oeuvre masculine [(1)].

En ce qui concerne la structure de la population de l'île de Montréal, il faut se référer à des données du recensement de 1951[(2)]. La correspondance est alors moins aisée à établir, du fait que nos sources d'information ne contiennent pas de sous-catégories aussi détaillées que lors des cas précédents. Nous pouvons estimer approximativement la répartition entre les différentes classes dans cette proportion:

(1) Le seul point de comparaison entre le Canada et le Québec provient de l'étude de Allen (Patrick): Tendances des professions au Canada, de 1891 à 1961 - in "Actualité Economique" op. cit. Pour 1961 :

	Canada	Québec
Agriculture	12.4	9.1
Fabrication	23.3	24.7
Construction	7.7	8.5
Transports	7.7	17.3
Services	18.3	10.6
Commerce et finances	10.2	10.6
Commis de bureau	7.2	7.5
Manoeuvre	6.2	6.7

(2) Lacoste (Norbert): Les caractéristiques sociales de la population du grand Montréal. Ed. Université de Montréal - Montréal 1958 - 267 pages.

Classe supérieure	6.90%	
Classe moyenne	33.60%	+
Classe ouvrière	56.60%	+
Classe paysanne	0.60%	–
Non déterminée	2.3 %	=

La date de ces informations et les corrections que nous avons dû leur apporter rendent la comparaison peu pratique. Nous pouvons cependant avancer que la classe supérieure est légèrement surreprésentée dans sa proportion dans les Cegeps. Cette constatation s'avère une constante dans tous les chiffres que nous avons pu recueillir. En revanche la classe ouvrière aurait tendance à être nettement sous-représentée alors que les classes moyennes sont fortement surreprésentées.

Les résultats de notre enquête indique donc que les Cegeps situés en zone urbaine sont fréquentés de façon majoritaire par les classes moyennes. La présence de 29.9% de filles et de fils d'ouvriers pourrait laisser supposer que les Cegeps ont permis pour la première fois l'accès à l'enseignement postsecondaire et préuniversitaire à la classe ouvrière.

En réalité il n'en est rien. Une enquête effectuée en 1953 auprès des étudiants admis en "Elements latins" (première année des collèges classiques) révélait que 30.8% de ces étudiants étaient originaires de la classe ouvrière, contre 9.2% de la classe supérieure, 36.2% des classes moyennes et 16.8% de la classe paysanne (1).

Plutôt que de juger indistinctement le Cegep comme un facteur de "démocratisation" de l'enseignement collégial, il serait plus juste de le considérer comme un phénomène de classes moyennes. En ce sens il serait un instrument de promotion pour des couches qui consolident pour leurs enfants une ascension

(1) Cf. Fédération des collèges classiques. Notre réforme scolaire. op. cit. Tome II - p. 124. Les catégories socio-professionnelles utilisées dans cette enquête facilitent la comparaison.

sociale récente (cadres moyens de l'industrie, du commerce, de la fonction publique) ou enrayent une régression sociale éventuelle (petits commerçants, artisans, etc...). Il ne serait instrument de "libération" que pour une minorité d' "élus" issus de la classe ouvrière. Cette même minorité d'élus, on les trouvait déjà dans les collèges classiques chez les enfants d'ouvriers ou d'agriculteurs, alors qu'autrefois ils accèdaient souvent à la prêtrise ou l'enseignement.

Des résultats d'enquêtes sur la fréquentation sociale des universités nous conduisent aux mêmes réflexions(1). On y retrouve en effet pour les universités francophones la même surreprésentation des classes moyennes et sousreprésentation de la classe ouvrière. Mais à la différence du niveau collégial la classe supérieure est également surreprésentée de façon très nette (22%). Par ailleurs d'après les chiffres cités, la représentation des diverses classes de la société est sensiblement la même à l'Université du Québec à Montréal en 1971 qu'à l'Université de Montréal en 1969. . . . . et 1962.

Nous devons enfin souligner à propos des cinq Cegeps étudiés, que leur composition sociale varie considérablement d'un collège à l'autre. Il apparaît que les Cegeps, en raison de leur nombre et de leur dispersion dans la zone métropolitaine, expriment assez bien la projection des différentes classes de la société dans l'espace urbain (2).

Le collège Edouard Montpetit est en effet le seul à être situé à la périphérie de cette zone: il a la plus forte proportion de ruraux. Le Cegep St-Laurent se trouve dans une zone résidentielle relativement aisée: il a le pourcentage le plus élevé d'étudiants issus de la classe supérieure. Le Cegep Maisonneuve situé dans

---

(1) Cf. Les commentaires sur une enquête auprès des étudiants de l'U.Q.A.M. Le Devoir - 21 décembre 1971. Robitaille (L. Bernard): L'U.Q.A.M. n'a pas réalisé sa "vocation populaire".

(2) Cf. Lacoste (Norbert): Les caractéristiques sociales de la population du grand Montréal. op. cit. p. 103 et suivantes.

TABLEAU IX

ORIGINE SOCIALE DES ÉTUDIANTS PAR CEGEP

Cegeps / Classes sociales	Ahuntsic (N = 926)	E.Montpetit (N = 504)	Maisonneuve (N = 458)	Rosemont (N = 693)	St-Laurent (N = 466)	Ensemble (N = 3047)
Classe supérieure	7.9%	8.3%	5.5%	7.9%	18.9%	9.3%
Classes moyennes	53.9%	50.8%	49.3%	60.5%	53.6%	54.2%
Classe ouvrière	31.4%	32.9%	34.9%	29.0%	19.7%	29.9%
Classe paysanne	3.0%	4.0%	3.7%	1.0%	1.5%	2.6%
Non réponses	3.8%	4.0%	6.6%	1.6%	6.2%	4.1%
TOTAL	100.0%	100.0%	100.0%	100.0%	99.9%	100.0%

l'est de la métropole comprend la plus forte proportion ouvrière alors que celui de Rosemont plus au nord, est le Cegep le plus "classes moyennes" (1).

d) Autres caractéristiques des étudiants de Cegep:

Le questionnaire distribué se proposait également de connaître la population étudiante par d'autres caractéristiques que l'origine sociale ou le sexe.

Dans cinq Cegeps francophones, la majorité des étudiants (94.2%) s'identifient comme canadiens-français ou québécois.

TABLEAU X

Répartition des étudiants selon l'origine ethnique

Canadiens-français	94.2%
Français	0.9%
Italiens	0.7%
Canadiens-anglais	0.4%
Autres	1.9%
Non-réponse	2.0%
Total	100.1%

Ces résultats que nous attendons, nous interdisent de considérer l'origine ethnique comme variable indépendante dans l'orientation des étudiants. Aussi elle n'interviendra dans aucune des études de corrélation avec les "choix" effectués par les étudiants.

(1) Voir Annexe III: L'implantation des Cegeps dans l'espace urbain.

Le dépouillement de l'origine géographique des étudiants révèle que la majorité habite la zone métropolitaine de Montréal (61.0%). Une bonne partie des effectifs semble provenir des villes de banlieue. Cette remarque est confirmée lorsqu'on considère la distance qui sépare le collège du domicile des étudiants.

TABLEAU XI

Origine géographique des étudiants	
Habitant la métropole	67. %
Résidant dans une ville (autre que Montréal) de plus de 2000 habitants	26.2%
Résidant dans une ville de moins de 2000 habitants	3.5%
Non-réponses	3.3%
Total	100.0%

Distance du domicile des étudiants au collège	
Moins de 1 mille	20.5%
Entre 1 et 5 milles	35.0%
Entre 5 et 20 milles	22.6%
Plus de 20 milles	7.5%
Non-réponses	14.3%
Total	99.9%

L'appartenance religieuse enfin avait été inclue parmi les questions posées. Ici encore il ne fallait pas s'attendre à de grandes surprises. Quelques étudiants (4%) se déclarent sans religion, mais il est bien évident que la grosse majorité est baptisée catholique. En revanche la connaissance de la pratique religieuse laisse apparaître une majorité d'étudiants non-pratiquants.

TABLEAU XII

Répartition des étudiants selon la religion

Catholiques	91.0%
Protestants	0.3%
Autres	0.6%
Sans religion	4.1%
Non-réponses	4.0%
Total	100.0%

Répartition des étudiants selon la pratique religieuse

Pratiquants	36.5%
Non-pratiquants	37.6%
Non-réponses	25.9%
Total	100.0%

COURS FÉMININ ET COURS MASCULIN

Nous avons déjà constaté que les filles dans l'ensemble sont moins nombreuses que les garçons à fréquenter les Cegeps. Cette inégalité initiale est renforcée lorsque nous considérons la part des filles dans les cours et secteurs offerts au Cegep. (Tableau XIII).

En effet, les filles sont davantage scolarisées dans le cours professionnel que les garçons(1). Nous obtenons l'inégalité la plus nette lorsque nous comparons une science du cours général avec sa correspondance technique du cours professionnel. Lorsque par exemple en sciences humaines et en sciences biologiques il y a à peu près le même nombre de garçons que de filles, en techniques humaines et en techniques biologiques on trouve cinq et huit fois plus de filles que de garçons. Les garçons dominent largement dans le secteur des sciences physiques qui comprend principalement une orientation en sciences pures. Les filles ne sont majoritaires que dans le secteur arts et lettres pour lequel il n'existe aucune correspondance parmi les techniques conduisant sur le marché du travail au bout de trois ans.

---

(1) Cette constatation vaut pour l'ensemble de la province. Cf. Données DIGEC - 1969-70 - Cegep I). La différence est cependant moins nette:

Sexe \ Cours	Général	Professionnel	Total
Garçons	60.45% 9415	39.55% 6162	100% 15577
Filles	56.57% 6609	43.43% 5058	100% 11667
TOTAL	16024	11220	27244

TABLEAU XIII

Composition des différents cours et secteurs par sexe

Secteurs et cours \ Sexe	Garçons N_1 = 1572	Filles N_2 = 1415	Total
Sciences biologiques (N = 407)	51.35%	48.65%	100.0%
Sciences physiques (N = 509)	75.83%	24.17%	100.0%
Sciences humaines (N = 534)	50.56%	49.44%	100.0%
Sciences administratives (N = 154)	85.71%	14.29%	100.0%
Arts et lettres (N = 367)	31.80%	68.20%	100.0%
Total cours général (N = 1971)	56.51%	43.48%	99.9%
Techniques biologiques (N = 253)	10.28%	89.72%	100.00%
Techniques physiques (N = 335)	69.85%	30.15%	100.0%
Techniques humaines (N = 83)	15.66%	84.34%	100.0%
Techniques administratives (N = 345)	53.62%	46.38%	100.0%
Total cours professionnel (N = 1016)	45.07%	54.92%	99.9%
Total général & professionnel (N = 2987)	52.62%	47.37%	99.9%

X^2 = 509.622, pour 8 degrés de liberté, soit une certitude de 99.9%.

L'accession massive des filles à l'enseignement collégial va sans doute contribuer à faire augmenter la part de la main d'oeuvre féminine qualifiée dans la population active globale. Mais il ne s'agit pas pour autant d'une accession de la femme au même type d'emplois que les hommes. Au contraire, le Cegep permet la mise sur le marché du travail d'une main d'oeuvre féminine qualifiée en conservant la division du travail entre les sexes. Si on considère que les cours ouvrant les portes de l'Université préparent à des professions offrant davantage de possibilités de conception, souvent à un niveau hiérarchique supérieur dans l'organisation du travail, on peut affirmer que le Cegep tend à reproduire et institutionnaliser une subordination des femmes aux hommes dans le travail. Le médecin sera plus souvent un garçon, alors que ce dernier sera rarement technicien dans un laboratoire médical. La différence est la plus frappante dans la préparation aux carrières de l'administration (sciences administratives) où il y a une majorité écrasante de garçons orientés vers la filière formant les cadres supérieurs (1).

Ann Denis et John Lipkin font à ce sujet le même type de remarques. Ils constatent également que les filles sont sous-représentées dans le cours général et surreprésentées dans les secteurs professionnels. Ils ajoutent cependant que cette disparité est plus accentuée dans les collèges de l'est de la province et en général dans les régions moins développées. Ils laissent entendre par là, que le développement économique contribuerait à réduire les inégalités entre les sexes dans la division du travail, sans toutefois les supprimer.

Ces constatations ne signifient pas que le Cegep reproduit la condition antérieure de la femme. La part des femmes dans la population reconnue active grandit et la scolarisation croissante des femmes leur permettra d'obtenir des postes à plus grandes

---

(1) La même année on note pour l'ensemble de la province seulement 121 filles inscrites aux sciences administratives pour un total de 1270 (sources DIGEC).

responsabilités. La reproduction porte sur **les rapports** de qualification et d'autorité **dans le travail**, dans la division des tâches entre hommes et femmes. Il est évident que les rapports dans le travail ne peuvent pas évoluer sans évolution corrélative dans les rapports hors travail (rémunéré) et notamment dans la vie familiale.

TABLEAU XIV

Distribution entre cours et secteurs selon le sexe

Secteurs et cours / Sexe	Sces Biol. N=407	Sces Phys. N=509	Sces Humain. N=534	Sces Adm. N=154	Arts et Lettres N=367	Total Cours général N=1971
Garçons	13.30	24.55	17.18	8.40	7.44	70.87
Filles	13.99	8.69	18.65	1.55	17.65	60.53
Secteurs et cours / Sexe	**Techn. Biol. N=253**	**Techn. Phys. N=335**	**Techn. Humain. N=83**	**Techn. Adm. N=345**	**Total cours Prof. N=1016**	**Total général & prof. N=2987**
Garçons	1.65	14.89	0.83	11.77	29.14	100.01%
Filles	16.04	7.13	4.94	11.30	39.41	99.94%

Pour la valeur de X^2 Cf. Tableau XIII.

LA REPRODUCTION DES RAPPORTS SOCIAUX

Pour apprécier pleinement la corrélation entre l'orientation des étudiants et leur origine sociale, il convient de faire deux lectures présentées dans deux tableaux (XV et XVI). Une lecture **verticale** (tableau XV) nous indique la composition sociale de chaque secteur. Les classes moyennes arrivent toujours au premier rang suivies dans l'ordre par la classe ouvrière, la classe supérieure et la classe paysanne, sauf pour trois secteurs du technique dans lesquels la classe supérieure occupe la dernière place.

Ce résultat était attendu, si on se rappelle que le Cegep est dominé dans sa fréquentation sociale par les classes moyennes. Dans le cours général il y a toutefois des différences, notamment entre classe ouvrière et classe supérieure. Le plus fort effectif originaire de classe ouvrière se trouve en sciences physiques (sciences pures) alors que pour la classe supérieure c'est dans ce secteur qu'elle est en plus faible proportion (46/495 = 9.3 %) par rapport aux autres classes. On a le résultat inverse dans les sciences humaines.

Une lecture **horizontale** (variable indépendante en ligne) de la corrélation entre l'origine sociale et l'orientation des étudiants, nous apporte évidemment des informations plus significatives. Elle nous donne en effet une vue de l'orientation des étudiants selon leur classe d'origine. Il apparaît alors que les rapports sociaux entre la classe ouvrière, les classes moyennes et la classe supérieure se reproduisent partiellement au Cegep dans un rapport scolaire entre la technique et le scientifique, c'est-à-dire entre le professionnel et le général. Six fois sur sept l'adolescent de classe supérieure s'inscrit au cours général, alors que celui issu de la classe ouvrière s'oriente presque une fois sur deux dans le cours technique.

TABLEAU XV

Composition des différents cours et secteurs par origine sociale

Classes sociales / Cours et secteurs	Classe supér. N=289	Classes moyennes N=1633	Classe ouvrière N=895	Classe paysanne N=77	Total
Sces biologiques N = 389	14.39	56.55	27.50	1.54	99.98%
Sces physiques N = 495	9.29	57.37	32.52	0.80	99.98%
Sces humaines N = 526	15.20	59.31	24.52	1.17	100.0 %
Arts et lettres N = 341	11.43	61.29	26.09	1.17	99.98%
Sces administratives N = 151	10.59	64.90	23.84	0.66	99.99%
Total cours général N = 1902	12.46	59.04	27.44	1.05	99.99%
Techn. biologiques N = 245	4.89	45.30	43.67	6.12	99.98%
Techn. physiques N = 328	3.65	53.65	37.80	4.87	99.99%
Techn. humaines N = 81	4.93	44.44	34.56	16.04	99.97%
Techn. administr. N = 328	4.26	57.01	34.75	3.96	99.99%
Total cours profes. N = 982	4.27	51.93	37.98	5.80	99.98%
Total gén. & prof. N = 2884	9.67	56.62	31.03	2.66	99.98%

x^2 = 192.818, pour 26 degrés de liberté soit une certitude de 99.9%.

TABLEAU XVI

Distribution entre cours et secteurs selon l'origine sociale

Secteur et cours / Classes sociales	Sces biol. N=389	Sces Phys. N=495	Sces Humain. N=526	Sces Adm. N=151	Arts et lettres N=341	Total cours général N=1902
Cl. supér. N=279	20.7	16.49	28.67	5.73	13.98	85.94
Cl. moyen. N=1633	13.47	17.39	19.10	6.00	12.79	68.76
Cl. ouvrières N=895	11.95	17.98	14.41	4.02	9.94	58.32
Cl. paysanne N=77	7.79	5.19	6.49	1.30	5.20	25.97

Secteur et cours / Classes sociales	Techn. biol. N=245	Techn. Phys. N=328	Techn. Humain. N=81	Techn. Adm. N=328	Total cours prof. N=982	Total général & prof. N=2884
Cl. supér. N=279	4.30	4.30	1.43	5.02	15.05	99.99%
Cl. moyen. N=1633	6.80	10.78	2.20	11.45	31.33	99.99%
Cl.ouvrières N=895	11.95	13.85	3.12	12.73	41.67	99.99%
Cl.paysanne N=77	19.48	20.78	16.88	16.88	74.02	99.99%

Pour la valeur de X^2 Cf. Tableau XV.

Les enfants de la classe supérieure s'orientent tout particulièrement vers les sciences biologiques et les sciences humaines puisque les effectifs de ces secteurs regroupent environ la moitié des effectifs originaires de cette classe. En revanche les étudiants issus de la classe ouvrière se retrouvent en majorité dans le secteur sciences physiques. Cette propension vers les sciences pures pourrait être due au fait que les filles et les fils d'ouvriers ont été légèrement sursélectionnés pour accéder au cours général et n'envisagent le cours préuniversitaire que dans des disciplines plus sûres.

Nous nous dispenserons de commenter l'orientation des Cegepiens provenant des milieux ruraux en raison des effectifs atteints. Si la tendance relevée devait se confirmer sur un plus grand nombre de cas, il apparaîtrait clairement que les enfants de cultivateurs sont les plus désavantagés dans l'accès aux études universitaires.

Une lecture plus détaillée de ce tableau, présentant en ligne les catégories socio-professionnelles du père de famille, confirme l'influence de l'appartenance sociale dans l'orientation entre les deux réseaux général et professionnel(1). Il apparaît même des relations spécifiques entre certaines catégories socio-professionnelles du père et l'orientation des étudiants au Cegep.

Par exemple les enfants de cadres supérieurs et ingénieurs sont ceux qui dans le général s'orientent le plus vers les sciences pures (23.58%). Ceux dont les parents exercent une profession libérale se dirigent plus d'une fois sur deux vers les sciences biologiques (27.12%) et les sciences humaines (27.12%), les deux seules orientations conduisant à la préparation universitaire aux professions libérales. Les enfants des professions libérales sont ceux qui manifestent le moins d'intérêt pour les sciences de l'administration (1.69%).

---

(1) Voir Tableau XVII.

TABLEAU XVII

Distribution entre secteurs selon la catégorie socio-professionnelle du père

Secteurs / C.S.P.[1]	Sces biol.	Sces phys.	Sces Humain.	Sces Adm.	Arts Lettres	Techn. biol.	Techn. phys.	Techn. Humain.	Techn. Adm.	Total Fréquence
11	18.18	9.09	36.36	18.18	9.09	9.09	0.0	0.0	0.0	N = 11
12	15.45	23.58	27.64	8.94	13.82	1.63	4.07	0.81	4.07	N = 123
13	27.12	11.86	27.12	1.69	17.80	5.93	2.54	0.0	5.93	N = 118
14	12.0	4.0	40.0	4.0	12.0	8.0	8.0	8.0	4.0	N = 25
21	12.81	13.30	18.41	8.37	9.11	11.33	10.59	2.46	13.55	N = 404
22	15.40	16.19	19.58	8.36	16.97	4.18	6.53	1.83	10.97	N = 383
23	12.88	19.02	20.86	3.99	12.89	4.60	11.96	1.84	11.96	N = 326
24	17.14	17.14	22.86	2.86	14.29	2.86	5.71	5.71	11.43	N = 35
25	13.76	19.27	16.21	3.36	12.54	7.34	14.37	2.14	11.01	N = 327
26	11.83	24.73	20.43	3.23	13.98	7.53	13.98	2.15	2.15	N = 93
27	12.73	20.0	18.18	5.45	16.36	1.82	9.09	1.82	14.55	N = 54
31	14.13	18.84	13.41	3.62	9.78	14.49	11.96	2.90	10.87	N = 276
32	9.92	21.82	13.49	4.36	9.51	7.53	17.85	3.96	11.50	N = 252
33	6.45	17.20	9.67	2.15	9.67	17.20	15.05	4.30	18.27	N = 93
34	12.63	14.38	17.54	4.91	10.87	11.22	12.63	2.45	13.33	N = 285
41	9.45	5.40	8.10	1.35	5.40	21.62	21.62	17.56	17.56	N = 74

(1) Les catégories socio-professionnelles numérotées ici sont définies dans le Tableau III.

Mais les observations les plus intéressantes résident dans la comparaison entre catégories socio-professionnelles appartenant à différentes classes. Nous apprécions de cette façon le degré d'homogénéité des classes que nous avons déterminées. Nous pouvons également déceler les sous-groupes sociaux que ces classes peuvent contenir.

Le sous-groupe le plus manifeste est celui constitué par les filles et les fils de contremaîtres (25), de techniciens (26) et d'employés de bureaux qui ont un profil d'orientation beaucoup plus proche de celui des enfants issus de parents ouvriers d'industrie (31) que ceux originaires des classes moyennes. Il y a cependant une exception dans le cours professionnel où les enfants d'employés de bureau s'orientent davantage vers les techniques de l'administration que vers les techniques physiques ou biologiques.

L'orientation préférentielle pour les sciences humaines ou les sciences pures va jusqu'à couper notre tableau en deux parties. Nous considérons la classe paysanne à l'écart de cette dichotomie. La première partie concerne (de 11 à 24 compris) l'ensemble des professions offrant une plus grande possibilité de conception, une relative indépendance dans le cadre de la division technique du travail. Le deuxième ensemble (de 25 à 33 compris) regroupe des professions et métiers soumis à une supervision plus importante dans une organisation du travail généralement industrielle où les fonctions sont étroitement hiérarchisées et interdépendantes. On constate d'ailleurs que le profil des cadres supérieurs et ingénieurs se rapproche le plus de celui des techniciens.

La distribution dans les catégories 21 et 22 est assez semblable également. Les étudiants issus de parents exerçant des professions du commerce ou de cadres dans le commerce se retrouvent, plus que les étudiants des autres catégories de la même classe, dans les sciences de l'administration. Il en est de même pour la catégorie 11 qui a des effectifs réduits.

Les remarques formulées ci-dessus sont cependant hypothétiques dans la mesure où les fréquences relevées dans nos tableaux sont généralement faibles. La tendance dans la distribution reste frappante.

Pour saisir davantage la fonction de reproduction des rapports sociaux par le système d'éducation et de certains rapports sociaux par le Cegep en particulier, il faudrait non seulement effectuer une enquête plus extensive à l'échelle de la Province, mais aussi comparer les effectifs scolarisés dans chaque classe aux effectifs des classes d'âge théoriquement scolarisables dans chaque groupe social.

A cet égard les premiers résultats présentés par le groupe de recherche A.S.O.P.E.(1) confirment et complètent les observations que nous avons effectuées. Il est certes difficile d'effectuer des comparaisons sur des données statistiques, en raison de catégories qui ne sont pas rigoureusement identiques. Les chiffres de la recherche A.S.O.P.E. révèlent cependant les mêmes tendances d'orientation dans les cours et secteurs selon l'origine sociale.

La distribution entre les programmes d'études selon l'occupation du père des étudiants de Cegeps II, rejoignent en effet nos propres constatations.

– 87.3% des étudiants dont le père occupe un emploi "professionnel et haute administration" s'inscrivent dans le cours général. Nous avons relevé la même situation pour 85.9% d'étudiants de classe supérieure, en Cegep I.

– 40.3% des étudiants dont le père occupe un emploi "manoeuvres et ouvriers semi-spécialisés" s'inscrivent dans le cours professionnel. Nous avons relevé le chiffre de 41.67% pour les étudiants d'origine ouvrière.

L'étude de la fréquentation sociale des champs de concentration et des spécialités à l'intérieur des secteurs, décrit un rapport encore plus étroit entre l'origine sociale des étudiants et leur orientation. Le calcul de taux d'accès aux différents programmes indique que les étudiants originaires de la classe supérieure

---

(1) Aspirations Scolaires et Orientations Professionnelles des Etudiants du Québec. cf. Bédard (Robert) et Garon-Audy (Muriel): L'indécision professionnelle des étudiants de niveau collégial II - op. cit.

sont fortement sur-représentés dans les concentrations sciences de la santé (2.24), droit (1.56) et administration (1.74), alors que les étudiants de la classe ouvrière en sont pratiquement exclus (0.47 pour les sciences de la santé et 0.56 pour le droit). Ces derniers s'inscrivent plutôt en sciences pures (1.06) en sciences humaines (1.16) et en psychologie (1.09) lorsqu'ils s'orientent dans le cours général.

L'observation des changements d'orientation en cours d'année ou d'une année à l'autre accentue encore les distinctions sociales entre concentrations. Il existe par exemple des concentrations "fermées" d'où l'on sort mais où il est difficile d'entrer, et à l'opposé des concentrations "refuges". Or on constate que la plupart des concentrations "fermées", dont les sciences de la santé et les sciences appliquées, sont plutôt fréquentées par les étudiants de classe supérieure et que le droit, qui est plus ouvert, sert de concentration "refuge" mais pour les seuls étudiants originaires de la même classe.

Cette enquête met donc en évidence que les effets de l'appartenance sociale sur l'orientation des étudiants dans les Cegeps n'interviennent pas seulement en première année. Une étude longitudinale fait apparaître au contraire que l'orientation est un processus continu, au cours duquel l'influence des facteurs sociaux, loin de disparaître, ne fait peut-être que se renforcer.

Une sociologie des choix scolaires, pour être rigoureuse doit porter également sur les absents de chaque classe sociale, c'est-à-dire ceux qui ont été éliminés avant de parvenir au niveau collégial. Si on se rapporte à la composition sociale de la Ville de Montréal en 1951[1], on peut en déduire que l'institution collégiale contribue à la reproduction des rapports sociaux de deux façons, la première étant plus directe et plus brutale que la

(1) Cf. Lacoste (Norbert): Les caractéristiques de la population du grand Montréal. Ed. Université de Montréal - Montréal 1958 - 267 pages.
Il est à noter que la grosse majorité des étudiants inscrits en Cegep I en 1969-70 sont nés dans les années 1950-51 et 52.

seconde qui traduit déjà un certain changement social. La reproduction s'effectue premièrement, par la sous-représentation des enfants de classe ouvrière à ce niveau du système d'éducation et deuxièmement, par la plus forte orientation de ces mêmes enfants vers le cours professionnel lorsqu'ils ont accès au collège.

L'influence des facteurs sociaux et culturels intervenant dans la sélection et la répartition des étudiants à l'entrée des Cegeps est d'autant moins évidente au sens commun, qu'il existe une dispersion assez générale de toutes les origines sociales dans tous les secteurs (Cf. tableau XV). On rencontre des gens de toute origine sociale un peu partout.

Cette "démocratisation" apparente se réduit à l'augmentation des taux de scolarité, qui a affecté toutes les couches de la population, y compris la classe ouvrière. Elle dissimule une influence plus profonde et plus constante de l'origine sociale sur l'orientation des étudiants. Elle permet de cette façon d'ignorer cette influence et de méconnaître l'action des institutions scolaires dans la conservation de rapports sociaux, donc d'un ordre social, derrière le brassage social manifeste que présente spontanément la vie dans un Cegep.

LE NIVEAU DE SCOLARITÉ DES PARENTS

Il a été établi dans des études antérieures que la relation mainte fois constatée entre appartenance sociale, réussite scolaire et "choix" scolaire ne s'appréhende pas seulement sous l'angle de la profession exercée par les parents. Il faut également tenir compte du niveau de scolarité atteint par les parents. Le niveau de scolarité ou le diplôme obtenu est d'ailleurs de moins en moins dissociable de l'activité exercée dans une société où le "capital" scolaire se convertit de plus en plus en "capital" professionnel et partant social.

TABLEAU XVIII

Niveau de scolarité du père des étudiants

1ère à 7ème année	17.9%
7ème année terminée	12.8%
7ème année à 11ème année	22.2%
11ème année terminée	17.7%
Au-delà de la 11ème année	10.8%
Diplôme d'enseignement supérieur	6.9%
Non réponses	11.8%
Total	100.0%

TABLEAU XIX

Niveau de scolarité de la mère des étudiants

1ère à 7ème année	16.8%
7ème année terminée	16.0%
7ème année à 11ème année	28.2%
11ème année	16.5%
Au-delà de la 11ème année	9.9%
Diplôme d'enseignement supérieur	0.4%
Non réponses	12.2%
Total	100.0%

Les niveaux de scolarité des pères sont en général plus élevés que celui des mères de famille. Par ailleurs les parents des étudiants de Cegep semblent avoir, en moyenne, fréquenté plus longtemps les institutions scolaires que l'ensemble de la population canadienne.

TABLEAU XX

Niveau d'instruction de la population canadienne (1961)
Population active masculine

0 à 4 années de scolarité	7.2%
5 à 8 années de scolarité	37.9%
9 à 12 années de scolarité	39.4%
Plus de 13 années de scolarité	15.5%
Total	100.0%

Les catégories du recensement fédéral sont évidemment différentes de celles de notre enquête. Pour notre part nous avons préféré retracer des coupures entre les cycles primaire, secondaire et supérieur, plutôt que de construire des classes recouvrant deux niveaux de scolarité. Nous obtenons ainsi des données précises sur les études entamées (1ère à 7ème année, 7ème à 11ème année, au-delà de la 11ème année) et les études achevées (7ème année terminée, 11ème année, diplôme d'enseignement supérieur).

Nous pouvons quand même constater en comparant les deux sources statistiques que les pères des étudiants sont moins nombreux (30.7%) que les adultes mâles de la population canadienne (45.1% en 1961) à n'avoir pas dépassé le niveau d'instruction primaire.

Mais nous ne commenterons pas plus longtemps ces informations car elles ne concernent que la population active. Ainsi le niveau de scolarité de la main d'oeuvre féminine ne concerne que le 1/3 de la population féminine seulement.

Par ailleurs pour apprécier la corrélation entre le niveau de scolarité des parents et l'orientation des étudiants à l'entrée des Cegeps, nous avons retenu le niveau de scolarité le plus élevé des deux parents.

A la lecture du Tableau XXI nous constatons que le niveau de scolarité le plus élevé des deux parents se situe en majorité à la 11ème année et plus, pour les étudiants du cours général, et en

TABLEAU XXI

Composition des cours et secteurs selon le niveau de scolarité le plus élevé des deux parents

Niveau de scolarité / Secteurs et cours	% 1ère à 7e année N=245	% Diplôme 7e N=360	% 7e à 11e année N=805	% Diplôme 11e an. N=698	% Au-delà 11e an. N=479	% Diplôme Ens. Sup. N=486	% moins 11e N=1410	% plus 11e N=1387
Sciences biologiques N=386	7.51	11.40	24.87	27.20	17.88	11.14	43.78	56.21
Sciences physiques N=480	9.79	10.83	28.33	24.79	19.17	7.08	48.95	51.04
Sciences humaines N=505	4.55	12.08	24.95	28.91	18.22	11.29	41.58	58.41
Sciences administr. N=142	5.63	9.15	32.39	21.83	22.54	8.45	47.18	52.81
Arts et lettres N=336	3.86	10.11	26.78	30.95	17.85	10.41	40.77	59.22
Total cours général N=1849	6.48	11.03	26.71	27.31	18.65	9.78	44.24	55.75
Techniques biologiques N=231	12.99	18.18	26.41	23.38	15.15	3.90	57.57	42.42
Techniques physiques N=308	16.88	12.06	36.04	18.18	13.96	2.27	65.58	34.41
Techniques humaines N=79	8.86	30.38	24.05	16.46	16.46	3.80	63.29	36.70
Techn. administratives N=330	10.91	15.45	36.36	21.21	13.03	3.03	62.72	37.27
Total professionnel N=948	13.01	16.45	32.80	20.35	14.13	3.05	62.44	37.55
Total général & prof. N=2797	8.75	12.87	28.78	24.95	17.12	17.37	50.41	49.58

majorité au-dessous de la 11ème année, pour les étudiants du cours professionnel.

Ce même lien entre niveau de scolarité des parents et orientation des étudiants apparaît dans le Tableau XXII. On observe nettement que la proportion des étudiants inscrits dans les cours général et professionnel varie dans le même sens que le nombre d'années de scolarité le plus élevé des deux parents. La variation est croissante pour les inscriptions au cours général et décroissante lorsqu'il s'agit du cours professionnel.

Il existe donc sensiblement la même gradation dans la relation entre le niveau de scolarité des parents et l'orientation des étudiants que dans celle entre l'origine sociale et l'orientation. C'est que les deux variables, niveau de scolarité et origine sociale, sont étroitement liées. Pour apprécier le degré de liaison de ces deux variables nous avons construit les Tableaux XXIII et XXIV.

Il est conforme aux critères de classification de retrouver certaines catégories socio-professionnelles intégralement comprises dans des catégories correspondantes exprimant le niveau de scolarité. Par exemple les professions libérales (c.s.p. 13), les professeurs (c.s.p. 14) sont nécessairement parmi les diplômés de l'enseignement supérieur. Les techniciens (c.s.p. 26) et les instituteurs (c.s.p. 24) se situent à un niveau de scolarité dépassant la 11ème année.

TABLEAU XXII

Distribution entre cours et secteurs selon le niveau de scolarité le plus élevé des deux parents

Secteur et cours / Niv. de scol.	Sciences biol.	Sciences Phys.	Sciences Humain.	Sciences Adm.	Arts et lettres	Total cours général
1ère à 7e an. N=245	11.84	19.19	9.39	3.27	5.31	48.99
Dipl. 7e an. N=360	12.19	14.40	16.90	3.60	9.41	56.66
7e à 11e an. N=805	11.93	16.89	15.65	5.71	11.18	61.36
Dipl. 11e an. N=698	15.04	17.05	20.92	4.44	14.90	72.35
Au-delà 11e N=479	14.41	19.21	19.21	6.68	12.52	72.03
Dipl. enseign. supérieur N=210	20.48	16.19	27.14	5.71	16.67	86.19

Secteur et cours / Niv. de scol.	Techn. biol.	Techn. Phys.	Techn. Humain.	Techn. Adm.	Total cours profes.	Total général profes.
1ère à 7e an. N=245	12.24	21.22	2.86	14.69	51.01	100.0%
Dipl. 7e an. N=360	11.63	10.80	6.65	14.13	43.33	99.99%
7e à 11e an. N=805	7.58	13.79	2.36	14.91	38.64	100.0%
Dipl. 11e an. N=698	7.74	8.02	1.86	10.03	27.65	100.0%
Au-delà 11e N=479	7.31	8.98	2.71	8.98	27.98	100.0%
Dipl. enseign. supérieur N=210	4.29	3.33	1.43	4.76	13.81	100.0%

En analysant la corrélation entre le niveau de scolarité et l'appartenance sociale des parents, nous relevons premièrement, que l'appartenance sociale et le niveau scolaire sont étroitement liés, deuxièmement que le niveau de 11ème année constitue une ligne de partage entre les classes supérieure et moyennes qui ont en majorité ce niveau ou le dépassent, et les classes ouvrières et paysanne n'atteignant pas ce niveau (1)

---

(1) Pour l'ensemble du Canada, en conservant les catégories socio-professionnelles du recensement fédéral, le niveau de scolarité se répartit pour la population active masculine (1961) comme suit: *

Activités professionnelles \ Années de scolarité	0–4	5–8	9–12	13	Total
Propriété et gestion	31.7%	22.6%	45.8%	28.5%	100.0%
Professions libérales	0.4%	4.6%	23.8%	71.2%	100.0%
Emplois de bureau	1.2%	18.7%	57.2%	22.9%	100.0%
Commerce et finance	1.8%	21.1%	54.6%	22.5%	100.0%
Professions manuelles	8.0%	46.5%	39.6%	5.9%	100.0%
Services	9.4%	43.4%	39.5%	7.7%	100.0%
Emplois primaires	14.7%	54.4%	27.5%	3.4%	100.0%
Non déclarés	7.9%	29.3%	49.6%	13.2%	100.0%

* Extrait de Meltz (Noah M.): La main d'oeuvre au Canada. op. cit. p. 224.

TABLEAU XXIII

Niveau de scolarité le plus élevé des deux parents selon leur appartenance sociale

Niveau de scolarité / Classes sociales	1ère à 7ème année	Diplôme 7ème année	7ème à 11ème année	Diplôme 11ème année	Au-delà de 11ème année	Diplôme d'ensei-gnement supérieur	Total
Classe supérieure N = 276	0.0%	0.72%	2.17%	2.17%	24.28%	70.65%	99.99%
Classes moyennes N = 1542	5.64%	8.75%	28.40%	33.85%	22.37%	0.97%	99.98%
Classe ouvrière N = 874	15.74%	22.69%	37.73%	17.59%	6.25%	0.0%	100.0%
Classe paysanne N = 77	20.78%	35.06%	28.57%	6.49%	9.09%	0.0%	99.99%

TABLEAU XXIV

Composition des classes sociales selon le niveau de scolarité le plus élevé des deux parents

Classes sociales / Niveau de scolarité	Classe supér.	Classes moyennes	Classe ouvrière	Classe paysanne	Total
1ère à 7ème année N = 239	0.0%	36.40%	56.90%	6.69%	99.99%
Diplôme 7ème année N = 370	0.56%	37.50%	54.44%	7.50%	100.0%
7e an. à 11e année N = 792	0.76%	55.30%	41.16%	2.78%	100.0%
Diplôme 11ème an. N = 685	0.88%	76.20%	22.19%	0.73%	100.0%
Au-delà de 11e an. N = 473	14.16%	72.94%	11.42%	1.4%	100.0%
Diplôme enseignement supérieur N = 210	92.86%	7.14%	0.0%	0.0%	100.0%

Nous supposons que ce niveau de la 11ème année qui marque un partage des classes a pu constituer une barrière sociale pour une partie des parents de nos étudiants. La netteté de cette barrière est cependant atténuée par les effectifs des classes moyennes qui se répartissent presque également en deça et au-delà de la 11ème année. Cette dispersion exprime une fois de plus l'hétérogénéité des classes moyennes et le fait que la possession d'un statut professionnel indépendant de la possession d'un niveau de scolarité déterminé est encore répandue dans ces couches de la population.

Aujourd'hui il y a un peu moins de la moitié des effectifs de l'enseignement secondaire qui accède au Cegep(1). Il serait

(1) Cf. note en Annexe III.

donc intéressant de vérifier dans les entretiens auprès des étudiants qui viennent de terminer la 11ème ou 12ème année (secondaire), si ce niveau scolaire est perçu comme une barrière sociale.

L'ORIGINE SCOLAIRE DES COLLÉGIENS

En demandant aux étudiants d'indiquer la scolarité qu'ils avaient suivie avant de s'inscrire au Cegep, nous voulions vérifier si la division entre cours général et professionnel au Cegep n'était pas le prolongement de la division antérieure entre cours classique et cours scientifique.

Il y a en effet parmi notre population un nombre relativement élevé d'étudiants qui ont effectué des études classiques au niveau secondaire.

TABLEAU XXV

Origine scolaire des étudiants.

Cours	Fréquence	%
Cours classique	972	31.9
Cours scientifique	1955	47.5
Général (mathématiques)	51	1.7
Commercial	14	0.5
Institut familial	2	0.1
Cours de métier	5	0.2
Autres	525	17.3
Non réponses	30	1.0
Total	3047	100.0

Les cours sciences-lettres et sciences-mathématiques n'ont pas été différenciés. Cette distinction aurait pu mettre en évidence la nouvelle division en deux branches qui s'amorçait au moment où les études latines tendent à perdre de l'importance. Avec l'instauration progressive de la réforme de l'enseignement secondaire cette nomenclature disparaît aujourd'hui [1].

Malgré l'incertitude des réponses regroupées dans la catégorie "autres", il ressort que la grosse majorité des étudiants provenant du cours classique s'inscrit dans le cours général (à 87.06%). Les étudiants originaires du cours classique semblent, plus que les autres, orientés vers les sciences humaines (Tableau XXVI).

Pour les autres matières, la scolarité antérieure ne semble pas constituer un facteur d'orientation déterminant entre, par exemple, les études scientifiques et les études littéraires. Il serait intéressant par un croisement des variables "orientation et origine scolaire – origine sociale" ou "orientation et origine scolaire – sexe" de connaître davantage la minorité d'étudiants qui, bien que venant du cours classique, se sont inscrits dans le cours professionnel.

---

(1) Le nouveau système d'enseignement polyvalent au niveau secondaire comprend des matières obligatoires et des options selon deux orientations: Formation professionnelle et Formation générale. La promotion par matière s'opère par le classement des étudiants en trois catégories: enrichi, régulier et allégé. Il faut noter également que les options accumulées dans l'orientation Formation générale déterminent des possibilités d'entrée au Cegep dans les différents cours et secteurs (prérequis).

TABLEAU XXVI

Distribution entre les cours et secteurs selon l'origine scolaire des étudiants

Secteurs et cours / Origine scolaire	Sciences biol. N=406	Sciences phys. N=506	Sciences Humain. N=526	Sciences Adm. N=154	Arts et lettres N=365	Total cours général N=1957
Cours classique N=967	19.13%	20.89%	25.13%	6.20%	15.71%	87.06%
Cours Sces lettres Sces math. N=1418	11.00%	17.13%	15.09%	4.65%	12.34%	60.22%
Autres N=590	11.01%	10.33%	11.69%	4.74%	6.44%	44.22%

Secteurs et cours / Origine scolaire	Techn. biol. N=252	Techn. phys. N=337	Techn. Humain. N=84	Techn. Adm. N=345	Total cours profes. N=1018	Total général + profes. N=2975
Cours classique N=967	3.93%	2.17%	1.86%	4.96%	12.92%	99.98%
Cours Sces lettres Sces math. N=1418	11.07%	11.63%	3.87%	13.18%	39.77%	99.99%
Autres N=590	9.66%	25.59%	1.86%	18.64%	55.76%	99.98%

TABLEAU XXVII

Composition des cours et secteurs par origine scolaire des étudiants

Origine scolaire / Sect. et cours	Cours classique N = 967	Sces lettres Sces Maths. N = 1418	Autres N = 590	Total N = 2975
Sces biologiques N = 406	45.57%	38.42%	16.01%	100.0%
Sces physiques N = 504	39.92%	48.02%	12.06%	100.0%
Sces humaines N =	46.20%	40.68%	13.12%	100.0%
Sces administr. N = 154	38.96%	42.86%	18.18%	100.0%
Arts et lettres N = 365	41.64%	47.94%	10.41%	99.99%
Total cours général N = 1957	43.02%	43.63%	13.33%	
Techn. biologiques N = 252	15.08%	62.30%	22.62%	100.0%
Techn. physiques N = 327	6.23%	48.96%	44.81%	100.0%
Techn. humaines N = 84	21.43%	65.48%	13.09%	100.0%
Techn. administr. N = 345	13.91%	54.20%	32.09%	100.0%
Total cours profes. N =1018	12.27%	55.40%	32.31%	
Total cours général & profes. N 2975	32.50%	47.66%	19.83%	

TABLEAU XXVIII

L'origine scolaire des étudiants selon leur origine sociale

Origine scolaire / Orig. sociale	% Cours classique	% Cours scientifique	% Autres	Total %
Classe supérieure N = 278	51.44	32.73	15.83	100.0%
Classes moyennes N = 1631	35.56	44.94	19.50	100.0%
Classe ouvrière N = 905	22.98	56.80	20.22	100.0%
Classe paysanne N = 79	10.13	58.23	31.65	100.0%

Nous pouvons cependant affirmer, par une étude de corrélation entre l'origine sociale et l'origine scolaire de notre population (Tableau XXVIII), que la scolarité antérieure des étudiants est partiellement liée à leur appartenance sociale. Plus d'une fois sur deux, les enfants de classe supérieure ont effectué des études latines, alors que ceux provenant de la classe ouvrière n'ont pas fréquenté une fois sur quatre le cours classique.

L'AGE DES ÉTUDIANTS

Pour relever l'âge des étudiants, nous avons demandé à chacun des répondants d'indiquer l'année de sa naissance.

Il a fallu ensuite constituer des classes d'âge, pour faciliter l'étude des corrélations entre l'âge et l'orientation des étudiants. Trois classes d'âge ont été retenues: les étudiants nés avant 1950, ceux qui sont nés en 1950-51-52, ceux qui sont nés après 1952.

TABLEAU XXIX

Répartition des étudiants selon leur âge

	Fréquence	%
Nés avant 1940	23	0.8
Nés de 1940 à 1949 (compris)	375	12.3
Nés en 1950	498	16.3
Nés en 1951	115	36.6
Nés en 1952	814	26.7
Nés après 1952	203	6.7
Non réponses	19	0.6
Total . . .	3047	100.0

Nous remarquons (Tableau XXX) que l'âge des étudiants du cours général est plus diversifié. Il y a là le plus grand nombre d'étudiants âgés, mais aussi la plus grande proportion de ceux qui sont "en avance". En revanche,le cours professionnel regroupe des étudiants plus conformes à l'âge moyen d'entrée au Cegep, soit 18 ans.

Dans le général, les plus jeunes fréquentent les cours de sciences biologiques et physiques alors que les plus âgés sont en sciences humaines, arts et lettres. A première vue les secteurs de sciences humaines, arts et lettres semblent être des secteurs refuges pour les étudiants qui ont accumulé un retard scolaire ou reprennent des études après une interruption. De leur côté les étudiants les plus en avance suivent des cours en sciences pures et sciences biologiques.

TABLEAU XXX

Composition des cours et secteurs selon l'âge des étudiants (année 1969-70)

Age / Secteurs et cours	Etudiants nés avant 1950 Agés de plus de 20 ans (N = 387)	Nés en 1950-51-52 Agés de 18-19-20 ans (N = 2297)	Nés après 1952 - Agés de 17 ans et moins (N = 202)	Total
Sces biologiques N = 406	10.10%	77.59%	12.31%	100.0%
Sces physiques N = 507	6.11%	80.67%	13.32%	100.0%
Sces humaines N = 535	18.15%	75.32%	6.53%	100.0%
Sces administr. N = 153	11.76%	80.38%	7.86%	100.0%
Arts et lettres N = 267	23.97%	69.28%	6.74%	100.0%
Total général N = 1868	13.43%	76.82%	9.74%	100.0%
Techn. biologiques N = 253	11.86%	85.38%	2.76%	100.0%
Techn. physiques N = 339	15.62%	83.19%	1.18%	99.9%
Techn. humaines N = 83	13.25%	84.35%	2.40%	100.0%
Techn. administr. N = 343	12.23%	85.72%	2.05%	100.0%
Total cours profes. N = 1018	13.35%	84.67%	1.96%	99.9%
Total général & professionnel N = 2886	13.40%	79.59%	6.99%	99.9%

TABLEAU XXXI

Distribution entre cours et secteurs selon l'âge des étudiants

Secteurs et cours / Age	Sciences biol. N=406	Sciences phys. N=507	Sciences Humain. N=535	Sciences Adm. N=153	Arts et lettres N=267	Total cours général N=1868
Etudiants nés avant 1950 - Agés de plus de 20 ans N = 387	10.59	8.01	25.06	4.65	16.53	64.85
Nés en 1950-51-52 Agés de 18-19-20 ans N = 2297	13.71	17.80	17.54	5.35	8.05	62.47
Nés après 1952 - Agés de moins de 17 ans N = 202	24.75	33.16	17.32	5.94	8.91	90.09

Secteurs et cours / Age	Techn. biol. N=253	Techn. phys. N=339	Techn. Humain. N=83	Techn. Adm. N=343	Total cours profes. N=1018	Total général + profes. N=2886
Etudiants nés avant 1950 - Agés de plus de 20 ans N = 387	7.75	13.69	2.84	10.85	35.14	99.99%
Nés en 1950-51-52 Agés de 18-19-20 ans N = 2297	9.40	12.27	3.04	12.79	37.52	99.99%
Nés après 1952 - Agés de moins de 17 ans N = 202	3.46	1.98	0.99	3.46	9.90	99.99%

Cette orientation caractéristique des étudiants les plus jeunes apparaît plus nettement par la lecture du Tableau XXXI. Les plus vieux comme les plus jeunes s'inscrivent davantage dans le cours général, mais ces derniers le font neuf fois sur dix. Soulignons enfin que 33.16% des étudiants nés après 1952 suivent des cours dans le secteur sciences physiques (sciences pures) et 24.75% dans le secteur sciences biologiques.

L'ORIGINE GÉOGRAPHIQUE, LA DIMENSION DE LA FAMILLE, LA RELIGION

Les autres variables retenues pour identifier la population étudiante, à savoir l'origine géographique, la dimension de la famille, l'appartenance et la pratique religieuse, n'interviennent pas de façon significative dans l'orientation des étudiants.

L'origine géographique définie par deux dimensions, le nombre d'habitants de la localité de résidence et la distance au collège, varie chez les étudiants du cours général et du cours professionnel.

TABLEAU XXXII

Distribution entre les cours selon l'origine géographique des étudiants

Origine géographique / Cours	Cours général (N= 1911)	Cours professionnel (N= 994)	Total (N = 2905)
Métropole (Montréal	69.41%	30.59%	100.0% (N = 2020)
Ville de plus de 2000 habitants (autre que Montréal)	60.74%	39.26%	100.0% (N = 882)
Ville de moins de 2000 habitants	33.01%	66.99%	100.0% (N = 103)

TABLEAU XXXIII

Distribution entre les cours selon la distance de la résidence des étudiants au collège

Distance au collège \ Cours	Cours général (N = 1698)	Cours professionnel (N = 875)	Total (N = 2573)
Moins de 1 mille	73.23%	26.77%	100.0% (N = 620)
1 à 5 milles (campus)	71.66%	28.34%	100.0% (N = 1055)
5 à 20 milles	63.85%	36.15%	100.0% (N = 675)
Plus de 20 milles	25.56%	74.44%	100.0% (N = 223)

Cette différence tient sans doute au fait que si tous les Cegeps offrent la gamme complète des secteurs et orientations dans le cours général, il n'en est pas de même pour les spécialités du cours professionnel. Les étudiants du cours professionnel doivent donc se déplacer plus que ceux du cours général. Le Cegep le plus proche de leur résidence n'offre pas toujours la spécialité recherchée.

Les variables telles que la dimension de la famille et l'appartenance religieuse n'interviennent pas dans l'orientation des étudiants. On ne relève aucune différence dans la répartition des étudiants entre les différents cours et secteurs selon le nombre de leurs frères et soeurs. Cette constatation n'est pas étrangère au fait que la dimension des familles de nos étudiants semble également répartie dans toutes les classes de la société québécoise. Seule la classe paysanne fait exception et comporte une majorité de familles de sept enfants et plus.

L'appartenance religieuse n'intervient pas en raison de l'homogénéité des familles francophones dans ce domaine. Cependant cette variable est intéressante à étudier du point de vue des collégiens en fonction de leur pratique religieuse. Il apparaît alors que les étudiants du cours professionnel sont plus pratiquants que ceux du cours général. Plus conformes à l'âge moyen d'entrée au Cegep, nous devons constater également que les étudiants inscrits dans les secteurs techniques sont plus conformes à l'une des valeurs de la société québécoise "traditionnelle".

TABLEAU XXXIV

Appartenance sociale des parents d'étudiants et dimension de leur famille

Nombre d'enfants / App. sociale	Enfant unique %	Deux enfants %	Trois enfants %	Quatre cinq - six enfants %	Sept enfants et plus %	Total %
Cl. supér. N = 282	3.55	18.09	20.92	46.45	10.99	100.0%
Cl. moyen. N = 1644	6.08	15.88	24.09	41.30	12.65	100.0%
Cl. ouvrière N = 909	6.49	18.37	19.25	40.81	15.07	99.9%
Cl. paysanne N = 79	0.0	8.86	11.39	39.24	40.51	100.0%
Total Fréquence N = 2844	169	486	569	1212	408	

TABLEAU XXXV

Distribution entre les cours selon l'appartenance et la pratique religieuse des étudiants

Cours / App. religieuse et pratique	Cours général N = 1528	Cours professionnel N = 782	Total N = 2310
Catholiques pratiquants N = 1085	58.28	41.75	100.0%
Catholiques non-pratiquants N = 1075	70.88	29.12	100.0%
Autres religions (pratiquants et non-pratiquants) N = 26	84.61	15.38	99.9%
Sans religion N = 124	90.32	9.68	100.0%

VARIABLE PRINCIPALE ET VARIABLES SECONDAIRES

a) L'orientation des filles selon leur origine sociale:

Les études de corrélation simple entre deux variables ont mis en évidence l'influence de l'origine sociale et du sexe sur l'orientation effective des étudiants. Il se dégage notamment de la comparaison des tableaux XIV et XVI[1] que la variable sexe intervient particulièrement dans la distribution entre les secteurs, alors que l'influence de l'origine sociale est forte dans la répartition entre les deux cours. Nous ne savons pas cependant si la variable sexe intervient de la même façon dans les classes supérieure, moyennes et ouvrière. Pour répondre à cette question, il convient d'effectuer une étude de corrélation multivariée en tenant compte simultanément du sexe et de l'origine sociale, dans la répartition des étudiants entre les secteurs et les cours[2].

Les résultats compilés de cette façon, dans le tableau XXXVI indiquent que les filles ne subissent pas les mêmes désavantages selon leur origine sociale. Dans la classe supérieure, les filles s'inscrivent même plus souvent dans le cours général que dans le cours professionnel. La tendance des filles de classe supérieure à

---

(1) Tableau XIV: Distribution entre cours et secteurs selon le sexe. Tableau XVI: Distribution entre cours et secteurs selon l'origine sociale.

(2) Pour ce traitement mécanographique, le Centre de calcul de l'UQUAM a dû réduire l'effectif de notre échantillon à 2065, car le programme utilisé ne tolérait qu'un nombre limité de cartes. Nous avons donc éliminé de l'analyse les cartes indiquant des non-réponses concernant l'origine sociale, le sexe, ainsi que celles des étudiants inscrits en Cegep II (redoublement éventuel). La majorité des cartes ont été toutefois éliminées au hasard. Nous ne tiendrons pas compte séparément des effectifs originaires de la classe paysanne. Les fréquences trop faibles rendaient difficile une étude multivariée. Nous avons préféré, pour cette raison, les regrouper avec celles de la classe ouvrière.

TABLEAU XXXVI

Distribution entre cours et secteurs selon l'origine sociale et le sexe

COURS GÉNÉRAL

		Sciences biol.	Sciences phys.	Sciences Humain.	Sciences Adm.	Arts et lettres	Total Général
Classe supérieure N = 193	Garçons N=98	22.4	25.5	20.4	8.2	7.1	83.6
	Filles N=95	20.0	9.5	33.7	1.1	23.2	87.5
Classes moyennes N = 1120	Garçons N=611	12.9	24.4	18.0	8.8	7.5	71.6
	Filles N=509	13.9	10.2	20.0	1.8	15.2	61.3
Classe ouvrière (+paysanne) N = 682	Garçons N=355	10.7	25.6	14.4	5.9	5.1	61.7
	Filles N=327	10.4	8.9	10.7	1.5	11.1	42.6

COURS PROFESSIONNEL

		Techn. biol.	Techn. phys.	Techn. Humain.	Techn. Adm.	Total Profes.	Total G. & P.
Classe supérieure N = 193	Garçons N = 98	1.0	9.2	0	5.1	15.3	98.9%
	Filles N = 95	7.4	0	3.2	1.1	11.7	99.2%
Classes moyennes N = 1120	Garçons N = 611	1.6	14.6	1.0	10.3	26.5	98.1%
	Filles N = 509	14.5	7.7	3.3	12.8	38.3	99.6%
Classe ouvrière (+ paysanne) N = 682	Garçons N = 355	2.8	21.1	0.8	12.4	37.1	98.8%
	Filles N = 327	26.9	10.1	7.6	12.8	57.4	100.0%

Pour les garçons: $X^2 = 39.460$, pour 26 degrés de liberté, soit certitude de 95.0%

Pour les filles: $X^2 = 95.372$, pour 22 degrés de liberté, soit certitude de 99.9%

Sans restriction: $X^2 = 117.542$, pour 26 degrés de liberté, soit certitude de 99.9%

s'inscrire dans le cours général est surtout le fait de l'orientation préférentielle vers le secteur "sciences humaines" et "arts et lettres". La distribution déjà observée sur le tableau XIV, en ce qui concerne la distribution entre les secteurs selon le sexe, est donc confirmée voire accentuée lorsqu'on considère uniquement la classe supérieure. Les secteurs "sciences humaines" et "Arts et lettres" sont en effet plus féminins pour l'ensemble de la population des collèges. L'orientation des étudiants de la classe supérieure accentue cette répartition traditionnelle des garçons dans les disciplines scientifiques et des filles dans les disciplines littéraires. Egalitaire pour les garçons et les filles dans la répartition entre le cours général et le cours professionnel, la classe supérieure est donc la plus inégalitaire à l'intérieur du cours qu'elle fréquente en majorité.

Ce sont dans les autres classes que les filles connaissent les plus grands désavantages. Par un écart de 10.3%, les garçons des classes moyennes s'inscrivent plus fréquemment dans le cours général que les filles. Dans la classe ouvrière cet écart s'élève à 19.1%.

Si on considère la répartition des garçons et des filles provenant des classes moyennes et ouvrière, on peut affirmer que la variable sexe intervient davantage que l'origine sociale dans ces deux grandes catégories, puisque le profil d'orientation des garçons des classes moyennes se rapproche davantage de celui des garçons de la classe ouvrière que de celui des filles de classes moyennes. Il faudrait ajouter aussi que l'écart entre les filles des classes moyennes et les filles de la classe ouvrière (18.72%) est plus important que celui relevé entre les garçons (9.9%). C'est dire qu'à l'exception de la classe supérieure, l'appartenance sociale et le sexe peuvent être considérés pour les filles comme des désavantages cumulatifs. Parmi les plus désavantagées, on compte les filles de la classe ouvrière, qui, plus d'une fois sur deux, sont inscrites dans le cours professionnel et, plus d'une fois sur quatre, dans le secteur "Techniques biologiques". Nous considérons cependant que la variable sexe est secondaire par rapport à la variable origine sociale et lui est subordonnée, puisqu'elle n'intervient pas de la même façon dans les différentes classes.

b) Héritage scolaire et origine sociale :

Dans la classe supérieure, plus d'un étudiant sur deux a suivi son cours classique (Cf. Tableau XXVIII) et 87.06% des étudiants ayant effectué le cours classique s'inscrivent dans le cours général (Cf. Tableau XXVI). Devant le résultat de ces deux tableaux, on peut se demander une fois encore dans quelle mesure l'origine scolaire peut contrarier les effets de l'origine sociale sur l'orientation des étudiants.

Par une étude croisée des trois variables: orientation effective, origine sociale et origine scolaire, nous sommes en état d'avancer que la scolarité antérieure compense dans certains cas ou atténue dans d'autres les effets de l'origine sociale, sans jamais cependant les supprimer totalement pour l'ensemble des classes.

Notons immédiatement (Cf. Tableau XXXVII) que l'origine scolaire accentue considérablement les effets de l'origine sociale puisque 97.% des étudiants de la classe supérieure ayant suivi le cours classique, se retrouvent au cours général, alors que la moitié (50.5%) des étudiants de la classe ouvrière, ayant suivi le cours scientifique, sont inscrits dans le cours professionnel. Cette différence est d'autant plus remarquable que l'origine scolaire compense la différence d'origine sociale, d'une part entre les classes moyennes et la classe supérieure, d'autre part entre la classe ouvrière et les classes moyennes. Ainsi les étudiants de classes moyennes originaires du cours classique sont plus souvent inscrits dans le cours général (87.5%) que les étudiants de classe supérieure ayant une scolarité secondaire scientifique (82%). Le même rapport s'établit entre les étudiants de la classe ouvrière et ceux des classes moyennes

TABLEAU XXXVII

Distribution entre cours et secteurs selon l'origine sociale et l'origine scolaire

COURS GÉNÉRAL

		Sciences biol.	Sciences phys.	Sciences Humain.	Sciences Adm.	Arts et lettres	Total Général
Classe Supérieure N = 166	Classique N=97	26.8	19.6	30.9	4.1	15.6	97.0
	Scientifique N=61	18.0	16.4	24.6	3.3	19.7	82.0
Classes Moyennes N = 920	Classique N=381	19.1	20.9	27.1	7.2	13.2	87.5
	Scientifique N=508	11.0	19.5	15.7	5.3	12.4	64.9
Classe Ouvrière (+ paysanne) N = 551	Classique N=150	16.7	25.3	20.7	5.3	12.0	80.0
	Scientifique N=388	9.3	18.0	10.6	3.9	7.5	49.3

COURS PROFESSIONNEL

		Techn. biol.	Techn. phys.	Techn. Humain.	Techn. Adm.	Total Profes.	Total G. & P.
Classe Supérieure N = 166	Classique N=97	2.1	1.0	0	0	3.1	80%
	Scientifique N=61	3.3	4.9	4.9	1.6	14.7	99.9%
Classes Moyennes N = 920	Classique N= 381	3.9	1.5	1.8	5.4	12.6	80%
	Scientifique N=508	7.9	11.6	3.0	12.8	35.3	99.9%
Classe Ouvrière (+ Paysanne) N = 551	Classique N=150	5.3	2.7	3.3	7.4	18.7	80%
	Scientifique N=388	18.3	14.7	4.4	13.1	50.5	99.9%

Entre la classe supérieure et la classe ouvrière, l'origine scolaire ne fait toutefois qu'atténuer les effets de l'origine sociale sur l'orientation. Le chiffre atteint par les étudiants de la classe ouvrière qui ont suivi le cours classique et sont inscrits maintenant dans le cours général (80%), prouve une fois de plus que le cours classique est demeuré jusqu'à sa suppression(1), un instrument de promotion pour une minorité d'étudiants issus des milieux populaires.

En revanche, pour la classe supérieure, le cours classique a constitué l'assurance d'effectuer des études prolongées et d'accéder par cette voie à l'université. En effet, les étudiants qui, bien que venant du cours classique, se sont inscrits dans le cours professionnel, proviennent dans la quasi totalité des cas des classes moyennes et de la classe ouvrière (Cf. Tableau XXXVIII).

Enfin, la variable sexe n'affecte pas beaucoup l'orientation des étudiants selon leur origine scolaire puisque les garçons inscrits au cours scientifique du niveau secondaire sont loin d'avoir le même profil d'orientation que les filles ayant suivi le cours classique. (Cf. Tableau XXXIX).

---

(1) Les étudiants admis au Cegep en 1969 sont les derniers à avoir accompli toute leur scolarité secondaire dans l'ancien système.

TABLEAU XXXVIII

Composition des secteurs par origine scolaire et origine sociale

	CLASSIQUE			SCIENTIFIQUE		
	Classe supérieure	Classes moyennes	Classe ouvrière	Classe supérieure	Classes moyennes	Classe ouvrière
Sciences biologiques 120 + 103 = 223	20.8	59.2	20	18.7	54.4	35.0
Sciences physiques 138 + 179 = 317	13.8	58.7	27.5	5.6	55.3	39.1
Sciences Humaines 166 + 136 = 302	18.1	63.3	18.7	11.0	58.8	30.1
Sces Administratives 40 + 44 = 84	10.0	70.0	20.0	4.5	61.4	34.1
Arts et Lettres 14 + 104 = 118	17.9	60.7	21.4	11.5	60.5	27.8
Techn. biologiques 25 + 113 = 138	8.0	60.0	32.0	1.8	35.4	62.8
Techn. physiques 11 + 119 = 130	9.1	54.5	36.4	2.5	49.6	47.9
Techn. Humaines 12 + 35 = 47	0	58.3	41.7	8.6	42.9	48.6
Techn. Administratives 2 + 117 = 119	0	65.6	34.4	0.9	55.6	43.6
TOTAL Général + Professionnel	15.3	61.1	23.6	6.4	53.1	40.5

TABLEAU XXXIX

Distribution entre les cours et les secteurs selon l'origine scolaire et le sexe

		Sciences biol.	Sciences Phys.	Sciences Humain.	Sciences Adm.	Arts et Lettres	Total Général
Classique N = 653	Garçons N = 376	19.1	30.1	23.9	8.5	7.9	89.5
	Filles N = 277	19.9	9.4	28.5	3.6	22.4	83.8
Scientifique N = 997	Garçons N = 496	11.3	26.2	12.7	8.3	7.5	66.0
	Filles N = 501	11.0	10.6	15.4	0.6	15.2	52.08

		Techn. biol.	Techn. Phys.	Techn. Humain.	Techn. Adm.	Total Profes.	Total G. & P.
Classique N = 653	Garçons N = 376	1.3	2.9	0.3	5.3	9.8	99.3
	Filles N = 277	7.2	0.4	4.0	4.7	16.3	100.1
Scientifique N = 997	Garçons N = 496	2.2	17.1	1.0	12.7	33.0	99.0
	Filles N = 501	21.6	7.4	6.0	11.8	46.8	99.6

Ici encore nous serons amenés à conclure que l'origine scolaire intervient comme variable secondaire par rapport à l'origine sociale. La scolarité antérieure ne parvient jamais à contrer complètement les effets de l'appartenance sociale, même si elle contrarie la distribution dans les cours et secteurs selon le sexe.

Au terme de cette étude sur la fréquentation scolaire et sociale menée dans cinq Cegeps du grand Montréal, nous pouvons affirmer que nos résultats rejoignent les idées directrices que nous avions formulées précédemment. L'origine sociale constitue en effet, la variable fondamentale, dans la répartition des étudiants entre les cours et les secteurs offerts et ceci d'autant plus que la discrimination entre les garçons et les filles varie selon l'origine sociale.

L'institution collégiale a été conçue pour la production d'une force de travail spécifique, comprenant deux groupes de travailleurs, d'une part des travailleurs manuels hautement qualifiés, d'autre part des travailleurs intellectuels.

Le Cegep ne saurait donc reproduire à proprement parler les rapports sociaux de la société globale. Il ne produit qu'une force de travail spécialisée. Il ne s'agit donc pas d'attribuer au collège une fonction remplie par l'ensemble de l'appareil scolaire. Il importe plutôt de constater que le Cegep permet à une partie des enfants de la classe ouvrière et des classes moyennes d'envisager une destination de classe différente de leur classe d'origine.

Cependant, d'une part ce changement social est limité par les effets de l'appartenance sociale sur la scolarité et l'orientation des étudiants, d'autre part, ces limites replacent fréquemment les étudiants de la classe ouvrière dans des situations identiques à celles vécues par leurs parents, c'est-à-dire des situations d'exécutants, mais à un niveau de qualification plus élevé.

Dans ce cadre, la variable sexe accentue pour les garçons les avantages et pour les filles les désavantages sociaux. La classe supérieure, égalitaire vis-à-vis des autres classes, mais très inégalitaire en elle-même, fait exception à cette règle, tout en favorisant une division selon le sexe entre les disciplines littéraires et scientifiques.

Nous avons remarqué également qu'aucune variable n'intervient indépendamment de l'origine sociale des étudiants. Même la scolarité antérieure, qui paraît être le principal facteur de distinction et de reconstruction de groupes relativement homogènes, ne parvient pas à éliminer complètement le handicap de l'appartenance sociale pour les milieux populaires. Les étudiants de classe supérieure ayant suivi le cours scientifique sont encore plus nombreux en proportion dans le cours général que les enfants de milieux populaires inscrits dans le cours classique au niveau secondaire.

Comme premier bilan sur les fonctions sociales des Cegeps, nous serons portés à avancer que ces derniers ne permettent pas plus ni moins que les anciens collèges classiques une soit-disant démocratisation(1) de l'enseignement collégial. Une apparence plus démocratique provient sans doute de deux faits: premièrement, les effectifs fréquentant les collèges sont plus importants dans les Cegeps aujourd'hui que dans les collèges classiques d'autrefois et, deuxièmement, cette augmentation affecte toutes les classes de la société dans la même proportion.

Ainsi, si on compare nos chiffres aux résultats d'enquêtes effectuées en 1953 et 1959 dans les collèges classiques(2), on s'aperçoit que la proportion des enfants de la classe ouvrière inscrits dans les collèges n'a pas augmenté. Nous pourrions donc retenir provisoirement que le Cegep remplit aujourd'hui la même fonction de barrière sociale et de reproduction d'élites que le collège classique, mais ceci dans un contexte où la qualité de la force de travail a évolué.

Le plus grand accès de filles à l'enseignement collégial peut

---

(1) Le terme est pris dans son sens commun, c'est-à-dire: progression de la démocratie par un plus grand accès à l'institution, de toutes les couches de la population.

(2) Cf. Fédération des collèges classiques: Notre réforme scolaire, op. cit.

être compris dans la même perspective. En terme de proportion, c'est sur ce point essentiel que la fréquentation des Cegeps diffère le plus de celle des anciens collèges classiques. Cependant, si on considère l'évolution de la main d'oeuvre active féminine, notamment dans les services à haute qualification (secteur hospitalier et enseignement), on s'aperçoit que le Cegep ne fait que suivre cette évolution et l'accentuer. Les femmes seront plus nombreuses sur le marché du travail, mais dans l'exercice de fonctions qui les placeront en l'état de subordination vis-à-vis des fonctions masculines. Educatrices des enfants, dispensatrices de soins continus, analystes dans des laboratoires, cadres subalternes dans l'administration, les femmes n'accèdent pas de cette façon, dans leur majorité, à une égalité des tâches avec les hommes. Elles exerceraient plutôt un prolongement d'anciennes fonctions remplies autrefois dans la vie familiale et aujourd'hui sous une forme plus socialisée.

Le problème de la démocratisation de l'enseignement ne peut donc se réduire, à celui d'un accès à l'éducation plus représentatif de la structure de classe de la société. En réalité, il faudrait renverser la proposition et traiter de la finalité du système scolaire, finalité économique et politique.

Ce n'est que par l'étude des besoins de l'économie de marché en matière de force de travail qu'il faut comprendre les possibilités offertes aux étudiants en terme de programme, donc comprendre la sélection et l'orientation. Ce n'est que par les divisions inhérentes au mode de production capitaliste (division entre le travail manuel et intellectuel, entre le travail d'exécution et de conception), combinées avec une hiérarchisation croissante des fonctions, que l'on peut saisir la division en deux types de scolarisation (général et professionnel), combinée avec une hiérarchie de diplômes de plus en plus rigide. Déterminées par la logique interne d'un mode de production, les limites de la démocratisation dans les Cegeps, expriment les limites de la démocratie dans une société que les institutions scolaires sont chargées de servir.

Chapitre troisième

Comportements sociaux des étudiants

LES ÉTUDIANTS DEVANT LEUR SCOLARITÉ

a) Mobilité sociale et destination de classe:

L'analyse de la création économique et politique des Cegeps ainsi que les statistiques sur leur fréquentation scolaire, illustrent la thèse selon laquelle le système d'éducation reproduit des rapports sociaux de production. La façon dont il s'acquitte de cette fonction contribue d'autant plus à la division de la société en classes que la fréquentation sociale de l'école indique, par exemple pour les Cegeps, que la classe supérieure est sur-représentée et la classe ouvrière sous-représentée.

Il faut admettre cependant que l'institution scolaire en général, et le Cegep en particulier, peut permettre à certains étudiants de changer de condition sociale. Ce processus de changement, la sociologie classique le définit par le concept de mobilité sociale. Il signifie pour nous que l'étudiant se trouve dans une situation transitoire et que sa scolarisation peut le conduire à une destination de classe différente de sa classe d'origine.

Le rôle joué par l'école dans la conservation et la mobilité sociale a été souvent décrit [1].

Le logicien Goblot, dans une étude de moeurs sur la bourgeoisie française au début du siècle, cerne fort bien les rapports entre la classe, l'éducation et la profession. Il note que la profession détermine l'appartenance sociale, le genre de vie, mais il remarque en même temps que la classe précède la profession.

---

(1) Cf. Bibliographie en annexe.

"Un bourgeois ne se fait pas menuisier, serrurier, boulanger, forgeron. Par contre, on devient très bien bourgeois en partant de telles professions. Mais si le fils d'un menuisier se fait avocat, il devient d'abord bourgeois, d'abord au lycée et à l'Ecole de droit" (1).

L'école peut être un instrument de mobilité sociale pour un individu, mais ce dernier est soumis préalablement à une transformation sociale de ses comportements et à l'acquisition de moeurs qu'il partagera avec la classe bourgeoise. La réussite scolaire dans un enseignement prolongé et la réussite sociale qu'elle permet sont conditionnées par une adhésion consciente ou non aux normes de la classe dominante.

Cela signifie que pour accéder à une profession exercée dans une classe autre que sa classe d'origine, on doit préalablement posséder "l'éducation", les "relations", la "culture", propres à cette classe de destination.

Cette évolution ou mobilité sociale de l'individu implique tout un processus de transformation idéologique préalable. On pourrait donc vérifier notamment dans quelle mesure une scolarisation dans des cours conduisant à l'enseignement universitaire, aux professions libérales ou aux emplois de cadres supérieurs, s'accompagne de représentations idéologiques différentes de celles des étudiants inscrits au professionnel, bien que dans les deux cas ils puissent posséder la même origine sociale.

C'est également dans cette perspective qu'on peut utiliser la théorie des sociologues américains Merton et Kitt sur le groupe d'appartenance et le groupe de référence(2). Pour Merton et Kitt l'orientation positive aux valeurs d'un groupe (ou classe sociale)(3) autre que son propre groupe d'appartenance remplit une double

---

(1) Goblot (Edmond): La barrière et le niveau, Paris, P.U.F. 1967, 108 p., p. 26.

(2) Merton (Robert K.) et Kitt (Alice S.): La théorie du groupe de référence et la mobilité sociale, in Levy (André): Psychologie sociale. Textes fondamentaux - op. cit. p. 470-480.

(3) La parenthèse est de nous.

fonction. Elle permet d'une part d'accéder au groupe en question (groupe de référence) et d'autre part de s'y adapter plus facilement lorsqu'on en fera partie. Cette "socialisation anticipée" ne peut être fonctionnelle que dans une société à structure sociale ouverte.

Evidemment, la théorie du groupe de référence sera fructueuse si nous ne la comprenons pas exclusivement dans son cadre fonctionaliste. En effet Merton et Kitt ont tendance à ramener l'explication de la mobilité sociale au seul comportement qui lui permet d'avoir lieu. Pour nous c'est plutôt l'étude des contraintes sociales, c'est-à-dire en dernière analyse économiques et politiques qui nous permet de préciser le caractère plus ou moins ouvert de la structure sociale. Chez Merton et Kitt, les rapports sociaux entre les groupes d'appartenance et de référence, et en particulier les rapports de domination, ne sont pas pris en considération dans l'orientation "positive" du changement.

Dans le cas d'un étudiant engagé dans un processus de mobilité sociale(1), les causes du changement de condition sociale ne sont pas seulement le fait de la "conformité aux normes d'un groupe externe" et de la "non conformité aux normes d'un groupe d'appartenance". Pour mieux analyser le rôle spécifique des représentations idéologiques dans la mobilité sociale vécue par un individu, il faut précisément éviter de s'enfermer dans un schéma volontariste ou idéaliste.

En effet nous constatons avec Bourdieu l'existence d'un mécanisme d' "intériorisation" des "chances objectives"(2) dans le développement des aspirations scolaires et professionnelles. Ce mécanisme fait que "de façon générale, les enfants et leur famille se déterminent toujours par référence aux contraintes qui les déterminent"(3). C'est pourquoi le groupe de référence dans le

---

(1) Il est évident que ce raisonnement ne s'applique qu'aux étudiants originaires de la classe ouvrière et éventuellement aux individus issus des classes moyennes qui se retrouvent dans le cours général.

(2) Bourdieu (Pierre): L'école conservatrice, op. cit. p. 332. Par "intériorisation" des "chances objectives" il faut entendre chez Bourdieu un processus par lequel l'individu accorde ses aspirations à une connaissance intuitive que lui procure sa condition sociale.

(3) Ibid.

procès de mobilité sociale n'est pas toujours le même, selon que l'on se situe sur le plan des déterminations sociales productrices de l'individu ou de l'action du sujet sur ces conditions. Selon que l'on traite du niveau apparent (la finalité, ce à quoi aspire l'individu) ou du niveau plus profond (la base matérielle) du comportement social, il y a possibilité de renversement de la perspective du groupe de référence.

Ici encore il faut éviter, tant les explications de type mécaniste (qui ne considèrent que la base matérielle du comportement social) que celles de type volontariste ou idéaliste (qui ne prennent en compte que la finalité de l'action). Il s'agit donc d'envisager maintenant, comment l'institution collégiale avec les possibilités qu'elle offre, permet une action en retour sur des conditions d'existence et comment cette action s'exprime dans des représentations idéologiques.

Nous acceptons l'explication de la mobilité sociale par rupture idéologique avec le groupe d'appartenance et identification éventuelle à un groupe de référence, en ajoutant que dans nos études de cas ce changement est toujours conditionnel et conditionné. La mobilité sociale par l'éducation est conditionnelle parce que soumise à la possibilité matérielle de poursuivre des études prolongées et à la capacité de les réussir. Elle est conditionnée parce que déterminée "de façon générale" par une condition sociale. En outre on peut s'attendre, comme le mentionne également Bourdieu(1), à ce que les enfants d'ouvriers, accédant aux études supérieures, se distinguent de l'ensemble de leur catégorie par le niveau culturel particulier de leur famille.

Il faut considérer enfin que nous ne saisissons dans la scolarité des étudiants et leurs discours sur cette scolarité que le moment d'un processus de mobilité sociale *éventuelle*. Les représentations idéologiques exprimées dans le moment du discours apparaissent sous forme de *valeurs* relatives à une scolarisation

---

(1) BOURDIEU (Pierre): L'école conservatrice in *"Revue Française de Sociologie"*, no 7, 1966, p. 325-347.

actuelle et d'aspirations orientées vers l'avenir scolaire et professionnel de chacun.

Pour connaître les fonctions sociales des Cegeps, il ne suffit donc pas de retracer les conditions économiques et politiques de leur création, ni d'analyser leur fréquentation sociale à l'aide de données statistiques, il faut encore mener une enquête auprès de ceux qui s'y inscrivent. La connaissance de l'institution à partir de ceux qui la vivent permet de définir les comportements sociaux qui s'y manifestent.

Cette partie de l'enquête ne vise qu'à développer davantage l'étude de la fréquentation scolaire et sociale des Cegeps au niveau de l'expérience vécue, transmise dans un discours.

Lorsque les étudiants s'expriment sur leur vie au collège, leurs cours, la façon dont ils envisagent l'avenir, ils expriment des fins sociales, par le sens qu'ils donnent à leurs actions. Cependant le recours à la technique d'entretien pour analyser des comportements sociaux limite notre champ d'investigation. Une utilisation sociale du Cegep ne se laisse pas appréhender complètement par l'étude du seul discours de l'individu en situation d'étudiant. D'autres formes d'observations de la vie collégiale seraient nécessaires pour prétendre reconstruire des types achevés de comportements sociaux.

Par l'analyse du discours, nous pouvons obtenir trois types de données. Premièrement, dans chaque cas, des données comparables à celles recueillies par questionnaires auprès de l'ensemble des étudiants seront rassemblées. Il s'agit des caractéristiques d'identification selon l'inscription et l'orientation à l'entrée au Cegep, la scolarité antérieure, les démarches entreprises, les avis et conseils reçus, les activités suivies au collège, l'appartenance sociale, les professions et le niveau de scolarité des parents, les activités extrascolaires des étudiants, bref autant de faits qui se présenteront sous une forme plus détaillée et plus précise par l'entretien.

Deuxièmement, nous relèverons les motifs invoqués par chaque étudiant dans les orientations qu'il a prises lors de sa scolarité antérieure et aujourd'hui par son inscription dans tel cours, secteur ou spécialité du collège. Ces faits se présentent comme des jugements de valeurs sur l'action du sujet ou des normes de conduites. Ce sont ces valeurs et motivations explicites dans le discours que nous désignerons par le terme de "représentations idéologiques".

Enfin ces deux types de données permettent de reconstruire certains types de comportements sociaux vis-à-vis de l'éducation. Nous aborderons alors autant l'étude des fonctions plus profondes de l'enseignement collégial pour tel groupe d'individus que celles des fonctions sociales de l'institution dans les rapports sociaux.

Aussi, nous appliquerons le terme de comportement à la conduite de chaque étudiant en matière d'orientation effective. c'est-à-dire des actes qu'il a déjà accomplis. Nous adjoignons la qualification de social au comportement dans la mesure où d'une part, les conduites sont orientées, par la signification qu'en donne le sujet, vers des fins sociales (rapport aux autres dans le travail et le non travail) et où d'autre part, les étudiants se définissent par leur origine sociale.

L'étude du comportement social vise donc à établir des relations entre des actes accomplis et l'ensemble des idées que s'en font les individus.

Il ne s'agit pas d'apprécier la validité de ces représentations en terme de vraie ou fausse conscience, mais de voir comment elles s'articulent pratiquement avec l'orientation des étudiants.

Par l'analyse des représentations que se font les étudiants sur l'éducation en général, sur l'institution collégiale en particulier, sur les rapports que cette dernière entretient avec le travail et leur devenir social, nous ne faisons qu'étudier quelques "faits d'idéologie" (1).

---

(1) Cf. Cecconi (O.): Remarques sur les critères et les fonctions de l'idéologie - in *"Economie et Humanisme"*, no 194 - juillet-août 1970.

b) L'entretien:

Pour recueillir et analyser les représentations idéologiques exprimées par les étudiants des Cegeps sur leur orientation, nous avons eu recours à une série d'entretiens semi-directifs, à questions libres. Les données seront regroupées autour des pôles que constituent pour chaque étudiant son passé scolaire, le présent et l'avenir.

Parmi les faits relatifs au passé, nous cherchons à connaître comment s'est effectuée l'entrée dans le secondaire. L'étudiant ne pouvait alors s'orienter que sur la base de la réussite scolaire antérieure, c'est-à-dire de ses notes. Il passait également des tests à la fin de la septième année. Les meilleurs résultats ouvraient la porte aux collèges classiques (privés) alors que tous les autres se dirigeaient vers le cours secondaire public. Seule une minorité d'élèves avait le choix à la fin du cours primaire. La majorité était triée et sélectionnée une seconde fois dans le secondaire public au niveau de la 10ème année, selon la réussite scolaire. Cette sélection avait pour effet de répartir les étudiants entre les cours de sciences-mathématiques, de sciences-lettres (résultats moins bons en mathématiques) et le cours général pour les plus faibles. Nous nous proposons donc avec ce premier thème, de savoir comment s'était faite cette première orientation. Est-ce que l'étudiant s'est laissé guider par ses résultats en classe ou les conseils de ses professeurs? Certains pouvaient hésiter. Parfois les parents ont pu intervenir. De toute façon, quelle était la position des parents? Et le cours classique, qu'est-ce qu'il représentait pour chacun?

Le deuxième thème concerne l'arrivée au Cegep. Là encore intervient la réussite scolaire, mais cette fois pour déterminer l'année d'entrée au Cegep. Avec dé bons résultats, un étudiant pouvait passer directement de onzième année au Cegep. Les autres devaient suivre une douzième année C.P.E.S.(1), devenu

(1) Cours Préparatoire à l'Enseignement Supérieur.

avec la réforme, secondaire V. Par ailleurs des prérequis sont exigés pour certains cours de l'enseignement collégial.

Ce qui nous intéresse davantage ici, c'est de savoir comment les étudiants s'orientent soit dans le cours général, soit dans le cours professionnel. Est-ce qu'ils s'en tiennent à leurs résultats scolaires, leur réussite en certaines matières? Ont-ils hésité entre plusieurs spécialités, ont-ils effectué leur inscription, leur "choix" dans la perspective d'exercer une profession déterminée? Est-ce que leur décision est reliée à une expérience pratique qu'ils ont vécue? Quelle a été l'attitude des parents au moment où il a fallu choisir un cours? Voilà autant de thèmes particuliers, sur lesquels nous entendons que chacun des étudiants se prononce dans le thème plus général de l'entrée au Cegep.

Avec le troisième thème nous abordons le domaine des aspirations. Nous considérerons successivement l'avenir scolaire, l'avenir professionnel, c'est-à-dire le travail ou le genre de travail recherché par les étudiants, leur conception du travail et aussi le genre de vie qui s'y rattache.

Pour obtenir une meilleure formulation des aspirations des étudiants et cerner les liens existant entre les objectifs qu'ils se sont fixés et leur scolarité présente, nous avons dû procéder souvent par opposition. Ainsi, une fin de scolarité au Cegep débouche sur l'opposition entre le marché du travail et l'Université. L'opposition sciences-techniques dans les disciplines permet de saisir parfois les différences du statut entre ingénieur et technicien, médecin et infirmière, profession libérale et technicien, etc..., parfois la conception des rapports entre travail manuel et travail intellectuel, travail d'exécution et travail de conception. Il est utile également de relever l'opposition ou la continuité existant entre l'école et la vie active.

En ce qui concerne les filles, il nous a paru bon de retenir en plus, la façon dont elles envisagent les rapports entre vie professionnelle et vie familiale. Pour tous, il a fallu faire en sorte que les étudiants comparent le genre de vie auquel ils aspiraient et celui qu'avait connu leurs parents. On peut saisir de cette façon les représentations idéologiques qui expriment la rupture par rapport à une classe d'origine et la destination éventuelle vers une autre classe.

Enfin, nous avons pris soin, au cours de l'entretien, de recueillir des informations précises sur l'appartenance sociale des étudiants, telles la profession exercée par les parents, leur niveau de scolarité, la situation scolaire ou professionnelle des frères et soeurs éventuellement (1).

Au total 63 garçons pour 57 filles ont été rencontrés, ce qui traduit la tendance générale à une plus grande présence des garçons dans les collèges. Evidemment l'échantillon ne permet pas de connaître la répartition des étudiants dans les différents cours et secteurs. Cependant une comparaison entre les données officielles, les données obtenues par notre questionnaire et les résultats de notre sondage donne une idée de la représentativité de l'échan-

---

(1) Un échantillon a été construit par sondage au hasard systématique. La population totale était donnée par les listes des étudiants inscrits en première année. Lors de l'analyse de la fréquentation sociale et scolaire à partir des questionnaires, nous avions retenu cinq collèges; pour l'étude de cas par entretien nous avons procédé dans deux de ces collèges: Ahuntsic et St-Laurent.

Pour le premier Cegep (Ahuntsic) nous avons utilisé des inscriptions de septembre 1969 en première année fournies par l'administration, pour le second l'annuaire étudiant des premières inscriptions au collège à la même date. Nous avons ainsi regroupé 120 garçons et filles dont 59 du Cegep d'Ahuntsic et 61 du Cegep St-Laurent.

Nous n'avons conservé pour l'analyse et la présentation de nos résultats que 75 entretiens. Parmi les 14 non-réponses, nous avons pu détailler pour le Cegep d'Ahuntsic: 4 difficultés de communication dues à des changements d'adresse, de numéro de téléphone, 3 abandons d'études, 3 inscriptions dans un autre collège, 3 refus, une maladie. Pour le Cegep St-Laurent nous n'avons pas retenu les 12 étudiants à temps partiel.

Le contenu verbal des interviews a été intégralement enregistré sur bandes magnétiques. Comme chaque rencontre a duré entre vingt et trente minutes nous avions à l'issue de cette phase d'enquête sur le terrain plus de quarante heures de contenu oral à analyser.

tillon. Pour le seul Cegep d'Ahuntsic[1] nous obtenons la répartition suivante: (Voir tableau XL).

En analysant le contenu des entretiens, nous nous sommes aperçus qu'une typologie des comportements relatifs à chaque thème (passé, présent, avenir scolaire et professionnel), pouvait refléter *une variation du degré des contraintes sociale* qui pèsent sur l'individu lors des principaux "choix" qu'il doit effectuer. Nous avons donc construit des catégories pour enregistrer le contenu verbal. Ces catégories sont définies l'une par rapport à l'autre suivant le principe directeur, l' "aire centrale"[2]: quels types de comportement correspondent aux différents degrés de contraintes sociales? Dans quelles mesures ces contraintes sociales renvoient à des contraintes de classe? Les différents types retenus seront présentés avant l'étude de chaque thème.

LES DIFFÉRENTES CLASSES DEVANT LE CEGEP

a) Les études secondaires – l'attitude des parents face au cours classique et au cours scientifique.

Nous avons demandé aux étudiants de parler de leur scolarité secondaire, des conseils reçus de la part de différentes personnes lors de cette première orientation entre plusieurs possibilités, ceci pour ne pas isoler leur entrée au Cegep de leur passé scolaire.

---

(1) L'annuaire des étudiants du Cegep de St-Laurent n'indiquait pas les secteurs et cours suivis. Nous ne pouvons donc pas reproduire ce tableau pour les deux collèges, puisque nous ignorons le cours suivi par les étudiants que nous n'avons pas contactés.

(2) Nous empruntons l'expression à Isambert-Jamati (Viviane): Crises de la Société et crises de l'enseignement. P.U.F. bibliothèque de sociologie contemporaine - Paris - 1970 - 400 p. - p. 29.

TABLEAU XL

Distribution entre les cours et secteurs des étudiants de l'échantillon d'Ahuntsic

Sources / Cours et secteurs	Données D.I.G.E.C.	Résultats Questionnaire	Sondages Entretiens
Sciences biologiques	102	97	3
Sciences physiques	184	152	10
Sciences humaines	207	65	7
Sciences de l'administration	70	36	4
Arts et lettres	129	62	8
TOTAL GÉNÉRAL	692	412	32
Techniques biologiques	83	78	4
Techniques physiques	323	279	16
Techniques humaines	(385*)	2*	0
Techniques administratives	253	155	7
TOTAL PROFESSIONNEL	659	514	27
TOTAL GÉNÉRAL & PROFESSION.	1351	926	59

* Rappelons que nous n'avons relevé aucune inscription en techniques humaines sur les listes de collège (Cf. Tableau VII). Le chiffre 385 ne sera pas compté dans le total.

En terme de passé scolaire, l'orientation à l'entrée des Cegeps est certes soumise à des prérequis variables selon les secteurs et disciplines. Néanmoins nous avons surtout voulu repérer par étude comparée dans les différentes classes d'origine, les facteurs sociaux qui auraient déjà pu influencer les étudiants dans leur orientation et préparer leur arrivée au Cegep.

Les contraintes sociales qui pèsent sur les élèves à l'entrée du secondaire sont multiples. Elles se manifestent là encore par la réussite antérieure, elle-même produit de capacités déterminées socialement par la transmission familiale d'un "capital culturel" rentable sur le plan scolaire(1). Par "capital culturel" Pierre Bourdieu entend non seulement un capital d'informations, de savoir faire, un langage, mais aussi des attitudes à l'égard du "capital culturel" et des institutions scolaires.

Cependant cette rentabilité n'existe que par rapport aux normes fixées par ces mêmes institutions scolaires et aux impératifs de division et de sélection du système d'éducation.

Par l'entretien nous ne pouvons recueillir que des indications sur quelques éléments d'ordre idéologiques, à savoir les jugements de valeur des parents, tels que les étudiants sont capables de les rapporter aujourd'hui.

La contrainte la plus manifeste étant la scolarité obligatoire, les contraintes sociales auxquelles nous ferons allusion ici prennent un caractère plus formel. Elles s'expriment dans la volonté ou non de la part des parents de voir leurs enfants suivre tel cours, les conseils qu'ils leur ont dispensés ou non à l'occasion des premiers "choix". Ces contraintes qui sont les plus apparentes ne sont pas nécessairement les plus fortes ou ressenties comme telles. Le laxisme en matière d'éducation soumet davantage les élèves aux sanctions de l'institution scolaire (notes - tests d'orientation), alors que l'intervention des parents ne fait le plus souvent que surmonter ou contrer les effets de ces mêmes sanctions. Le degré des contraintes sociales varie donc en fonction inverse de l'inter-

(1) Cf. BOURDIEU (Pierre): L'école conservatrice - op. cit.

vention des parents et les contraintes les plus fortes sont, en dernière analyse, les sanctions de l'institution scolaire.

Pour l'étude de ce premier thème nous ne retiendrons que deux catégories: l'intervention explicite ou la non intervention des parents lors de l'orientation de leurs enfants. Nous présenterons s'il y a lieu les différentes modalités de ces interventions ou non-interventions, en rapportant les témoignages des étudiants.

– **L'orientation au secondaire des étudiants de classe supérieure**:

Sur les sept étudiants originaires de la classe supérieure (quatre garçons et trois filles dans notre échantillon), cinq ont accompli le cours classique avant de venir au Cegep. Mais tous, au début du cours secondaire, voulaient s'inscrire au cours classique. Deux n'y sont pas allés pour ainsi dire par "accident": l'une a oublié de se présenter à l'examen d'admission (elle était en voyage), l'autre, un garçon, a échoué aux tests (examens).

Pour la plupart, l'inscription au classique se serait faite sans hésitation, cette scolarité étant prévue de longue date dans la famille.

> *"Tous mes parents, tous mes grands-parents ont tous fait le cours classique". (Garçon - Sciences humaines. 242)* (1).

> *"Vu que chez nous, mes frères, mes soeurs, mon père, tout le monde avait fait son classique. . .". (Fille - Sciences humaines. 132).*

> *"Spontanément, je n'ai eu aucune hésitation. . . je n'aimais pas les mathématiques, ni les sciences, alors j'ai fait le cours classique, parce que c'est ce qu'il fallait faire. . ." ". . . Je parle beaucoup avec mes parents, il n'y a pas eu de choix à faire. Il y a eu un choix de collège à faire, un choix de*

---

(1) Les numéros renvoient à la liste des étudiants interviewés - Annexe IV.

toute sorte de choses, mais un choix de cours, non". (Fille - Lettres. 149).

"Ils ont été très déçus, ils auraient vraiment voulu que je prenne comme orientation les études classiques. . . Mes parents ont toujours été en faveur des études assez élaborées". (Fille - Sciences biologiques. 232).

"Je n'ai jamais eu d'hésitation parce que mon père était prêt à me payer mes cours. . . Mes parents me poussaient assez dans le dos. . . l'éducation depuis que j'étais jeune c'était supposé être une bonne chose". (Garçon - Sciences biologiques. 221).

Tous ces étudiants s'accordent avec leur milieu familial pour reconnaître la supériorité du cours classique, comme formation générale. Très liés à leurs parents pour discuter de leurs études, ils trouvent en eux des conseillers qui s'intéressent de près à leur scolarité. Un seul avait rencontré un conseiller d'orientation qui lui avait confirmé la justesse de ses intentions: *"Il trouvait ça bien beau" (Garçon - Sciences physiques. 113).*

Ils constituent pratiquement un groupe d' "héritiers" conscients de l'influence de leur milieu familial. Dans l'ensemble ce groupe d'étudiants est assez homogène en ce qui concerne leur passé scolaire, l'attitude de leurs parents vis-à-vis de leurs études et la valeur qu'ils accordent à la formation classique.

– **L'orientation au secondaire des étudiants de classe ouvrière:**

Le groupe des étudiants originaires de la classe ouvrière est composé de sept filles et quatorze garçons. Sur l'ensemble, il n'y a que deux garçons à avoir suivi le cours classique. L'attitude des parents en ce qui concerne l'orientation de leurs enfants dans l'enseignement secondaire diffère nettement des propos que nous avons relevés chez les étudiants de la classe supérieure.

La plupart des parents de la classe ouvrière ne se sont pas prononcés ouvertement pour un cours plutôt que pour un autre dans le secondaire. Apparemment, ils acceptent le critère sélectif de la réussite scolaire et s'en remettent aux décisions d'une institution qu'ils ne maîtrisent pas. Le plus souvent il est mentionné que les parents étaient indifférents ou tout au moins en accord avec les études entreprises avec leurs enfants pourvu qu'ils réussissent.

Il n'y a que quatre étudiants sur vingt-et-un qui ont reçu des conseils de la part de leurs parents lors de leur orientation dans le secondaire. Pour cette minorité les avis étaient nettement partagés entre le cours classique et le cours scientifique. Sur ces cinq étudiants, quatre seront inscrits plus tard au Cegep dans le cours général.

> *"Pour eux, c'était le classique et comme je n'avais pas d'idée précise de ce que je voulais faire, alors j'ai pris le classique. Ca m'ouvrait toutes les portes". (Garçon - Sciences physiques. 120).*
>
> *"Mes parents avaient un préjugé contre le classique. C'était correct les quatre premières années, c'était gratuit. Mais les quatre autres, ça ne l'était pas et puis c'était long, et on m'a dit prends le scientifique". (Fille - Lettres. 153).*
>
> *"J'ai pris quelque chose que je vais être capable de faire. . . Ma mère disait: prends le classique, c'est mieux, ça paraît mieux. J'avais plus de chances de réussir du côté scientifique". (Garçon - Sciences biologiques. 418).*
>
> *"Le classique était renommé pour être un peu plus fort. . . C'est comme une question d'orgueil un peu. . . Ils voulaient me voir au classique parce que le classique est plus avancé"* (1)*. (Garçon - Techniques administratives. 142).*

---

(1) Il a été refusé au cours classique.

Les autres étudiants qui n'ont pas reçu de conseil particulier de leurs parents donnent très peu d'informations sur l'attitude de ces derniers. Ils déclarent qu'ils n'ont pas discuté de ces problèmes ou se contentent de mentionner une indifférence et au plus un accord avec les études entreprises.

> *"Ils trouvaient ça (sciences mathématiques) beau ! " (Garçon - Techniques physiques. 202).*

> *"Mes parents me poussaient plutôt à travailler pour que j'obtienne le meilleur rendement". (Garçon - Techniques physiques. 118).*

> *"Ils m'encourageaient bien de continuer dans cette ligne-là, vu que ça m'intéressait et que j'arrivais assez bien". (Fille - Techniques physiques. 100).*

> *"Ils étaient bien contents parce que pour eux aussi, le classique était reconnu. Celui qui faisait son classique était bien intelligent, il était supérieur aux autres. Dans le temps il y avait plus de possibilités. Il va faire un notaire, médecin, toutes sortes de belles professions. C'était bien beau pour eux autres". (Garçon - Techniques administratives. 138).*

Quelques étudiants déclarent qu'ils avaient toute liberté d'entreprendre ce qu'ils voulaient. En même temps, il apparaît qu'ils sont plus que les autres soumis à l'institution scolaire.

> *"J'ai tout fait de moi-même, j'ai été voir l'école, j'ai tout fait mes affaires moi-même" (Garçon - Technique physique. 124).*

> *"Mes parents m'ont toujours laissé faire, ils m'ont laissé étudier ce que je voulais" (Fille - Sciences physiques. 123).*

> *"J'ai toujours voulu étudier en sciences et mon père m'encourage. . . je pouvais faire ce que je voulais" (Fille - Sciences physiques. 224).*

L'attitude des parents lors de la première scolarisation des enfants et la première orientation (au niveau secondaire) renvoit à la controverse sur le laxisme des milieux populaires(1). Comme le souligne Kohn, il est préférable de considérer dans quel domaine s'exerce une surveillance et une intervention parentale, plutôt que d'apprécier globalement le contrôle des parents sur les activités des enfants.

En ce qui concerne l'éducation, nous constatons notamment que les enfants de la classe ouvrière sont davantage livrés à eux-mêmes, aux normes et aux sanctions de l'école, que les filles et fils de la classe supérieure. Lorsqu'il existe un contrôle plus étroit de la part des parents de la classe ouvrière, leurs interventions consistent à encourager les enfants à la réussite. Dans certains cas, les parents conseillent de prendre le cours le plus prestigieux, vidé de son contenu spécifique. L'absence de référence au contenu, la "beauté" à laquelle il est fait allusion, semblent transformer le cours classique en un symbole d'accès à des professions enviables, d'un point de vue social.

– **L'orientation au secondaire des étudiants des classes moyennes:**

Les étudiants issus des classes moyennes comprennent dans notre échantillon quarante-quatre des cas, dont vingt-cinq garçons et dix-neuf filles. Vingt-sept d'entre eux sont inscrits dans le cours général. Par rapport aux effectifs masculins, la proportion des filles est plus forte dans le cours professionnel. Près de la moitié (vingt-et-un) avait commencé un cours classique, mais sept d'entre eux ont abandonné pour terminer le cours secondaire dans la section scientifique. Les finissants du cours classique, plus nom-

---

(1) Cf. Combessie (Jean-Claude): Education et valeurs de classe dans la sociologie américaine. Revue Française de Sociologie - X - 1969. p. 12-35.

Kohn (Melvin L.): Social class and the Exercice of Parental Authority. American Sociological Review, Vol. 24 - juin 1959.

breux chez les garçons que chez les filles se retrouvent davantage dans le cours général.

Cinq filles et neuf garçons affirment avoir reçu des conseils ou de l'aide de leurs parents pour décider de leur orientation dans le secondaire. La plupart d'entre eux (neuf) se sont d'ailleurs inscrits au classique. Si ces derniers reconnaissent que leurs parents sont responsables en partie de leur inscription au classique, cette orientation n'était pas un projet de longue date, comme dans le cas des étudiants originaires de classe supérieure. Il s'agissait plutôt d'une heureuse possibilité, d'une occasion à saisir. La scolarité classique apparaît pour eux comme le résultat d'une bonne scolarité antérieure. A une époque où ce cours était reconnu comme supérieur, nous disent-ils, ils nous laissent entendre qu'ils se conformaient aux valeurs dominantes, pour la meilleure des réussites possibles.

> *"J'avais de bons résultats, j'étais pas mal constant dans toutes les matières. . . Dans le temps l'opinion décrivait le cours classique comme idéal. . . Le voisin faisait son cours classique, alors ils (ses parents) ont été influencés". (Garçon - Sciences administratives. 233).*
>
> *"On me disait qu'à la commission scolaire c'était moins fort qu'au collège privé. Ils (ses parents) demandaient que je fasse mon classique. C'est un préjugé: le classique c'est meilleur que le scientifique. Quand ils ont vu que ma soeur prenait le scientifique, ils étaient déçus". (Fille - Sciences humaines. 136).*
>
> *"Dans le temps c'était les parents qui nous poussaient dans le classique. J'étais assez fort en classe". (Garçon - Techniques humaines. 258).*
>
> *"On a tous commencé par ça. . . nos parents nous dirigeaient vers le classique. . . c'était tout simplement normal, il n'y*

avait aucun choix en fin de compte. C'était peut-être de la bourgeoisie[1] *chez nous". (Garçon - Sciences physiques. 106).*

Les quatorze finissants du cours classique originaires des classes moyennes se divisent également dans l'appréciation qu'ils portent sur la qualité de leur formation secondaire. La moitié reconnaît comme les étudiants de classe supérieure que ce cours leur a été bénéfique. Parfois on vante même ses mérites.

"On avait des travaux de recherches. On devait prendre nos responsabilités. . . on devait beaucoup réfléchir. On dira ce qu'on voudra. C'est une bonne formation". (Fille - Sciences humaines. 136).

D'autres avancent que la réputation du cours classique était relative ou surfaite.

"Il y a peut-être une espèce de mythe qui se crée autour de ça. . . c'est la position de la plupart des parents qui ont pas pu s'instruire tellement. Ils disent: mes enfants vont avoir la possibilité de le faire". (Garçon - Lettres. 151).

"Le latin, c'est une bonne préparation pour les lettres, mais si vous ne voulez pas vous lancer en lettres, je trouve que ç'aurait été un peu perdu". (Filles - Lettres. 252).

Parmi les trente qui n'ont pas entrepris ou n'ont pas terminé le cours classique, ils sont nombreux dans les classes moyennes à voir dans le cours classique un cours comme les autres et même à le refuser.

---

(1) Le père a commencé à travailler comme vendeur. Il est devenu directeur des ventes au bout de trente-trois ans.

Opinions émises sur le cours classique par les étudiants qui n'ont pas entrepris ou terminé ce cours.

	Général	Professionnel
— Auraient aimé le faire:	3	2
— Indifférents:	3	2
— N'étaient pas intéressés (trop long - n'aiment pas le latin):	11	9

La minorité qui aurait aimé suivre le cours classique invoque souvent la faiblesse de leurs résultats scolaires.

> *"C'était le cours le plus formateur au point de vue méthode de travail. . . On nous suivait davantage. (il a abandonné en raison des résultats faibles en latin) . . . j'aurais aimé le suivre". (Garçon - Techniques physiques. 210).*

> *"J'y ai pensé, mais le cours était trop fort". (Garçon - Techniques administratives. 144).*

Ils peuvent aussi faire ressortir que le cours leur était socialement fermé.

> *"Le cours secondaire d'après moi, il n'est pas fameux, les étudiants n'apprennent pas à étudier. . . le cours classique c'est pour les privilégiés, pour ceux qui pouvaient se permettre d'envoyer leurs enfants là". (Garçon - Sciences humaines. 204).*

"C'était beaucoup plus dispendieux à ce moment-là. . . il n'en était pas question. . . j'aurais pu le faire, mais ça aurait été plus difficile à cause de la situation financière". (Fille - Arts et lettres. 205).

Ceux qui sont "indifférents" n'envisagent le cours que d'après les résultats scolaires obtenus. Ils s'en remettent aux notes sans considérer un cours supérieur à l'autre.

"D'après mes notes c'était ça qu'il fallait que je fasse. . . je n'ai pas connu ça le cours classique". (Fille - Sciences humaines. 226).

Les vingt autres n'étaient pas intéressés parce que, disent-ils, ils préféraient les sciences, n'étaient pas forts en français, jugeaient les études trop longues ou ne voulaient pas faire de latin. Certains affirment avoir eu la possibilité d'aller en classique, mais l'ont refusée. Ils sont sept sur les vingt à refuser ouvertement la formation trop restreinte du cours classique et même à contester son utilité.

"C'était pour ceux qui veulent faire le sacerdoce ou pour exercer des professions comme notaire, avocat ou juge". (Garçon - Sciences humaines. 140).

"En lettre, c'est plus avancé (le classique) . . . en maths, sciences, c'est pas tellement poussé, franchement même, c'est pas bon". (Garçon - Techniques physiques. 247).

"Je ne vois pas pourquoi on apprendrait ces langues-là, ça dépend de ce qu'on veut faire. Moi je n'en ai pas besoin". (Fille - Techniques administratives. 139).

"C'est un cours, je ne dirais pas arriéré, mais trop dans les nuages. Apprendre le latin, puis le grec. . ." (Garçon - Techniques physiques. 122).

"Le latin, c'est une langue morte qui ne m'intéresse pas du tout. . . A l'école où j'allais en primaire, c'étaient des frères, ils n'arrêtaient pas de nous parler de cela. . . Ce qui est arrivé, c'est que les étudiants ont été écoeurés. . . Ils nous emmenaient pour des fins de semaine à Oka, pour essayer de faire des frères de nous autres. . . Dans le groupe où j'étais, on s'est tous dirigés vers le scientifique". (Garçon - Sciences humaines. 229).

Nous avons vu que les étudiants qui n'ont pas entrepris ou terminé de scolarité classique, se trouvent être les moins aidés ou conseillés par leurs parents dans leur orientation. Cinq seulement nous disent avoir déterminé leur orientation avec leurs parents, qui le plus souvent d'ailleurs ne les encourageaient pas à aller en classique.

Dans l'ensemble, la plupart, c'est-à-dire dix-huit, estiment avoir pris leur décision seuls, soit par goût, soit parce que leurs notes ne leur offraient pas d'autres possibilités.

"Mes parents, du moment que je faisais ce que j'aimais, ils n'avaient pas d'objection". (Fille - Techniques physiques. 112).

"Le latin, les choses comme ça, ça ne m'intéressait pas. . . Mes parents ils me laissaient libre de prendre ce que je voulais, ils m'ont toujours laissé libre. . . Ils m'ont dit: on est prêt à te payer tes cours, fais ce que tu veux, n'importe quoi, puis fais-le. . .". (Garçon - Techniques physiques. 203).

"Ma mère m'a dit: si tu veux y aller (au classique) vas-y, si tu ne veux pas y aller, vas-y pas,. . . moi, ça ne m'intéressait pas du tout. Dans ce temps-là c'était les huit ans, tu pensais aux huit ans". (Fille - Lettres. 154).

"Mes parents me laissent toujours libre. C'est ma vie. Si je veux prendre mes responsabilités. Evidemment en septième année, ils m'ont dit: si tu penses être plus heureuse en sciences, vas-y". (Fille - Sciences physiques. 208).

Parmi les parents (six) qui, sans aider ou conseiller précisément leurs enfants, les encouragent cependant, nous rencontrons deux types d'attitudes rapportées par les étudiants. Ces encouragements peuvent se manifester premièrement par de la fierté parentale, comme si le père de famille vivait dans la réussite scolaire des enfants, la consécration d'une promotion sociale qu'il veut voir confirmée.

De la simple admiration: *"Le classique, mon garçon, ça c'est formidable" (Garçon - Techniques physiques. 247)*[1], ou *"C'était leur but d'avoir le plus haut degré d'instruction pour moi. . . Ils étaient très fiers que j'aille là (au classique)". (Garçon - Techniques physiques. 115),* on trouve jusqu'au souhait exprimé de voir dans la famille le fils atteindre la même situation sociale par une voie plus facile: celle de l'école.

"Mes parents m'ont encouragé pour aller dans une carrière professionnelle. Ils ont l'expérience. Mon père sait ce que c'est de ne pas avoir d'instruction. C'est pour ça, ils m'encouragent". (Garçon - Sciences de l'administration. 145).

Dans cette expérience transmise aux enfants et par les fins sociales qu'elle assigne à la réussite scolaire nous avons des traits spécifiques que nous ne retrouvons ni dans la classe supérieure, ni dans la classe ouvrière.

En revanche comme deuxième attitude rapportée par les étudiants, nous relevons une utilisation de l'école à des fins sociales, mais cette fois orientée vers des objectifs plus manifestement économiques (sécurité d'emploi - lutte contre le chômage...). Nous rencontrons alors des traits de la classe ouvrière, à la différence que dans la classe ouvrière, ce sont les étudiants qui le plus souvent expriment des préoccupations d'ordre économique, tandis que les parents interviennent peu sur l'orientation des études de leurs enfants.

> *"La majorité des parents, y compris les miens, voyaient surtout que je puisse réussir un cours où je pourrai réellement avoir une place dans la société, un cours où je serai certain de pouvoir me trouver de l'emploi après. Les parents voient toujours d'un bon oeil le cours qui serait d'après eux le plus avantageux, le cours qui pourrait donner le plus d'avantages financiers". (Garçon - Sciences humaines. 140).*

> *"Sur le cours que je suivais, il n'y avait aucune objection. Ils trouvaient ça bien, parce qu'il y avait beaucoup d'avenir dans ce domaine-là. Ce qui les inquiète beaucoup c'est que je me trouve de l'emploi, que je me trouve quelque chose à faire". (Fille - Techniques administratives. 139).*

L'ensemble de ces déclarations révèle une différence d'attitude des parents envers les garçons et les filles. Les filles sont beaucoup moins conseillées, moins "orientées" par leurs parents. Elles sont davantage soumises à leurs résultats en classe et livrées plus tôt à elles-mêmes pour effectuer leur orientation scolaire, qui devient souvent une scolarité terminale. Il semble donc là que l'orientation définitive soit faite plus tôt pour les filles.

En comparant les trois groupes d'étudiants selon leur origine sociale, on s'aperçoit que les rapports qu'ils entretiennent avec leurs parents manifestent plusieurs types de comportements vis-à-vis de l'orientation des enfants dans leurs études secondaires.

Alors que dans la classe supérieure il semble y avoir un accord tacite partagé depuis longtemps pour effectuer les études les plus "élaborées", la classe ouvrière est plus indifférente au type d'études accomplies. Les classes moyennes sont les plus partagées et expriment par la bouche de leurs enfants la volonté d'utiliser l'école aux fins les plus rentables, sur le plan scolaire avec la réussite et par conséquent sur le plan social en détenant une bonne

TABLEAU XLI

Attitude des parents lors de l'orientation des étudiants au début du cours secondaire.

	Classe supérieure		Classes moyennes		Classe ouvrière	
	Garçons	Filles	Garçons	Filles	Garçons	Filles
Intervention (manifestant leur préférence)	4	3	10	5	3	1
Non-intervention	0	0	15	12	11	6

situation. Sans doute l'accent mis sur la fonction utilitaire de l'éducation suscite-t-il, au sein des classes moyennes, plus de controverses sinon de contestations sur l'opportunité des études latines. En tout cas leurs enfants sont les seuls à remettre en cause ou à se montrer défenseurs des anciennes études classiques. Nous avons vu également que les étudiants les plus conseillés étaient inscrits le plus souvent en classique dans le secondaire et par la suite dans le général au Cegep. De ce point de vue les désavantages accumulés par les filles, observés lors de l'étude de la fréquentation scolaire des Cegeps, seraient amorcés dès le début du niveau d'enseignement secondaire.

b) L'arrivée au Cegep — La division entre le général et le professionnel.

Le contenu relatif à la scolarité antérieure des étudiants nous a fourni, d'une part des informations (origine scolaire - attitude des parents) et, d'autre part les premières formes de représentations idéologiques sur l'école.

Pour préciser davantage le contenu de ces représentations idéologiques sur l'école et ses différents réseaux de formation, nous allons nous arrêter maintenant à l'analyse des motifs invoqués par les étudiants pour leur orientation dans tel cours, tel secteur, telle spécialité. Nous définirons ainsi les rapports qu'ils entretiennent avec leur scolarisation présente, leur avenir professionnel.

Au cours de la transcription des contenus dans les grilles d'analyse, nous avons constaté que les représentations idéologiques sur l'orientation effective traduisaient trois types de rapport vécu que l'étudiant entretient avec son expérience à la fois sociale et scolaire.

Nous présentons successivement les étudiants qui vivent ce rapport comme une nécessité de se procurer un emploi ou bien d'assumer des tâches conformément à une division du travail entre sexe *(première catégorie),* puis ceux qui sont animés par un goût ou un intérêt pour une matière ou groupe de matières *(deuxième catégorie)* et enfin ceux qui considèrent le cours à travers la formation spécifique qu'il leur procure, l'intérêt pour une profession envisagée étant dans ce cas principal *(troisième catégorie).* Ces trois types de rapports expriment par ailleurs une gradation des contraintes sociales s'exerçant sur les individus dans leur orientation. (Cf. XLII).

Dans le premier type, nous regroupons les garçons et les filles qui sont soumis aux contraintes sociales les plus fortes. Pour tous les garçons et quelques filles seulement, ce sont des contraintes d'ordre matériel, relatives au coût élevé des études et à la nécessité de trouver assez rapidement un emploi, garantie d'une sécurité économique. Nous avons mentionné une restriction pour les filles car nous avons remarqué que les contraintes sociales les plus fortes ne se manifestent pas toujours sous une formulation économique selon le sexe. Nous avons donc regroupé également dans ce premier type, les filles qui motivent leur orientation d'après ce qui conviendrait ou ne conviendrait pas à la femme dans le cadre d'une division du travail entre sexes.

Parmi les indices qui nous permettent de classer les étudiants dans ce groupe, nous relevons l'insistance sur le coût des études (la "finance", le "problème monétaire", l'endettement, etc...), leur longueur, l'urgence de terminer pour trouver un bon emploi, le souci accordé aux problèmes des débouchés. Ces étudiants sont soumis, pour déterminer leur avenir professionnel, au résultat qu'ils vont atteindre à court terme. Ils envisagent de progresser par étapes et le plus souvent de se perfectionner, éventuellement à l'Université, une fois qu'ils auront atteint un emploi stable. Il est à noter qu'ils espèrent beaucoup de leurs employeurs (la compagnie) pour pouvoir se perfectionner sur le plan professionnel. Ils n'ont pas une connaissance très précise des conditions de travail qu'ils vont rencontrer. Leur décision a souvent été déterminée par une expérience pratique préalable. Cette expérience est toujours personnelle (bricolage - travail d'été, etc...).

Les filles soumises au rôle traditionnel joué par la femme dans une division du travail entre sexes, n'entreraient pas dans le même type, si nous n'avions pas considéré que le critère principal dans notre typologie était le degré de variation de contraintes sociales pesant sur l'individu lors de son orientation. En effet dans les deux cas, les individus sont soumis à des déterminations qu'ils ne maîtrisent pas, même si dans un cas il s'agit de contraintes matérielles et dans l'autre apparemment de contraintes reliées à l'intériorisation d'un modèle culturel, relatif au rôle de la femme. Par exemple, certaines filles insistent sur leur qualité de femme lorsqu'elles considèrent leur orientation scolaire et professionnelle. Elles veulent également en terminer au plus vite, non pas nécessairement pour l'exercice d'un emploi, mais parfois pour assumer le rôle d'épouse et éventuellement de mère de famille.

Dans le deuxième type de rapports que les étudiants entretiennent avec leur expérience vécue (deuxième catégorie), nous avons regroupé les garçons et les filles qui motivent leur orientation par l'intérêt ou le goût qu'ils portent à une matière enseignée ou un groupe de matières. Ici encore, nous aurions pu établir une distinction, selon que l'intérêt pour une matière provient, d'après l'étudiant, d'une meilleure réussite scolaire ou bien d'un goût prononcé, même si ses résultats ne sont pas très élevés. Ce qui nous importait de regrouper ici, c'étaient tous les cas soumis à des contraintes moins fortes, que nous qualifierons d'institutionnelles, parce que déterminées par des matières et leur apprentissage, tels que pratiqués dans l'institution scolaire.

En général les étudiants qui entretiennent ce type de rapport avec leur expérience vécue, mentionnent qu'ils aiment ou n'aiment pas par exemple les sciences, qu'ils ont toujours été intéressés par l'histoire, qu'ils voudraient continuer à faire de la chimie plus tard, etc... etc... Leur avenir professionnel est indéterminé; l'activité qu'ils vont exercer plus tard reste floue. Cette incertitude ne semble pas d'ailleurs pour eux une préoccupation dans le moment présent. Ils possèdent une plus grande maîtrise de leur orientation que les étudiants du groupe précédent dans la mesure où ils ne sont soumis qu'aux résultats scolaires dans la matière de leur "choix". Il y a chez eux une profession qui est cependant plus envisagée que les autres. Nous rencontrerons notamment dans ce groupe plusieurs étudiants qui se dirigeraient éventuellement vers l'enseignement comme vers une voie de garage, s'ils ne découvrent pas d'autres possibilités au fil ou au terme de leur scolarité. Ils sont de toute façon d'avis que le Cegep leur apporte d'abord une formation personnelle et non professionnelle.

Le troisième type de rapports avec une expérience vécue (troisième catégorie) est celui qui exprime la plus grande maîtrise de l'institution scolaire à des fins professionnelles très précises. Même si ce n'est pas la volonté ou le désir d'exercer une activité spécifique qui a déterminé l'orientation de ces étudiants, ceux-ci ne voient leur scolarité qu'à travers l'intérêt qu'ils portent pour une profession. Ils ne font d'ailleurs pas de distinction entre le goût qu'ils portent pour leurs cours et l'activité qu'ils souhaitent exercer. La vie active semble être le prolongement de leurs cours qui déjà constituent les bases de leur formation professionnelle. Ils ne s'inquiètent guère non plus des débouchés et se préoccupent vivement de la formation personnelle que leur apporte le Cegep par des cours qui ne les préparent pas spécialement à l'activité désirée.

L'expérience pratique qu'ils avouent être déterminante dans leur "choix" est souvent vécue dans leur famille ou l'entourage de proches. Elle peut être également le produit d'une expérience sur le marché du travail, il s'agit alors d'étudiants qui ont abandonné leurs études et reviennent au collège par refus de l'activité qu'ils ont exercée et pour obtenir une formation professionnelle précise. Nous rencontrons dans ce groupe les étudiants qui maîtrisent le mieux l'institution à des fins professionnelles, qui ne sont pas soumis à des contraintes très fortes dans leur orientation ou du moins ont réussi à les surmonter.

Chaque catégorie, définie dans un type, est donc construite autour d'une préoccupation centrale: le degré d'intensité des contraintes sociales qui pèsent sur l'orientation des étudiants à leur arrivée au Cegep. Il se trouve exceptionnellement des cas qui ont des traits communs à plusieurs catégories. Il y a cependant chez chacun d'entre eux des traits dominants qui nous autorisent à inclure un étudiant dans une catégorie plutôt que dans une autre.

Ces types de rapports ne recouvrent pas nécessairement la division de notre population selon le sexe ou l'origine sociale. C'est la raison aussi pour laquelle les trois types peuvent se manifester sous des modalités diverses selon l'origine sociale et selon que l'on ait à faire à des filles ou des garçons.

C'est pourquoi nous présenterons encore les données qui nous ont permis de reconstruire ces types, en les analysant successivement, dans chacun des groupes définis selon l'origine sociale des étudiants et leur sexe [1].

– L'arrivée au Cegep des étudiants de classe supérieure:

Nous avons remarqué plus haut que l'orientation au début du cours secondaire semblait "aller de soi" (en classique), pour

---

(1) L'ensemble de notre échantillon est classé dans le tableau XLII selon les catégories retenues, le cours suivi, l'origine sociale et le sexe.

TABLEAU XLII

Motifs invoqués par les étudiants pour leur orientation au Cegep (Variation des contraintes sociales pesant sur l'orientation).

		Catégorie I Nécessité d'ordre économique (emploi). Division du travail entre les sexes		Catégorie II Intérêt de goût pour une matière ou groupes de matières		Catégorie III Recherche d'une formation professionnelle spécifique	
		Général	Profession.	Général	Profession.	Général	Profession.
Classe Supérieure	Garçons Filles			201 - 113 132 - 149›		‹221 - 242 232	
Classes Moyennes	Garçons	140›	247 - 147	119 - 209 207 - 229 - 130 - 151 - 233 - 131 - 137 - 145›	‹203 - 257› 115 - 210› 258›	‹127 - 134 204 106 126	122
	Filles	143› 154› 226›	103-217-246› 112-157-139› 237›	252 - 208 117 - 136›	206›	205 - 148 ‹129	
Classe Ouvrière	Garçons	120 - 215	155-118-102 110-228-124› 142-138›	125		152 - 206 418	
	Filles		100	‹153› 224› 406 123›	‹104 ‹133		

N.B. Les flèches indiquent les cas ayant des traits communs à plusieurs catégories en désignant l'autre où les autres catégories.

les familles de classe supérieure. A l'entrée du Cegep les étudiants issus de ces milieux n'ont pas davantage hésité dans l'ensemble. Ils s'inscrivent tous dans un secteur du cours général. Une étudiante toutefois a pensé un moment à l'informatique.

> *"L'informatique, ça m'intéressait beaucoup, mais je me demandais où est-ce que ça irait . . . Ma mère trouvait que c'était plus valable psychologie... puis mon père considérait que c'était mieux informatique". (Fille - Sciences humaines. 132).*

Un autre a repris ses études après avoir suivi un cours d'infirmière. Elle est "infirmière licenciée", mais vient au collège pour continuer ses études en médecine:

> *"Ca ne faisait pas un an que j'étais à l'école, j'ai tout de suite constaté que ça ne suffirait pas la licence". (Fille - Sciences biologiques. 232).*

L'intervention des parents n'est pas aussi directe que lors de leur inscription au cours classique. Cependant nous verrons que la référence à l'activité professionnelle des parents revient plus souvent pour motiver le "choix" retenu. Un garçon et une fille envisagent de faire exactement la même carrière que leur père. Trois autres dont le père est administrateur ou cadre supérieur dans une entreprise commerciale ont envisagé d'aller en sciences administratives.

> *"Il y avait l'administration qui me plaisait beaucoup, mais j'ai choisi sciences pures pour la bonne raison qu'avec sciences pures, je peux dévier dans des options qui sont moins fortes". (Garçon - Sciences physiques. 201).*

> *"Mon père veut que je me lance dans le commerce, quelque chose qui va avec l'administration ... le cours d'administration, je sais que c'est important, mais ce n'est pas mon but à*

moi... Ca se pourrait éventuellement qu'à force d'en parler, je m'en aille dans l'administration". (Garçon - Sciences physiques. 113).

"J'avais deux choix, je pensais à ça depuis longtemps, c'était soit l'administration, soit la médecine vétérinaire, . . . puis mon père étant administrateur, je le voyais travailler... Si ça va mal au commerce, ça va se refléter ici". (Garçon - Sciences biologiques. 221).

Lorsque les étudiants motivent leur orientation, ils se partagent entre la deuxième et la troisième catégorie que nous avons élaborées: le goût pour une matière et l'aspiration à une activité professionnelle. (Cf. tableau XLII).

Ceux qui motivent leur orientation en fonction d'une formation professionnelle (troisième catégorie) sont généralement bien informés de l'activité qu'ils souhaitent exercer. Ils en ont même une certaine expérience.

"Sans doute je m'en irai en endocrinologie ou encore sur les maladies rénales, parce que à l'hôpital où je suis, c'est un hôpital universitaire, j'ai la chance de rencontrer des étudiants en médecine, puis des patrons, de discuter plusieurs fois avec eux. J'au vu leur travail, c'est ça qui me plairait". (Fille - Sciences biologiques. 232).

"En faisant des exposés, j'ai remarqué que je sentais le métier de professeur me rentrer dedans. C'est très drôle, je me sentais une âme de professeur . . ." . . . "Ce qui est bien plus important pour moi, c'est ce que l'élève a pu retirer lui-même; qu'il ait son interprétation et, au fur et à mesure, qu'il donne son interprétation. Moi-même je pourrai donner la mienne sans l'influencer, pour rectifier ce qu'il faut, sans le forcer. A ce moment on pourra enchaîner une discussion sur n'importe quel sujet: par exemple la bataille de Stalingrad . . . Après je poserai une question: tu peux me com-

parer cette bataille avec une bataille de la guerre des Gaules . . ." (Garçon - Sciences humaines. 242).

Dans les deux cas cités, les étudiants manifestent non seulement un grand intérêt pour les cours de leur orientation, mais également pour d'autres cours ou activités qui n'interviennent pas directement dans leur formation professionnelle. La spécialisation n'interdit pas l'éclectisme.

"Et puis enfin, je suis poussée vers la peinture, la sculpture, à l'occasion les arts me plaisent beaucoup. Compléter ma personnalité sous cet aspect-là, c'est un besoin, je pense . . . Comme il y a des cours complémentaires . . . moi je les fais surtout par intérêt, par goût. Je fais des cours d'histoire de l'art, . . . parce que j'en avais besoin. Je considère que c'est nécessaire à ma formation". (Filles - Sciences biologiques. 232).

"Apprendre une matière, telle les sciences pures, je ne veux pas en entendre parler. Lire sur les sciences pures, ça c'est une autre question. Chez moi, j'ai des revues personnelles. . . Je m'y suis abonné et puis je les lis. Et ce sont des histoires véritablement de sciences pures. Je peux me tenir à jour du côté des sciences . . ." (Garçon - Sciences humaines. 242).

Parfois, dans cette catégorie, les motivations pour l'exercice d'une profession ne sont pas aussi nettes et définies. Le cours général devient plus explicitement un tremplin pour accéder à l'Université.

"Je voulais faire un cours universitaire, pas par principe, mais je voulais devenir médecin vétérinaire ou m'en aller en administration". (Garçon - Sciences biologiques. 221).

Les autres étudiants se regroupent dans la deuxième catégorie, c'est-à-dire celle pour laquelle l'orientation est *motivée par le goût pour une matière* ou un groupe de matières. Certains expriment des aspirations professionnelles, mais ces dernières semblent se développer principalement sur la base d'une expérience scolaire. La situation sociale est un peu plus précise que la profession souhaitée.

> *"Ce qui m'a poussé à prendre les sciences, c'est l'horreur du français, puis de la philosophie et des sciences sociales . . ." "Ce que j'ai en vue, c'est de faire un ingénieur minier... Je ne connais pas trop qu'est-ce que c'est, mais comme les sciences en général me plaisent, je pense que ça devrait être passable . . ." "L'université, c'est mon but, le but que je veux atteindre, puis ce cours-là (sciences physiques), pour aller à l'université c'est fondamental. Il y a les notes qui rentrent là-dedans, ensuite il y a évidemment la connaissance". (Garçon - Sciences physiques. 113).*

> *"Je vais essayer d'aller en recherche... peut-être en chimie, pour faire des recherches en chimie. Mais après une polytechnique ou mon cours de sciences, je prendrai aussi de l'administration . . . En chimie je vais travailler pour une compagnie, . . . du côté de la recherche pour ESSO, ou une compagnie comme ça . . . puis du côté de l'administration, . . . Si je réussissais à faire les deux . . ., je pourrais toujours aller encore du côté des mêmes compagnies, . . . devenir comme administrateur du Centre de recherche . . ." "L'administration, ça viendrait couronner le tout". (Garçon - Sciences physiques. 201).*

Deux filles appartenant à la même catégorie, ne conçoivent pas un avenir professionnel particulier, à travers les cours qu'elles suivent. Elles attachent un grand intérêt aux matières enseignées et seraient plutôt des consommatrices de cours, pour la satisfaction qu'ils leur apportent dans le moment. L'université n'est pas nécessairement un aboutissement logique des études collégiales. Le travail envisagé est plutôt considéré comme un agrément, une poursuite du style de vie que l'on connaît actuellement au collège.

> *"Tout m'intéressait à part les sciences pures, parce que j'ai jamais suivi des cours de physique . . . mais j'aimais beaucoup tous les autres cours. Je voudrais suivre des cours de géographie, j'aime beaucoup l'anthropologie, j'aime beaucoup l'histoire, j'aime beaucoup les lettres, j'aimais tout. Je n'avais pas des choses que je détestais . . . Je ne veux pas imaginer ce que ça va être plus tard, parce qu'on peut être terriblement déçu. Je pense que ce que je fais présentement, je vais à l'école, je rencontre du monde, je suis des cours qui m'intéressent beaucoup, je travaille un peu, je vis, puis ça va bien; de temps en temps ça va mal, ça va très mal. Des fois, j'ai envie de tout envoyer par-dessus bord, mais c'est pas grave. Pour moi, ça vaut la peine de vivre ce que je vis présentement, une vie d'étudiante, avec tout ce que ça comporte d'insécurité. On ne sait jamais si on va passer aux examens ou si on ne passera pas, qu'est-ce qu'on va faire dans deux ans . . ." Plus tard: "J'ai bien peur de faire de la bureaucratie (sic), d'aller dans les bureaux de neuf à cinq . . . J'aimerais ça qu'il y ait quelque chose de spécial, je veux dire quelque chose où je pourrai voyager, peut-être pas voyager tous les jours, mais changer de place, voir du monde. Mon travail ça va pas être de rester dans un bureau, mais . . . changer de place". (Fille - Sciences humaines. 132).*

> *"Je suis tellement pas studieuse . . . je réussis bien, je suis toujours en train de faire traîner mes travaux, puis de les remettre en retard . . . Je ne suis pas une bonne élève. Alors je me suis dit: mon Dieu, l'Université, c'est très sérieux. Mais en fait, j'ai tellement envie d'apprendre, de savoir des choses, que je ne peux pas me dire, après le Cegep c'est fini. Mais m'inscrire dans une Faculté d'Université, vraiment pour préparer quelque chose, je ne sais pas si je pourrais le faire, je prendrais plutôt des cours comme auditeur . . . "Ce que*

je veux faire plus tard, je veux faire comme papa . . . Au collège on a un laboratoire de télévision . . . C'est comme un vrai studio . . . et je suis l'intervieweuse attitrée et puis j'aime ça beaucoup, beaucoup, . . ." et dans l'avenir: "Travailler, avoir un emploi d'animatrice, mais ne jamais faire de chose où je n'apprends rien. Que ma vie ne devienne jamais une routine, que j'aie toujours la chance, que j'aie toujours le courage et la volonté nécessaire pour étudier encore . . ." (Fille - Arts et lettres. 149).

Malgré les différences relevées, le groupe d'étudiants originaires de classe supérieure conserve donc un degré d'homogénéité assez prononcé. Chacun des cas possède des caractéristiques communes au groupe, sous deux aspects. Premièrement il semble que pour eux le cours général et préuniversitaire se situe dans la même filière que le cours classique. Ils échappent en fait dans notre échantillon à la division de l'enseignement collégial en deux branches, général et professionnel. Deuxièmement l'inscription dans le cours général s'effectue en l'absence de contraintes sociales d'ordre économique. Elle exprime de cette façon une très grande maîtrise de l'institution collégiale à des fins de réalisation de projet professionnel et de satisfaction immédiate par la consommation de cours que l'on peut soi-même choisir.

– L'arrivée au Cegep des étudiants de classe ouvrière:

Les familles de classe ouvrière sont, nous l'avons vu (Cf. tableau XXXIV), celles qui interviennent le moins directement pour orienter leurs enfants entre les différents cours de l'enseignement secondaire. A l'arrivée au Cegep les parents sont d'autant plus démunis pour conseiller leurs enfants qu'ils n'ont pas connu d'expérience d'enseignement équivalent. (Les pères de familles ouvriers ont tous terminé leur scolarité avant la 11ème année. Deux mères seulement sont allées au-delà (12ème année).

"Je ne sais pas ce qu'ils pensent de tout cela. Seulement je leur ai dit que j'ai choisi quelque chose que j'aime et puis ils sont contents". (Garçon - Techniques physiques. 110).

"Pourvu que ça me plaisait, pourvu que j'étais capable de réussir là-dedans, c'était ce qui comptait le plus". (Garçon - Techniques physiques. 118).

"Ils vont me dire d'aller dans la direction qui me plait, ça m'avance pas plus". (Garçon - Sciences physiques. 120).

"Ils sont assez fiers, étant donné que les autres se sont arrêtés avant moi. Ils sont contents qu'il y en ait un qui continue". (Garçon - Sciences physiques. 125).

Les étudiants originaires de classe ouvrière (sept filles et quatorze garçons) se répartissent dans les trois catégories que nous avons élaborées (Cf. tableau XLII). On retrouve cependant deux groupes dominants: *un groupe de garçons du cours professionnel soumis à des contraintes économiques* (nécessité de trouver un emploi dans le meilleur laps de temps) et *un groupe de filles qui motivent davantage leur orientation par le goût pour certaines matières.*

A peine la moitié des étudiants se sont inscrits dans le cours général. Alors que l'alternative général-professionnel ne se présentait pratiquement pas chez les filles et garçons de classe supérieure, elle apparaît ici plus évidente.

Avant de présenter les différents types de rapports que les étudiants entretiennent avec leur orientation scolaire, nous allons nous arrêter un moment aux facteurs qu'ils considèrent comme déterminants dans leur répartition entre les deux cours et les jugements qu'ils portent sur l'opposition général-professionnel.

Ce sont des étudiants du cours professionnel qui ont été les plus soumis à des contraintes matérielles. Ces difficultés financières les ont obligés à suivre un cours les conduisant sur le marché du travail en trois ans.

"J'y ai pensé (sciences de la santé), mais on ne peut pas faire ce qu'on veut . . . A ce moment-là, j'avais le problème monétaire. Je ne suis pas un fils à papa. C'est surtout ça. Mais ça réellement, j'aurais voulu faire un médecin avant un technicien". (Garçon - Techniques biologiques. 155).

"L'an dernier, je voulais faire mon université, mais il fallait que je fasse deux ans de Cegep. Alors mon cours était trop long. Quand on a vu que c'était absolument cinq ans, que je ne pourrais pas faire autrement, j'ai décidé que je ferai Cegep professionnel" . . . "Parce que plus c'était long, plus ça demandait des finances". (Fille - Techniques administratives. 133).

"Chez nous on a des moyens pas trop, trop. L'année prochaine, ça se trouve fort probable que je vais lâcher le Cegep" . . . "Mon père il veut vraiment que j'arrête, . . . il voudrait bien que j'arrête pour travailler, parce que cette année, je n'ai pas mal perdu de temps au Cegep . . . Ma mère, elle dit: dans un sens, si j'arrêtais de continuer mes études . . . pour me placer, ce serait plus difficile, . . . peut-être tu ferais mieux de continuer" . . . "Je ne veux pas m'en aller à l'université parce qu'il y aurait des problèmes chez nous. Il faut que je passe mes trois années. Je ne pourrais pas continuer à l'université, parce que ça coûte cher l'université. D'abord ici (au collège), il faut acheter les livres . . . Ici, ça a pas de bon sens". (Garçon - Techniques administratives. 228).

"Je ne veux pas aller à l'université en empruntant de l'argent. Peut-être que j'irai à l'université quand j'aurai fini biochimie et que je commence à travailler, si vraiment j'aime ça ou que je veux me perfectionner. A ce moment-là j'irai de mes propres moyens, mais je n'emprunterai pas de l'argent. Je ne veux pas me mettre ça sur le dos". (Fille - Techniques physiques. 104).

Nous avons remarqué chez les étudiants de classe supérieure l'absence d'hésitation entre les cours général et professionnel. Chez eux l'inscription dans le cours général correspond à la suite logique d'études antérieures et le cours professionnel leur demeure étranger. En revanche l'existence d'une division entre deux types de formation professionnelle est ressentie vivement chez les filles et fils d'ouvrier. L'opposition entre général et professionnel suscite alors des jugements de valeurs très tranchés.

En effet, les effectifs originaires de la classe ouvrière se partagent entre les deux cours (dix au général onze au professionnel) et seuls deux garçons ont hesité entre une formation technique et une formation préuniversitaire. Ce sont deux garçons inscrits dans le professionnel. Leur décision a été motivée par le plus grand intérêt qu'ils portent au travail technique, mais aussi par leur intention de travailler bientôt.

> *"Au début de l'année j'avais hésité de m'en aller en sciences humaines. J'ai commencé de discuter de ça avec des orienteurs" . . . "On avait une vieille télévision. J'ai commencé à jouer là-dedans, j'ai connecté. Tout a commencé comme ça" . . . "J'ai l'intention de commencer à travailler". (Garçon - Techniques physiques. 118).*

> *"En premier (c'était) l'informatique. Après ça j'entendais parler que beaucoup de monde était déjà là . . . Là, j'ai changé, j'ai dit: je vais aller en administration . . . Après ça, on a eu un cours d'informatique complémentaire. Là ça m'a donné le goût . . . Là j'ai changé". (Garçon - Techniques administratives. 142).*

Parmi les neuf autres inscriptions dans les secteurs techniques, quatre nous ont déjà déclaré qu'ils auraient aimé aller à l'université, mais que leurs possibilités financières ne leur permettaient pas d'entreprendre des études trop longues. Parmi les cinq autres cas, les contraintes sociales ne sont pas exprimées aussi explicitement par les étudiants. Le cours professionnel n'est pas considéré comme inférieur au cours universitaire. Il peut même être avantageux d'un point de vue strictement économique. Les tentatives de rationalisation sur les avantages et inconvénients de l'orientation suivie apparaissent plus nettement lorsqu'on refuse de juger le cours général supérieur au cours professionnel.

> *"Le temps qu'ils passent à l'université, à comparer avec le temps qu'on passe ici, trois ans, on sort avec un assez bon salaire. Ceux qui vont à l'université, ils vont avoir un assez gros titre, au bout de tant de temps, puis là, ils vont gagner un bon salaire. Mais le temps que nous on aura travaillé, . . . au point de vue de l'argent, . . . eux vont peut-être l'avoir atteint rapidement, . . . on va l'avoir atteint nous autres. En plus de cela, on va avoir travaillé dans une industrie, . . . on va avoir l'expérience de cette compagnie, . . . on va avoir les avantages marginaux aussi". (Garçon - Techniques physiques. 124).*

Ces étudiants préfèrent parfois le cours technique. Dans certains cas, ils font montre de dépit à l'endroit des études universitaires.

> *"Ce qui m'intéresse surtout, c'était une recherche, de faire de l'analyse . . . C'était réellement ce que je voulais faire, trouver disons de quoi étaient composées certaines choses" . . . "La plupart des étudiants . . . veulent aller à l'université ou des choses de ce genre-là, mais ça ne m'a pas intéressé, peut-être parce qu'il y avait trop d'étudiants" . . . "Dans un sens, je ne voyais pas l'utilité réelle de ça" . . . ". . . puisqu'il y en a tant qui veulent aller là, c'est pas réellement pour travailler ou parce qu'ils aiment ça, c'est seulement la plupart à cause du prestige de l'université". (Fille - Techniques physiques. 138).*

> *"Je pensais à la chimie industrielle, mais il y en a tellement qui se dirigent de ce côté-là. J'ai cherché à mettre le plus de*

chances de mon côté pour que ça se réalise correctement, que je n'ai pas un cours pour rien, que ce soit concret, que je puisse travailler dans ce que j'aime" . . . "J'y ai pensé un peu (au cours général), mais je trouvais que les études étaient trop longues et que ça allait vraiment pas avec ce que je voulais faire. Le cours général, ça mène plutôt à l'université. Et puis les théories, . . . les chimistes, les ingénieurs . . . je trouvais qu'il n'y avait pas assez de manipulation . . . Transvider des éprouvettes, j'adore ça". (Fille - Techniques physiques. 100).

"Je n'ai pas envie d'aller niaiser à l'université. Je commence à être fatigué d'aller à l'école. Je vais prendre un cours qui finit, une bonne "job", un bon "boss" . . . "Je me suis dit: je vais prendre le professionnel. De toute manière c'est plus fort que le général. A part ça, comme j'ai dit: c'est bien beau l'école, mais il faut commencer par travailler". (Garçon - Techniques physiques. 102).

Les dix étudiants qui se sont inscrits dans un secteur du cours général (quatre filles et six garçons), se divisent entre ceux qui émettent également des opinions très tranchées sur l'opposition entre le général et le professionnel et ceux qui, plus indifférents déclarent s'être inscrits selon leur goût.

Pour le premier groupe, le cours professionnel est moins utile à des fins de formation professionnelle et d'obtention d'un emploi, car il offre un éventail de possibilités plus restreint que le cours général.

"Pour faire un ingénieur en chimie, c'est mieux de prendre l'université" . . . "Au début en partant au Cegep, j'avais peur, mais j'ai de bons résultats, . . . Si jamais je ne peux pas aller, je crois que je vais faire mon technique en chimie". (Garçon - Sciences physiques. 125).

"Le cours professionnel, moi j'ai pas tellement confiance en ça . . . Il me semble, à Ahuntsic, il y en a beaucoup en professionnel et puis ils sont même pas sûrs qu'ils vont être engagés . . . être certaine de pouvoir être engagée, je ne passerais pas par l'université, je suivrais mon cours dans une école privée ou n'importe quoi. Mais la commission scolaire probablement qu'elle va demander des études plus hautes, étant donné qu'il n'y a plus d'Ecole Normale[1]". (Fille - Lettres. 153).

"Pour moi, l'université, c'est rien qu'une étape, parce que ce que je vais faire à l'université, c'est pas pour tout de suite; c'est pour dans trente ou vingt ans[2]" . . . "Ce que je voudrais faire, c'est terminer mon cours d'ingénieur en aéronautique et puis passer mon brevet de pilote civil, . . . puis comme ça à quarante, cinquante ans, quand les yeux vont tomber, ça c'est garanti, j'aurai un métier. . . je pourrai gagner ma vie" . . . "Si je réussis pas à rentrer là (à l'université), . . . je vais revenir au Cegep. Je vais faire mon cours technique en aéronautique. Après trois ans ce sera fini". (Garçon - Sciences physiques. 215).

Pour les autres, le cours général est une façon d'échapper à un travail d'exécution routinier, au travail manuel.

"Ca ne me plaît pas (le professionnel), j'aime pas assez les machines"... "J'aime pas la routine, toujours faire la même chose". (Fille - Lettres. 406).

"J'ai un handicap, c'est que je suis allergique à plusieurs choses, j'ai de la misère à travailler dans un laboratoire. C'est peut-être un rêve d'enfance, mais j'ai toujours rêvé

---

(1) Elle veut aller dans l'enseignement primaire en maternelle.

(2) Il veut devenir pilote de ligne. Son père, aujourd'hui conducteur de pelles mécaniques, a été pilote.

d'aller à l'université . . . Les cours professionnels ne m'intéressaient pas. Chimie industrielle: je suis une fille et il me semble que ce n'est pas une carrière pour une fille". (Fille - Sciences physiques. 123).

Ceux enfin qui n'attachent pas de valeur à la distinction entre général et professionnel, sont guidés par leurs résultats scolaires ou par le désir d'obtenir une formation professionnelle spécifique qu'ils ne peuvent recevoir que dans un des deux cours.

Alors que les étudiants de la classe supérieure échappent pratiquement dans notre échantillon à la division en deux branches, générale et professionnelle, ceux de la classe ouvrière sont beaucoup plus conscients de l'opposition entre les deux cours. Toutefois, l'application des catégories, regroupant les motivations selon les degrés de contraintes sociales qui pèsent sur les individus, ne se confond pas avec l'étude des représentations idéologiques sur la dualité général-professionnel. Même si la plupart des étudiants du professionnel se retrouvent classés dans la première catégorie, on rencontre néanmoins des étudiants inscrits dans le cours général qui motivent leur choix en fonction de nécessités d'ordre économique. De la même façon tous les étudiants du cours professionnel ne sont pas soumis à des contraintes sociales aussi fortes que celles de l'impossibilité de financer des études prolongées ou de la nécessité de trouver rapidement un emploi.

Dans la première catégorie (Cf. tableau XLII), les motifs invoqués dans l'orientation se ramènent à l'urgence d'obtenir un emploi. On y rencontre assez fréquemment les étudiants qui avaient fait part de difficultés financières devant la longueur des études universitaires.

Il est rare que les étudiants acceptent ces contraintes matérielles et n'envisagent pas de les surmonter d'une façon ou d'une autre. Nous n'avons rencontré qu'un seul étudiant qui "fatigué d'aller à l'école" recherche "une bonne job, un bon boss". Il s'agit d'un cas qui perçoit l'école comme contrainte et en reste en même temps dépendant, y compris pour la recherche d'un emploi:

"Je vais essayer de trouver une bonne compagnie. Le Cegep je pense qu'il trouve les endroits; il trouve les offres et si on veut aller dans ça, on a une place". (Garçon - Techniques physiques. 102).

Les autres espèrent pouvoir se perfectionner plus tard par des cours offerts dans leur compagnie ou des cours suivis le soir à l'université. Enfin soulignons que chez ces étudiants, l'orientation vers une spécialité est souvent reliée à une expérience pratique personnelle, un travail d'été ou du bricolage.

"Cette idée m'est venue il y a quatre ans. J'ai trouvé un emploi à l'Institut de Cardiologie de Montréal, au département de rayons X. Depuis quatre années, chaque été, je travaille continuellement là-bas . . . Après avoir fait le cours de technicien et travaillé pendant quelques années, j'ai la forte intention de devenir médecin, quitte à reprendre quelques années". (Garçon - Technique biologique. 155).

"On avait une vieille télévision . . . j'ai commencé à jouer là-dedans. J'ai connecté. Tout a commencé comme ça" . . . "J'ai l'intention de commencer à travailler. Si vraiment ça m'intéresse, j'ai l'intention de retourner aux études, pour suivre un cours d'ingénieur . . . Ce qui serait intéressant c'est qu'une compagnie offre un cours". (Garçon - Techniques physiques. 118).

La recherche d'un emploi en priorité impose une progression par étapes pour les plus ambitieux.

"Probablement qu'il va falloir que je continue à étudier. Du moins je crois sûrement avoir mon diplôme de technologie. Je vais essayer d'aller encore plus haut, peut-être obtenir mon diplôme d'ingénieur . . . Je vais aller dans une compagnie travailler. Probablement que c'est eux qui vont me spécialiser encore plus". (Garçon - Techniques physiques. 110).

"J'ai encore deux ans. Après je vais travailler. Si je vois que je peux encore me perfectionner, me spécialiser dans une branche, je prendrais des cours du soir. Si j'ai une possibilité de ce côté-là, je vais en profiter" . . . "J'ai cherché à mettre le plus de chance de mon côté, pour que ça se réalise correctement, que je n'aie pas un cours pour rien" . . . "J'espère travailler surtout dans les hôpitaux ou quelque chose comme ça ou bien dans un institut de recherche pour pouvoir continuer". (Fille - Techniques physiques. 100).

Chez certains, même si l'intérêt pour le cours ou la prise en considération des résultats scolaires semble avoir été déterminant, la progression par étapes demeure. Cette soumission à des résultats qu'on ne peut pas trop éloigner dans le temps oblige l'étudiant à se fixer implicitement comme priorité l'obtention d'un emploi, d'une place.

"En informatique, je ne crois pas qu'il (le cours) se donne au général . . . J'ai l'intention de faire mes trois ans. Après ces trois ans, on sort programmeur. Analyste c'est un peu plus haut que programmeur. Pour être analyste il faut faire l'université. J'ai l'intention de faire mes trois années de Cegep, de travailler une couple d'années, puis . . . aller prendre un cours d'analyste à l'université" . . . "Sciences pures, je n'y ai pas pensé. Je ne vois pas ce que ça peut donner". (Garçon - Techniques administratives. 138).

"Depuis ma septième année, je défaisais toutes les choses que j'avais en morceaux. Ma mère m'avait acheté un lance-fusée. Je l'avais tout défait, tout démonté . . . On m'a fait passer plusieurs tests d'aptitudes. Sciences politiques, lettres, littérature, j'avais 2%; travail manuel comme orientation électronique ou électricité j'avais 98%. Ca m'intéressait à part de ça" . . . "Mon père dit de continuer, . . . il me dit qu'il le faut, parce que qu'est-ce que je ferais là dans l'industrie maintenant? J'aurais juste ma douzième, j'aurais rien.

Si je fais mes trois ans, je vais être spécialisé, . . . Ce n'est pas nous autres qui va chercher les compagnies pour nous faire engager. Ce sont elles, les compagnies qui viennent nous chercher" . . . "Il n'y a rien qui m'empêche de me spécialiser. Les compagnies nous spécialisent". (Garçon - Techniques physiques. 124).

Deux garçons inscrits dans le cours général considèrent également les études universitaires comme une garantie pour obtenir le meilleur emploi. L'un parce que l'université offre plus de possibilités (120), l'autre parce qu'un diplôme d'ingénieur lui sera utile lorsqu'il ne pourra plus exercer la profession qu'il souhaite actuellement (215).

Alors que le groupe dont nous venons de traiter est composé principalement de garçons inscrits dans le cours professionnel, le deuxième groupe dominant, chez les étudiants issus de la classe ouvrière comprend les filles (six sur sept). Elles se sont définies, en ce qui concerne leur orientation, par rapport à l'intérêt porté à une matière, plutôt qu'à la nécessité économique d'obtenir d'abord un emploi.

Ces filles sont d'ailleurs inscrites surtout (quatre sur six) dans le cours général. Elles avaient bien souvent obtenu de bons résultats scolaires au secondaire, dans les matières qu'elles ont choisies au Cegep. Leur avenir professionnel est moins précis que pour les étudiants de la catégorie précédente. L'enseignement semble être une issue conforme à la préférence accordée à certaines disciplines et à l'incapacité de ces disciplines de leur procurer une formation professionnelle spécifique.

"Je voudrais enseigner un bout de temps, mais je voudrais continuer mes études pour finir et travailler dans un laboratoire. Je vais faire ma licence en enseignement, puis après, maîtrise et doctorat en recherche" . . . "J'ai jamais voulu enseigner, ça ne m'a jamais attirée . . . De toute façon, on ne peut pas rien faire d'autre. Avec une licence on peut . . .

travailler dans un laboratoire, mais on commence au même degré que quelqu'un qui vient de douzième"... "Je deviendrai biologiste, c'est tout"... "La médecine m'aurait intéressée, mais je ne veux pas faire un médecin. C'est pour cela, la biologie, c'est quand même para-médical". (Fille - Sciences physiques. 224).

"L'enseignement, ça me tente"... "Je veux faire un tas de choses, c'est ça le problème, je ne veux pas m'astreindre à quelque chose que je n'aimerais pas"... "Je ne veux pas me dire dans dix ans, je vais faire ça,... je n'y pense pas"... "Je ne pense pas à faire des plans, ça vient comme ça vient"... "Je suis contente des cours que j'ai, j'en retire quand même quelque chose". (Fille - Lettres. 406).

"J'ai toujours aimé les sciences,... ça m'a toujours passionnée"... "Je veux devenir ergothérapeute en pédiatrie. C'est un cours qui demande des sciences... J'ai eu des expériences avec des enfants handicapés. Puis j'ai bien aimé ça et je voudrais recommencer..." (Fille - Sciences physiques. 123).

Nous retrouvons également dans ce groupe deux filles inscrites dans le cours professionnel. A la différence des garçons du même cours, elles manifestent un plus grand intérêt pour leur spécialité en tant que telle et pour la vie étudiante, tout en reconnaissant la nécessité d'aboutir à un travail rémunéré. Elles avaient d'ailleurs fait part toutes les deux de difficultés financières qui leur interdisaient l'université.

"J'étais bonne en biologie, puis en bio il n'y a pas tellement de branches que tu peux prendre"... "J'aimerais aller dans un centre de recherche, peut-être dans un hôpital, un laboratoire. Je ne sais pas encore". Après le collège: "Je vais me chercher du travail, je vais travailler, puis je vais donner le plus d'efforts possible, je vais bien travailler"... "J'ai

toujours aimé la vie étudiante. Quand je vais travailler, je pense bien que je vais regretter ça. . ." Plus tard: "J'espère que je vais pouvoir continuer, mais j'ai l'impression que je vais être rendue là et que je n'aurai plus le goût de rien faire . . . Ca va dépendre comment je vais aimer mon travail". (Fille - Techniques physiques. 104).

"Tout le monde me conseillait, me disait que dans cette branche-là, il y a beaucoup de débouchés. Mon cousin, ma cousine sont dans cette branche-là; pour une fille c'est aussi bien que pour n'importe qui d'autre" . . . "J'ai toujours eu un goût pour les mathématiques. Avant, je voulais faire sciences pures, mais quelle branche, je ne savais pas". L'informatique n'est pas mis sur le même plan que les autres spécialités du professionnel: "C'était nécessairement une branche de maths et pour être spécialisée en maths, c'était une des branches les plus spécialisées" . . . "En informatique, ça demande beaucoup de logique, tandis que l'électronique c'est surtout de la mécanique. La mécanique ça ne m'intéressait pas". (Fille - Techniques administratives. 133).

Les étudiants originaires de classe ouvrière qui conçoivent d'abord le Cegep comme l'instrument d'une formation professionnelle déterminée (troisième catégorie), ont connu des expériences différentes de celles des étudiants groupés dans les autres catégories. Ils sont légèrement plus âgés que leurs camarades et ont été motivés lors de leur orientation, soit par une expérience antérieure sur le marché du travail, soit par des capacités acquises dans des activités extra-scolaires (sports - concours littéraires). Ils se fixent également des objectifs bien spécifiques dans leur futur travail.

"Au départ, mon idée, c'était d'apprendre le dessin. Je pensais qu'on irait assez loin pour en venir à avoir un morceau et puis à en faire le plan, mais ce n'était pas ça. On avait un plan, puis il fallait le refaire" . . . "Enseigner, mon-

trer ce qu'on est capable de faire, parce que c'est neuf le Québec, il y a quelque chose à montrer"... "Si on pouvait ramener à la surface tous les poètes, tous les dramaturges, on pourrait faire quelque chose, monter une bibliothèque québécoise". (Garçon - Lettres. 152).

"L'an passé, j'ai hésité pas mal, parce que j'ai découvert un certain talent en moi. J'ai participé à des concours littéraires. J'ai gagné par hasard deux premiers prix. Cette année j'ai d'ailleurs fait une pièce de théâtre, elle vient d'être jouée". ... "Ca m'a fait hésiter: est-ce que je dois me lancer en lettres ou en philosophie"... "J'avais l'intention de faire un écrivain, ... depuis très longtemps mais je n'y ai jamais cru parce qu'en onzième année, j'ai terminé avec 13% en rédaction, alors que mes notes en sciences et en mathématiques étaient très fortes ... Par contre quand j'écris spontanément, j'arrive à faire des choses qu'on me dit artistiques ... Cette année je vais probablement publier un livre". (Garçon - Sciences humaines. 260).

"J'aimerais m'en aller en éducation physique, mais je pars de la boxe. Il y a personne encore qui a fait quelque chose sur la boxe ... j'aimerais ça, vu que personne ne l'a essayé ... Les professeurs de boxe, les instructeurs c'est jamais des diplômés. On a un régime à suivre, l'instructeur dit: mange-ci, mange-ça, mais dans le fond ... Je vais savoir comme il faut"... "Je vais à Vancouver au championnat canadien. Si je gagne ça, je ne travaillerai pas de l'été". (Garçon - Sciences biologiques. 418).

Les étudiants de classe ouvrière paraissent donc plus soumis à des conditions extra-scolaires dans l'orientation de leurs études (problèmes financiers - expérience particulière). Alors que pour les étudiants de la classe supérieure les expériences influençant leur orientation sont celles de membres de leur famille ou de proches, chez les étudiants de classe ouvrière elles sont vécues personnellement. La moitié déclare que leur orientation a été déterminée par une activité extra-scolaire (bricolage - travail d'été, etc. . .). Il est remarquable que ces activités constituent la base sur laquelle se fondent les aspirations les plus élevées, au point de constituer dans certains cas une voie parallèle à l'école (devenue accessoire).

Ici encore, les filles insistent moins que les garçons sur la nécessité de trouver un débouché à leurs études. En même temps leur avenir professionnel est moins diversifié. L'enseignement apparaît plus vite comme l'aboutissement de leurs études alors que pour les garçons il s'agirait davantage d'une deuxième option en l'absence d'autres perspectives.

La différence quant aux objectifs recherchés n'est pas très grande entre ceux qui sont inscrits au cours professionnel et au cours général. Dans les secteurs techniques, il est fait une référence constante au problème de l'emploi, des débouchés. Le Cegep est alors un moyen pour obtenir une première sécurité sur le marché du travail, le plus vite possible, l'emploi obtenu servira de base à un perfectionnement éventuel. Les autres du cours général, moins soumis à des contraintes immédiates en matière d'emploi, utilisent le collège pour avoir la meilleure situation souhaitable.

– L'arrivée au Cegep des étudiants de classes moyennes:

Il est plus difficile de cerner *l'attitude des familles de classes moyennes* devant l'arrivée de leurs enfants au Cegep. Les étudiants évoquent moins souvent ce sujet. Il apparaît, d'après 17 cas sur 44, que beaucoup de décisions sont prises sans consultation des parents, sauf rares exceptions. A cet égard nous relevons le même type de réflexions que celles formulées par les étudiants de classe ouvrière avec une tendance individualiste plus marquée.

> *"Que je fasse ce que j'aime, ce qui m'intéresse, c'est mon affaire. Ils (les parents) ne se mêlent pas de ça. Ils m'encou-*

ragent à étudier . . . Ils ne sont pas très au courant. Je suis libre de choisir ce que je veux". (Garçon - Sciences administratives. 145).

"Je n'ai jamais eu de problèmes . . . je disais: je veux aller à tel endroit, telle école, c'était d'accord. Pour l'école, ils m'ont toujours fait confiance". (Garçon - Sciences humaines. 131).

"Ce que j'allais faire, je leur disais c'est tout, j'en discutais pas . . . Ils sont bien contents . . . Ma mère elle disait: faites ce que vous voulez, mais faites quelque chose de bien". (Garçon - Techniques physiques. 203).

"Mes parents avaient pour option de nous laisser libres . . . Ils nous ont laissé faire". (Garçon - Techniques physiques. 247).

Nous avons noté que les étudiants de classe supérieure n'avaient pas hésité entre les deux réseaux de l'enseignement collégial et que ceux de classe ouvrière motivaient assez fréquemment leur orientation d'après des contraintes d'ordre économiques. De leur côté les étudiants originaires des classes moyennes hésitent davantage entre les deux cours (dix sur quarante-quatre) surtout chez les garçons (huit). Les hésitations laissent supposer une plus grande possibilité d'orientation. Il faut souligner cependant que le groupe de classes moyennes est relativement plus hétérogène que les deux autres quant à l'origine sociale, si bien que nous pouvons y rencontrer des traits de la classe ouvrière comme de la classe supérieure.

Ainsi les motivations des étudiants et le degré de contraintes sociales qu'elles expriment sont elles-mêmes diversifiées (Cf. tableau XLII). On peut dégager cependant *deux regroupements majeurs:* dix filles dans la première catégorie *(contraintes sociales les plus fortes)* et un ensemble de quinze garçons et cinq filles dans la deuxième *(motivations fondées sur l'intérêt pour certaines matières).* Dans ces deux catégories, les comportements étudiants présentent des caractéristiques déjà rencontrées dans la classe supérieure et la classe ouvrière. Il y a cependant certains traits particuliers aux classes moyennes.

Nous retrouvons dans ce groupe des vingt *les étudiants guidés par leur réussite dans certaines matières.* Leur avenir professionnel reste assez flou. Il est fait parfois allusion à l'enseignement en l'absence d'autres possibilités.

> *"Moi, je m'en vais en maths . . . A part professeur de maths, je ne vois pas bien quelle sortie . . . j'hésite entre professeur et l'autre sortie, je ne la connais pas bien, peut-être dans les industries". (Garçon - Sciences physiques. 119).*

> *"Je suis allée directement en sciences pures . . . parce que je voulais être chimiste et puis ça prend le cours de formation générale" . . . "Je vais essayer de rentrer à l'université pour être professeur de mathématiques. Je vais changer de cours. J'ai trouvé chimie trop difficile. Je suis meilleure dans les mathématiques". (Fille - Sciences pures. 117).*

> *"Je ne suis pas fort en sciences, ça c'est une raison . . . J'étais fort en lettres puis j'aime ça, . . . puis aussi, j'ai hésité, j'hésite entre arts et lettres" . . . "Sciences sociales, j'y ai pensé, . . . j'y pense encore d'ailleurs parce que je sais pas trop ce que je fous, . . . j'ai l'impression ce que je fais là, ça ne sert à rien, . . . je continue pareil, je sais pas trop pourquoi" . . . "C'est possible que j'aille à l'université, normalement, ça devrait me conduire là, . . . je vais passer mon temps à enseigner, . . . je ne sais pas . . ." (Garçon - Lettres. 151).*

> *"J'aurais aimé enseigner le cinéma, . . . je leur ai demandé (aux administrateurs du collège), ils m'ont dit, le mieux c'était d'aller en lettres" . . . "J'ai toujours voulu enseigner, . . . le français, . . . c'est peut-être l'an dernier, parce que je*

déteste tellement les mathématiques, toutes les sciences, le français, j'aime bien ça, la poésie surtout... je vais essayer, je sais pas ce que ça va donner". (Fille - Lettres. 252).

"Le plus de sciences possible, . . . c'est seulement des sciences que j'ai pris . . . c'est justement mon problème: j'ai coulé en français et philosophie" . . . "J'ai toujours aimé les expériences de chimie, les laboratoires" . . . "Le professionnel je n'y crois pas beaucoup, . . . je trouve que c'est pas assez sûr". (Garçon - Sciences physiques. 207).

Mais nous rencontrons aussi des étudiants qui, tout en étant intéressés par des matières, valorisent davantage le diplôme que le contenu de l'enseignement et ceci de façon très explicite. Ces étudiants insistent davantage sur la rentabilité de leur orientation, la matière la plus intéressante étant celle qui permet la meilleure réussite.

"Je me suis dit, lettres, j'ai de bons résultats, mais je n'aime pas ça. Les maths j'aime ça un peu,... je vais essayer de voir ce que ça va donner" . . . "Après le professionnel vous commencez tout de suite à travailler, moi cela ne me tente pas . . . j'ai plus d'ambition. Seulement qu'un technicien, je trouve pas que ce soit assez bien pour moi. Aujourd'hui si vous avez un papier, vous pouvez vous trouver une position bien plus vite qu'un gars qui a seulement un cours de technicien . . . Celui qui est diplômé en sciences d'administration, il va être plus haut que le technicien". (Garçon - Sciences administratives. 233).

"Je suis intéressé à une position assez élevée. Partir avec une licence ou maîtrise d'université ou H.E.C., ce serait une bonne chose, plutôt qu'avec une technique". (Garçon - Sciences administratives. 145).

" . . . Les cours de sciences pures sont acceptés partout. C'est le cours le plus fort. Si je réussis, j'ai plus de portes

qui s'ouvrent devant moi" . . . "Je me suis fixé d'avoir un diplôme supérieur parce que c'est épouvantable le nombre de gens qui se dirigent vers les techniques. Bientôt ce diplôme va encore valoir quelque chose, mais ça va être très difficile d'avoir des places" . . . "Le diplôme collégial et un diplôme universitaire: "Moi, je vois ça comme un ingénieur et un technicien . . . l'ingénieur fait les plans, le technicien est celui qui est en contact direct avec la machine. Il peut y avoir le programmeur qui est en charge de dix ou douze appareils I.B.M. avec chacun un technicien". (Fille - Sciences physiques. 208).

"J'avais choisi sciences pures pour toujours avoir certaines ouvertures . . . Si je me décidais à faire quelque chose, je pourrais le faire" . . . "Technicien cela ne m'intéresse pas tellement, . . . faire des travaux . . . surtout manuels . . . je suppose, . . . le diplôme comme tel de technicien ne serait pas assez fort pour pouvoir être satisfaisant". (Garçon - Sciences physiques. 137).

Le refus des cours techniques, comme refus du travail d'exécutant, de subordonné, du travail manuel, peut s'exprimer dans le refus du travail tout court.

"Jamais, je ne me vois pas du tout là-dedans (le cours professionnel). Je ne me trouve pas apte à travailler, pas constitué pour travailler. Je me regarde physiquement, puis je n'ai pas une gueule de gars qui travaille. J'ai l'impression que je suis fait pour étudier. Je travaille l'été et je déteste ça". (Garçon - Sciences humaines. 131).

L'inscription dans le cours général ou le refus du cours professionnel peut être motivée par la recherche d'une formation spécifiquement universitaire. Mais pour certains le cadre universitaire l'emporte sur le contenu de la formation, car ils sont enclins à changer facilement de perspectives et leurs aspirations sont quand même vagues. Ils indiquent de cette façon que c'est surtout la recherche d'un diplôme universitaire qui les a conduit dans le cours général.

> *"Au début, je voulais m'en aller en criminologie. J'étais fixé avant d'arriver ici . . . Il y a mon beau-frère qui travaille dans le secteur social, je trouvais que c'était passionnant son affaire" . . . "Il y a un cours qui m'intéressait, c'est technique sociale, mais mon beau-frère . . . me dit: vraiment tu as l'opportunité de continuer tes études, au lieu de te limiter à ceci, essaye d'aller plus loin" . . . "Après mes deux ans de Cegep, j'espère être accepté à l'Université en droit ou en histoire (pour devenir professeur), parce que présentement ce sont les deux seules orientations qui me sont possibles". En cas de difficultés: "J'essayerai de me trouver un emploi et j'essayerai de continuer en cours du soir, . . . parce que les cours du soir, vous pouvez pas vous faire refuser, vous payez pour vos cours, . . . si vous coulez, c'est de votre faute . . ." (Garçon - Sciences humaines. 229).*

> *"Moi, c'était écrit d'avance que je voulais aller à l'université. En fin de compte c'était soit professeur ou en droit, . . . puis je ne comptais pas terminer mes études le plus jeune possible". (Fille - Sciences humaines. 136).*

Les étudiants classés dans cette même catégorie et inscrits dans le cours professionnel déclarent dans plusieurs cas n'avoir pas eu de résultats scolaires suffisamment élevés pour aller dans le cours général. Ils envisagent alors de combler ou compenser la différence de formation entre les deux cours.

> *"Tout d'abord, je voulais faire un médecin ou quelque chose comme ça, plutôt professeur d'éducation physique, alors j'ai été dans la spécialité qui prépare à aller à l'université . . . Mais la chimie et moi, on s'entend pas tellement.*

J'ai lâché, j'aurais pu continuer mais toujours traîner la chimie derrière moi, alors j'ai préféré lâcher et puis là, j'ai choisi l'électronique, une idée comme ça" . . . "Si je continue à avoir de bonnes notes, sûrement que je vais continuer à aller à l'université pour devenir ingénieur, . . . mais si ça va plus ou moins bien, je vais aller sur le marché du travail tout de suite après mes trois ans. Mais j'aimerais beaucoup être ingénieur, aller à l'université compléter la formation". (Garçon - Techniques physiques. 115).

"J'aurais voulu faire mon cours de médecine, mais j'avais beaucoup de difficultés en sciences . . . J'ai choisi pour rester dans le monde médical". (Fille - Techniques biologiques. 206).

"Lui, (son père) il voudrait que je prenne son commerce. Disons que je ne sais pas encore" . . . "J'aimerais acquérir mon expérience dans l'industrie puis partir un bureau d'études ici à Montréal" . . . "Je vais faire deux ans dans l'industrie, puis après continuer à polytechnique ou des cours du soir . . . Le diplôme qu'on nous donne ici, c'est une porte d'entrée. Plus le diplôme est important, plus la porte d'entrée est large". (Garçon - Techniques physiques. 257).

"En mathématiques, j'aurais beau m'acharner, je ne serais pas arrivé" . . . "Si on compare ce qu'un ingénieur reçoit à la sortie et ce que nous autres on reçoit, . . . c'est presque comparable". (Garçon - Techniques physiques. 210).

Dans la catégorie regroupant les étudiants de classes moyennes soumis aux contraintes sociales les plus fortes lors de leur orientation à l'arrivée au Cegep, se trouvent principalement des filles (dix pour trois garçons). Ici encore nous rencontrons des étudiants qui se sont inscrits au cours professionnel en raison du coût des études universitaires ou de leur longueur. Dans l'hétérogénéité des conditions sociales des classes moyennes, ce sont les parents de ces étudiants qui se trouvent les plus proches de la classe ouvrière.

"C'est pas tellement pour les notes. Si j'avais voulu, j'aurais pu, mais je trouvais que c'était assez long, puis pour mes parents assez coûteux, tandis que là j'ai pris technique-architecture, j'aurai un métier, je pourrai travailler, payer mes cours moi-même et aider mes parents . . . parce que si j'étais allé à l'université et que j'avais manqué ma première puis ma deuxième année, je n'aurais rien eu". (Garçon - Techniques physiques. 247).

"Aller à l'université pour moi, ça pose certains problèmes parce que je n'ai pas la possibilité financière. A ce moment-là, ça ne m'intéressait pas. J'avais plutôt hâte de finir mes études. Peut-être que plus tard, j'irai pour me perfectionner" . . . "Il faut que j'arrive et j'y tiens beaucoup. C'est mon avenir qui en dépend. Je ne voudrais pas être prise à travailler dans un restaurant comme serveuse". (Fille - Techniques administratives. 139).

"Ca coûte assez cher au collège. Comme mes parents ne sont pas ici . . . la vie ici coûte cher, alors il fallait que je finisse vite pour pouvoir m'aider" . . . "J'ai toujours voulu aller dans le général, si j'étais restée chez moi, j'aurais été dans le général . . ." (Fille - Techniques biologiques. 246).

"Dans trois ans d'ici, j'aurai déjà fini mon Cegep, puis travaillé un an, j'aurai la possibilité de me marier financièrement. C'est pour ça que j'ai changé d'orientation, parce que j'avais deux ans de Cegep à faire plus trois ans d'université. Ca veut dire que ça faisait cinq ans après mon entrée au Cegep, c'est trop long . . . D'abord en sortant de l'université, on sort avec des dettes". (Garçon - Techniques administratives. 147).

Plusieurs filles inscrites dans le cours professionnel motivent également leur orientation en raison de la durée des études universitaires. Cependant, les études universitaires ne sont pas longues du fait de leur coût, mais par le rôle qu'une femme peut être amenée à exercer avant la fin d'études post-collégiales. Les contraintes qui pèsent sur l'orientation sont davantage relatives à une conception de la division du travail entre les sexes, qui amènerait les filles à abandonner rapidement une activité professionnelle pour une vie familiale.

> *"Il fallait choisir, j'aimais les sciences. Je regardais tout ce qui avait rapport aux sciences, je dis je vais essayer chimie biologie, puis vu qu'on pouvait changer" . . . Le général: "J'ai trouvé ça trop long . . . Pour un garçon, je trouve c'est correct, mais pour une fille . . . c'est pas le meilleur . . . On a des chances de se marier avant de finir nos études, je trouve . . ." (Fille - Techniques physiques. 103).*

> *"Ca m'intéresse pas du tout d'aller à l'université . . . Premièrement peut-être parce que je penserai peut-être plus tard à me marier . . . à l'université c'est encore plus long" . . . "Peut-être qu'en septembre je changerai (pour informatique), . . . ça m'intéresse pas tellement de changer, mais si ça va mieux ailleurs, peut-être que je changerai" . . . "Ca fait que dans trois ans j'aurai fini, je pourrai travailler . . . Peut-être quand j'aurai fini mes trois ans, si j'aime ça, je travaille un an et . . . je pourrai prendre des cours à l'université, mais je ne peux pas dire si je vais le faire". (Fille - Techniques physiques. 112).*

> *"Je ne vois pas une femme médecin, j'aimerais avoir des enfants, tout ça . . . Un homme c'est différent, il peut avoir son ouvrage, puis une femme et des enfants . . . " (Fille - Techniques biologiques. 217).*

La plupart des filles de cette catégorie, inscrites dans le cours professionnel envisagent d'aller travailler dans des laboratoires ou se préparent à des professions paramédicales. D'autres classées dans cette même catégorie sont inscrites dans le cours général. Ces dernières regrettent également la longueur du cours universitaire, mais ce n'est pas en raison d'un mariage éventuel. Il s'agit plutôt d'une contrainte administrative qui les oblige de s'inscrire dans le cours général en raison de l'emploi recherché. En effet, elles n'ont pas le choix, disent-elles, car elles projettent d'aller dans l'enseignement. Les études sont trop longues et elles auraient préféré s'inscrire dans le cours professionnel pour aboutir au même résultat.

> *"S'il y avait eu un cours professionnel pour la maternelle, c'est certain que j'y aurais été, mais vu que dans le professionnel, il n'y avait rien . . . qui m'intéressait, j'ai choisi le général, quitte à être obligée d'aller à l'université" . . . "En fait on a toujours hâte de commencer à gagner de l'argent, puis trois ans au lieu de cinq, ça paraît, puis à part de ça au Cegep ça coûte rien . . . A l'université, ça coûte quand même un certain montant pour nos parents, j'aurais certainement choisi le cours professionnel". (Fille - Lettres. 143).*

> *"Pour commencer, je voulais enseigner en maternelle, je me suis dit: c'est pas mal long, deux ans de Cegep, trois ans d'université. Je ne sais pas si je serai capable de me rendre au bout. Si je prends secrétaire, je vais suivre le cours. C'est juste un an, après, je peux travailler, mais après . . . je vais toujours avoir dans l'idée que j'aurais pu continuer, alors je vais continuer" . . . "Je suis allée voir l'orienteur, il m'a mal orientee: . . . tu peux t'en aller en histoire ou géographie, si tu veux enseigner en maternelle . . . si tu peux pas t'en aller en géographie, tu peux t'en aller en histoire. . . Moi, j'aimais pas l'histoire, j'ai marqué . . . que je voulais m'en aller dans l'enseignement primaire. Ils m'ont envoyé une lettre, il*

fallait que je prenne l'option "Arts et lettres", j'ai fait mon inscription en "Arts et lettres". (Fille - Lettres. 154).

"Moi, je veux enseigner . . . je n'ai pas eu de choix, j'ai juste deux cours: géographie et histoire" . . . "L'université, je trouve ça long. Moi j'aimais mieux l'ancienne méthode . . . On avait plus de rapports avec les enfants. Tandis que là, ça prend du temps avant qu'on ait des rapports avec les enfants". (Fille - Sciences humaines. 226).

Il arrive parfois qu'un étudiant soit refusé dans un secteur technique au moment de l'inscription, en raison de ses faibles résultats ou d'une insuffisance de cours suivis en mathématiques.

"La majorité des parents y compris les miens voyaient surtout que je puisse réussir un cours où je pourrai réellement avoir une place dans la société, un cours où je serai certain de pouvoir me trouver de l'emploi par après" . . . "Tout de suite après avoir été refusé en radiologie, . . . j'ai envoyé une seconde lettre, une demande d'admission pour le cours de géographie, . . . c'était le cours qui me donnait le plus d'accord après ça" . . . "Il y avait toujours des débouchés fixes comme par exemple le domaine de l'enseignement, puis comme débouché primaire, je voudrais pouvoir me placer comme géographe professionnel, soit pour une entreprise commerciale ou pour le compte du gouvernement . . . Si on arrive pas à se placer dans ce domaine, il y a toujours l'enseignement qui est possible". (Garçon - Sciences humaines. 140).

Dans la dernière catégorie regroupant les étudiants motivant leur orientation en fonction d'une formation professionnelle spécifique, nous retrouvons encore des traits déjà rencontrés dans la classe ouvrière et la classe supérieure. Presque la totalité de ces étudiants sont inscrits dans le cours général. Il y a dans ce groupe des étudiants en-dessous de la moyenne d'âge du Cegep, qui ont obtenu de bons résultats dans le cours secondaire.

Une partie d'entre eux envisage d'enseigner sans considérer cette éventualité comme une voie de garage, en l'absence d'autres projets professionnels.

> *"La géographie j'ai eu de belles notes, j'ai bien aimé ça . . . Cette année c'est encore plus intéressant, vu que j'ai un bon professeur . . . je voulais l'histoire, la concentration histoire avec d'autres matières comme la géographie, la sociologie" . . . "Je l'ai critiqué (un professeur d'histoire), je lui ai dit qu'il y avait certaines choses que je n'aimais pas, . . . surtout la façon qu'il ridiculise certains personnages" . . . "Entre les quatre murs de la classe, il y a trente jeunes. Il faut les intéresser à un dialogue constant . . . Il faut que les étudiants posent des questions". (Garçon - Sciences humaines. 204).*

> *"J'aime la mentalité des professeurs d'éducation physique. Eux connaissent beaucoup plus l'étudiant qu'un professeur simple qui enseigne sa matière, qui donne seulement sa matière . . . J'ai beaucoup de relations avec les professeurs d'éducation physique. On discute des problèmes de l'élève, de l'étudiant, on se demande si y aurait pas quelque chose à faire" . . . " . . . Je me suis rendu compte que la plupart des professeurs en éducation physique, ils savent pas donner leurs cours et puis moi je me suis réellement penchée sur ce problème là, je me suis dit: . . . ce qui m'intéresse, c'est l'enseignement, la façon de donner ça, la façon d'intéresser . . . Les jeunes aujourd'hui, n'ont aucune base en éducation physique, pour eux, c'est secondaire, tandis que pour moi, le sport, c'est primordial . . . parce que c'est ça qui aide à garder une personne en santé". (Fille - Sciences biologiques. 129).*

L'attrait vers une profession est souvent motivée par des expériences extra-scolaires. Dans tous les cas, il se manifeste des intérêts spécifiquement professionnels derrière ces expériences ou centres d'intérêts.

> *"J'avais pensé toujours à faire quelque chose d'original... je me suis rendu compte que les problèmes économiques sont dominants en ce moment, que plus tard, ça deviendrait de plus en plus important, que plus tard, ils auraient besoin de gens dans ce domaine-là, alors je me suis dit: je vais y aller. Ca m'intéresse d'ailleurs" . . . "Il faut vous dire que je suis indépendantiste, ça c'est clair . . . j'essayerai de faire vivre le Québec dans l'indépendance, sans qu'on crève de faim comme tout le monde le pense . . ." (Garçon - Sciences humaines. 134).*

> *"J'aimais bien la médecine, pas pour faire des opérations mais comme interniste . . . J'aimais bien ça parce qu'on s'occupe des gens et puis ça m'a toujours intriguée quand quelqu'un a quelque chose" . . . "Je vais aller à l'université, je vais essayer de rentrer . . . je vais faire mes cinq années de médecine. Il faut absolument une spécialisation pour arriver . . . je crois que les os ça m'intéresserait au lieu de prendre les organes, comme tout le monde . . ." (Fille - Sciences biologiques. 111).*

Les étudiants originaires des classes moyennes possèdent donc des traits communs à ceux provenant d'autres classes. En effet, quelques-uns sont aussi pressés d'obtenir un emploi que plusieurs de la classe ouvrière. Environ le même nombre de filles envisagent l'enseignement de la même façon dans les deux cas et les aspirations les plus élevées se développent souvent à partir d'expériences extra-scolaires et d'ambitions spécifiques.

Nous rencontrons cependant des traits particuliers plus accentués dans ce groupe que dans aucun d'autre. Nous ne retiendrons que la valorisation sinon le culte du diplôme comme instrument d'accès à un statut social supérieur, la remise en question plus fréquente des contenus d'enseignement et des pratiques éducatives et enfin le projet de quelques filles de répéter sensiblement les rôles féminins qu'elles ont connus dans leur vie familiale.

On peut noter également que dans l'ensemble des cas étudiés pour toutes les classes, le cours professionnel satisfait rarement les garçons. Lorsqu'ils sont contraints de le suivre pour des raisons économiques, ils le conçoivent comme une étape vers un perfectionnement ultérieur dans l'entreprise ou à l'université. Seul un plus grand nombre de filles déclarent se contenter des secteurs techniques et parfois regrettent même de ne pas pouvoir terminer les études plus tôt en trois ans, lorsqu'elles sont engagées dans le cours général. La division des aspirations professionnelles entre les sexes semble en tout cas plus accentuée dans les classes moyennes que les autres classes.

Nous allons aborder maintenant plus profondément la signification de l'orientation scolaire et des aspirations professionnelles en traitant des perspectives de changement ou de conservation sociale qui se manifestent dans les projets des étudiants.

c) Conservation et mobilité sociale:

Pour étudier les conditions de la mobilité sociale, ainsi que certaines fonctions de conservation de l'école, nous avons demandé aux cegepiens s'ils aimeraient avoir le même genre d'existence que celle que leurs parents ont connue et éventuellement, s'il leur était possible de la comparer avec celle qu'ils souhaitent connaître. La formulation de la question était suffisamment vague, pour laisser à l'interviewé la possibilité d'aborder les points qui prenaient pour lui le plus d'importance. Compte tenu du contexte dans lequel était présenté ce thème, les réponses se situaient assez fréquemment sur le terrain de l'activité professionnelle, mais aussi sur celui des activités de loisirs et plus rarement sur celui des relations interpersonnelles dans la famille. La spontanéité, dont ont fait preuve les étudiants, rendait les réponses plus significatives.

Avant de procéder à l'analyse du contenu, nous avions envisagé trois possibilités quant aux réponses que nous devions classer: premièrement l'interlocuteur aspire à la même existence que celle de ses parents, avec possibilité de quelques nuances, deuxièmement il envisage quelque chose de différent en fournissant des raisons, tout en ne se référant pas à un autre mode de vie identifiable à celui d'un autre groupe ou une autre classe que sa classe d'appartenance, troisièmement enfin, il donne suffisamment de précision pour l'identification d'un groupe (ou classe) de référence. Il était évident que ce schéma ne pourrait s'appliquer, en ce qui concerne une mobilité sociale proprement dit, qu'aux garçons et filles de la classe ouvrière et des classes moyennes en second lieu.

Lorsque nous avons commencé à dépouiller nos entretiens, nous nous sommes aperçus que même si les étudiants formulaient des aspirations sociales par rapport à leur classe d'appartenance et à une autre classe de destination éventuelle, les catégories prévues ne rendaient pas compte de la diversité des cas. En effet, entre l'aspiration à connaître la même existence et celle à changer radicalement, s'établit une gradation qui passe successivement par trois stades et marque l'intensité de l'aspiration à connaître une autre condition sociale. Ces trois stades font intervenir des considérations relatives au travail, au non-travail (loisirs) et aux deux à la fois.

Le premier stade, qui n'est pas vraiment une aspiration au changement, s'attache à souhaiter finalement des différences secondaires par rapport à l'existence sociale des parents, comme l'amélioration du climat familial (Cf. tableau XLIII, catégorie I). Nos interlocuteurs cherchent également, dans ce cas, à relativiser les différences par des écarts "normaux" entre générations distinctes.

Le premier type d'aspiration au changement apparaît lorsque les étudiants font part de leur volonté de connaître une autre vie, indépendamment du travail, une sorte de mieux-être, avec une meilleure utilisation de leur temps libre, des activités de loisirs.

TABLEAU XLIII

Aspiration à la conservation et au changement social (Par référence au genre d'existence des parents)

		Même genre de travail				Autre genre de travail			
		Catégorie I Même genre de vie (hors travail)		Catégorie II Autre genre de vie		Catégorie III Même genre de vie		Catégorie IV Autre genre de vie	
		Général	Professionnel	Général	Professionnel	Général	Professionnel	Général	Professionnel
Classes Moyennes	Garçons	145-130 207-127 209	210-257 203	131 137	144-258 247	233-126	122	140-134 204-229	
	Filles		237-217 103	117-208 252	139-112	226-129 148-143	157-206 246	136-111 154	
Classe Ouvrière	Garçons		124 102			215-125 418	228-118 142-110	152-260 120	138
	Filles		100	224 123	133			153-406	104

L'aspiration à une consommation plus intense traduit, à notre avis, l'orientation la moins forte vers le changement de condition sociale. Elle exprime une volonté de continuité avec des possibilités de posséder ou connaître davantage (Catégorie II).

Le deuxième type d'aspiration à un plus grand changement met l'accent sur le travail, le genre et les conditions de travail, comme principaux critères de distinction (Catégorie III).

Le troisième type fait intervenir comme critère de distinction, les deux éléments précédents, l'activité professionnelle et les activités de loisirs. Dans ce cas apparaissent dans les propos des étudiants des rapports entre les deux, la qualité des activités de loisir étant déterminée par la qualité du travail (Catégorie IV).

Le fait que nous ayons affaire à une population mixte pouvait compliquer les éléments de comparaison. En effet, les garçons référant à l'existence de leur père ou à celle de leur famille en général, alors que les filles peuvent utiliser aussi bien leur mère, leur père et leur famille comme points de référence. Par l'analyse de chaque cas, nous nous sommes aperçus que ceci n'interdisait pas de classer garçons et filles dans les mêmes catégories, car le fait pour une fille de se définir par rapport à son père, traduisait en réalité une intensité plus grande dans l'aspiration au changement et, par conséquent, procédait de la même échelle de classement.

Après avoir construit les quatre catégories: aspiration à la continuité - au changement hors travail - au changement dans le travail - au changement complet de condition sociale, nous allons les appliquer successivement aux groupes d'étudiants originaires de la classe ouvrière et des classes moyennes, pour définir plus en détail les aspirations au changement social dans chaque groupe [1].

Mais voyons d'abord quelle sorte de changements les étudiants de classe supérieure envisagent par rapport à l'existence de leur famille et quelles formes prennent les aspirations à la conservation d'une condition sociale.

---

(1) Cf. Tableau XLIII (Fréquences dans chaque catégorie).

– **La conservation sociale chez les étudiants de classe supérieure:**

L'étude de la mobilité sociale par l'application de la théorie du groupe de référence s'applique difficilement aux étudiants de la classe supérieure. Lorsqu'on leur demande s'ils aimeraient avoir le même genre de vie que leurs parents, la plupart émettent des réserves. Mais ces restrictions concernent bien souvent des aspects formels du travail ou le climat de la vie familiale. La condition de classe n'est pas en cause.

> *"C'est complètement différent. Il serait très difficile d'accepter les méthodes de mon père".* C'est quand même le même itinéraire pour l'exercice de la même profession qui est envisagé: *"Ce à quoi j'aspire, c'est évidemment mon doctorat, aussi une position sûre, si possible enseigner au Cegep, ici, ça j'aimerais bien". (Garçon - Sciences humaines. 242).*

> *"J'aimerais avoir quelque chose de différent, je calcule qu'on n'a pas assez . . . On a été gâté, peut-être pas du point de vue amour de notre père . . . j'aimerais avoir une famille différente". (Garçon - Sciences biologiques. 221).*

> *"Pas tellement, parce que lui c'est un travail qui demande un travail de meneur. Je ne me sens pas assez de responsabilité pour mener une entreprise moi-même. Puis diriger des hommes . . . j'ai déjà eu des expériences, j'ai déjà eu des échecs . . . j'aime mieux un travail précis, que ce soit un travail de laboratoire ou quelque chose de même, mais un travail individuel". (Garçon - Sciences physiques. 113).*

> *"Je trouve qu'il travaille trop (son père) . . . Mon père il a commencé à quatorze ans . . . Vraiment il s'est monté presque un empire . . . Il a commencé presqu'à zéro, puis il est rendu pas mal loin. Si je réussissais à monter aussi haut que lui, je trouverais ça déjà pas mal . . . Mais ça prend beaucoup de travail". (Garçon - Sciences physiques. 210).*

C'est sans doute lorsque la condition des parents n'a pas été obtenue par la voie suivie aujourd'hui par les enfants, celle de l'éducation, que la coupure avec le genre de vie familiale se manifeste le plus. Nous l'avons déjà vu en partie dans les cas précédents. L'entreprise familiale n'est évidemment pas un objectif, si on peut atteindre la même condition sociale par des voies plus aisées. La différence est nette entre les deux filles qui manifestent le même intérêt pour tous les cours enseignés au Cegep, à l'exception des sciences.

> *"Mes parents vivent bien. Ils ont beaucoup de problèmes. C'est dommage, ils en ont pour leur argent justement . . . Je ne pense pas que la famille considère que je dois travailler dans l'entreprise familiale . . . C'est pour ça qu'ils veulent que j'aille étudier" . . . "Ma mère me dit: . . . si tu veux aller à l'université, t'inquiètes pas. Je suis capable de te payer des études jusqu'à l'université, jusqu'à quand tu voudras". (Fille - Sciences humaines. 132).*

> *"Je suis très heureuse de ce que je reçois chez moi, je n'ai pas envie de partir de chez moi, je n'ai pas envie de me marier, je suis très heureuse de mon milieu familial. Je pense que quand on a une chose qu'on aime, on tient à la garder. Moi, je tiens à garder ce que j'ai" . . . "Je suis très heureuse de vivre autour des gens intelligents qui ont beaucoup de jugement, mes parents ont énormément de jugement". (Fille - Lettres. 149).*

– **La mobilité sociale chez les étudiants de la classe ouvrière:**

L'aspiration au changement par rapport à la classe sociale d'appartenance des parents est plus marquée chez les étudiants de classe ouvrière et ceci davantage chez les garçons que chez les filles.

Sur treize garçons, les deux qui aimeraient avoir sensiblement la même existence que leur père ou leurs parents, sont inscrits dans le cours professionnel. Les changements envisagés sont secondaires par rapport au travail et aux activités de loisirs ou relativisés dans le temps.

> *"Dans le contexte d'aujourd'hui c'est pas la même chose . . . Avant, il a commencé à travailler, il était jeune. Il vendait des morceaux de glace dans la rue à cinq cents. Aujourd'hui tu vas t'engager n'importe où à deux dollars - un dollar quatre-vingt de l'heure. Tu en as assez, c'est ce qui est différent".* Et un peu avant: *"Si je veux, je pars tout de suite, je serai engagé dans le nord au Labrador, . . . puis j'aurai un gros salaire en sortant. Ca c'est le déplacement, t'es payé en conséquence . . . Vu que là-bas, la chasse, la pêche, il y en a à vendre, c'est tout ce qui m'intéresse". (Garçon - Techniques physiques. 124).*

> *"Je vais essayer de trouver une bonne compagnie. Le Cegep je pense qu'il trouve les endroits. Il trouve les offres et si on veut aller dans ça, on a une place".* Plus loin: *". . . Là, ça me passe par-dessus la tête. Peut-être quand je serai marié, peut-être j'aimerai avoir le même genre de vie. Mais avant, . . . j'aime bien vivre, avant de se mettre la corde au cou. Pas de projets avant dix ans". (Garçon - Techniques physiques. 102).*

Les quatre filles (sur sept) qui n'insistent pas davantage sur le travail, ne formulent pas d'aspirations à un changement de condition sociale, si ce n'est à une vie meilleure, une vie dont on profiterait un peu plus (deuxième catégorie).

> *"Pour le travail que je ferais en dehors, ce que j'aime beaucoup, c'est tout ce qui regarde les choses de la maison, les ouvrages manuels comme le tricot ou la cuisine".* Le même genre de vie que sa mère? : *"Oui, d'un certain côté. Mais j'espère avoir plus de loisirs qu'elle en a eus, parce qu'elle était préoccupée par toute sorte de choses . . . Elle avait pas*

la chance d'avoir des contacts avec d'autres gens que ceux de sa famille. Moi, j'espère que je vais avoir plus d'occasion de contacter des gens". (Fille - Techniques administratives. 133).

"En passant par le cours technique, j'ai l'impression que c'est un travail qui va être assez restreint. J'ai énormément peur de me retrouver seule dans un laboratoire. Je vais peut-être travailler en collaboration, mais il me semble que j'ai besoin de relations, avec le public, avec le monde extérieur". La même existence que ses parents? : "Oui et non, je ne sais pas, j'aimerais avoir ma petite famille, mon mari, être capable de m'occuper de mon foyer, mais en même temps, j'aimerais travailler. Je sais que ma mère a été longtemps sans travailler, mais maintenant elle n'arrête pas de travailler parce qu'elle s'ennuie dans la maison à regarder les murs. Je suis pareille comme elle". (Fille - Sciences physiques. 123).

Contrairement aux filles, la majorité des garçons se trouvent dans la troisième catégorie. Ils envisagent une existence autre que celle menée par leurs parents et insistent particulièrement sur la différence de travail, qu'ils soient inscrits dans le cours général ou le cours professionnel. Lorsqu'on demande s'ils aimeraient connaître le même genre d'existence, ils répondent:

"Certainement pas, parce que lui en fait, son existence, ça a été son expérience . . . En fait il a pas eu tellement de poste assez élevé, il a pas eu tellement de responsabilités, toujours à suivre des ordres d'un tel, puis untel . . . Etre plus important, c'est peut-être de l'ambition, mais il faut avoir de l'ambition pour arriver". (Garçon - Techniques physiques. 215).

"Du tout . . . Il buvait beaucoup, je n'ai jamais pu sentir ça, . . . le genre d'ouvrage qu'il faisait, non plus. Il était

briqueteur. Il travaillait jamais à la même place, toujours en train de voyager. Il avait pas de sécurité . . . J'aimerais un travail stable, quelque chose qui a de la sécurité". (Garçon - Sciences biologiques. 418).

"Je ne crois pas que j'aimerais être assembleur . . . Il me semble que ça doit devenir monotone rapidement, juste faire des assemblages, moi j'aime pas faire toujours la même chose . . ." (Garçon - Techniques physiques. 110).

"Non, il a pas mal de problèmes. Il a déjà travaillé dans le cuir. Pour lui, c'était pas constant l'ouvrage, . . . toujours sur tension nerveuse". (Garçon - Techniques physiques. 118).

"C'est fatiguant. C'est pas intéressant chauffeur de taxi. C'est pas une position d'avenir. Premièrement, y a pas de retraite, là-dedans . . ." (Garçon - Techniques administratives. 228).

Le fait d'envisager davantage de loisirs ou de rechercher un emploi plus stable que ceux de leurs parents, n'exprime pas nécessairement une volonté de rompre avec sa classe d'origine pour s'orienter vers une autre condition sociale. Beaucoup d'étudiants, parmi les cas déjà cités, veulent rompre avec le genre de vie (ou le genre de travail) de leurs parents, sans manifester toutefois une aspiration très nette d'appartenance à une autre classe sociale. La rupture d'avec le groupe d'appartenance (classe d'origine) n'entraîne pas, automatiquement, une identification à un groupe de référence (destination de classe). L'aspiration au changement intervient, à notre avis, lorsque les étudiants envisagent une activité professionnelle qu'ils identifient clairement à un autre milieu social que celui de leurs parents, tout en signifiant que leur future activité changera également leur vie hors travail. Dans ce cas, leur propos sont généralement plus explicites, et le rapport qu'ils entretiennent avec leur scolarité au collège, est exprimé sur le mode du changement de condition sociale, d'une socialisation anticipée (quatrième catégorie).

"Il (son père) a une expérience immensément valable . . . mais je suis peut-être trop snob, peut-être trop orgueilleux pour arrêter d'étudier, . . . parce que quand on étudie, on arrive, on vient pour parler, on a un paquet de notes pour meubler notre conversation, tandis que quand on n'étudie pas, on a tellement peu de notes pour meubler la conversation qu'on est immédiatement écrasé . . . les classes sociales, ce ne sont plus les riches et les pauvres, ce sont les instruits puis les non instruits". (Garçon - Sciences humaines, 260).

" . . . Mon père, il vit tellement dans un climat d'insécurité . . . j'essayerai d'éviter d'être dans le monde placé quelque part, d'être heureux, d'être sûr que le lendemain vous n'allez pas vous faire mettre à la porte . . . Rester là, faire quelque chose que j'aime. Mon père, il a vingt-quatre ans d'ancienneté, il est dans les trente prochains à être éliminés" Le genre de vie par rapport à son père? : *"Pour moi, ce serait un peu plus actif, les sorties, aller au théâtre, être avec des amis, des réunions . . ." (Garçon - Sciences physiques. 120).*

"C'est pas le genre de vie que je veux mener, du tout, parce que une petite vie ordinaire, puis le travail, puis la maison, puis le travail, puis la maison . . . C'est une petite vie ordinaire en restant avec ceux qu'on travaille, parce que, à ce moment-là, on ne peut pas s'infiltrer dans un domaine social plus avancé que nous autres . . . j'ai plusieurs amis qui sont professeurs, qui enseignent la philosophie; alors moi, étant donné que je suis traceur, je ne pourrais pas m'infiltrer avec eux autres, parce qu'eux en restent sur les sujets un peu plus avancés, qui demandent un peu plus d'études que le mien . . ." (Garçon - Lettres. 152).

"Je ne souhaite pas être comme eux. C'était une vraie misère. S'il y a quelqu'un dans ma famille? Non, à vrai dire, ceux de ma famille n'ont pas un emploi, une profession remarquable, quelque chose qu'on peut admirer et puis moi, j'ai commencé à aimer les études. . . puis ma tante m'a poussé . . . En fin de compte, dans la famille, je suis un point d'admiration parce que j'étudie". (Fille - Techniques physiques. 104).

– **La mobilité sociale et la conservation sociale chez les étudiants des classes moyennes:**

Si l'étude de la mobilité sociale chez les étudiants de classes moyennes est envisagée dans les mêmes termes que pour les étudiants de classe ouvrière, les résultats que nous allons obtenir, dans le classement par catégorie, n'auront toutefois pas toujours la même signification, en raison de la différence d'origine de classe. Nous avons déjà souligné, par ailleurs, que l'échantillon d'étudiants groupés en classes moyennes est très hétérogène. Il faudrait donc, dans chaque cas, tenir compte de la condition d'existence de chaque famille. Ainsi, une aspiration au même genre d'existence chez un étudiant dont le genre de travail et de vie des parents se rapproche de celui de la classe supérieure n'est sans doute pas qualitativement différente d'une aspiration à un changement radical pour celui dont la famille a des conditions d'existence proches de celles de la classe ouvrière.

Il n'est donc pas étonnant que les étudiants de classes moyennes se répartissent plus également dans les différentes catégories que les étudiants de classe ouvrière (Cf. tableau XLIII). On remarque, sur ce tableau, que les étudiants de classes moyennes sont moins nombreux, en proportion, à envisager une coupure nette avec leur classe d'origine. Les étudiants du cours professionnel sont plus nombreux (douze sur quinze) à envisager leur existence future assez identique à celle de leurs parents (première et deuxième catégories). Les filles se retrouvent davantage dans les catégories centrales (treize sur dix-huit) que les garçons (huit sur vingt). Elles envisagent d'améliorer leur genre de vie, d'avoir une activité en dehors du foyer, alors que les garçons sont plus divisés entre les deux pôles: conserver le même genre d'existence ou en changer.

Dans la première catégorie, nous rencontrons ceux qui seraient satisfaits de vivre comme leurs parents, considérant que cette condition ne serait pas si mal ou, en tout cas, constituerait une bonne base de départ. Les garçons y sont majoritaires et on n'y trouve que des filles inscrites dans les cours professionnels.

> *"Mon père n'a pas à se plaindre: l'automobile, la maison, des voyages l'été, aux Etats-Unis, dans l'Ontario, . . . des voyages en Europe. Si j'ai ça, ça va . . . J'aimerais me diriger vers un poste de directeur dans une compagnie". (Garçon - Sciences administratives. 145).*

> *"Nous sommes de classe moyenne, disons qu'on mène une vie normale. Ils vivent bien. Il me semble qu'on peut toujours espérer plus, mais disons que pour un minimum, c'est bien". (Garçon - Sciences humaines. 127).*

> *"Les gens ont évolué. Ca fait que je ne pourrai pas avoir la même vie que lui a faite" . . . "Dans l'ouvrage qu'il a, il a beaucoup de contacts avec les gens. Pour son âge, la situation qu'il a, c'est intéressant à porter. Il méritait ça une position de même". (Garçon - Sciences administratives. 130).*

Les étudiants du cours professionnel de ce groupe émettent sensiblement les mêmes opinions que ceux du cours général.

> *"Comme genre de vie, oui, parce que . . . être son propre patron. Tout le monde espère ça un jour, . . . pas de compte à rendre. Il décide de partir, il a un homme de confiance. Il part à la chasse, il peut revenir le mardi matin, il peut prendre une journée". (Garçon - Techniques physiques. 257).*

"Oui, probablement la même chose: sécurité d'emploi, le salaire est intéressant, une maison, une vie familiale, peut-être de sortir un peu plus. C'est peut-être pas seulement mes parents, mais autrefois il y avait moins d'activités sociales, les gens sortaient un petit peu moins . . . Maintenant, ça va être très important . . ." (Garçon - Techniques biologiques. 210).

"Mon père, il gagne pas tellement cher, . . . mais je pense il est bien, puis nous autres aussi on est bien. Ca veut dire que j'envisage à peu près la même chose, parce que technicien en électronique, c'est peut-être 6.500 - 7.000, pas plus . . ." (Garçon - Techniques physiques. 203).

Les filles qui n'aspirent pas à un changement, se réfèrent surtout à la vie de leur mère à l'intérieur de la famille. Lorsqu'on leur demande si elles aimeraient avoir la même existence que leurs parents, elles répondent:

"Oh non, ma mère s'est mariée après son cours. Moi, je voudrais me marier un peu plus tard et à part ça oui". (Fille - Techniques biologiques. 217).

"Ils (ses parents) ont toujours été unis. J'ai été très heureuse chez moi. Il y en a qui vont avoir peur du mariage, moi par contre, je n'ai pas peur. Si c'est comme eux, je ne dirai rien. Oui, je voudrais être comme eux". (Fille - Techniques administratives. 237).

"Oui, elle est heureuse". (Fille - Techniques physiques. 103).

Le deuxième groupe d'étudiants qui envisagent de "consolider" la condition d'existence connue par leur famille, insiste sur leur désir de changer de genre de vie. Pour eux, le travail n'est pas déterminant (Catégorie II).

"Les heures de travail, j'aimerais ça, mais le genre de travail en lui-même . . . j'ai un peu de misère à concevoir quel genre de travail il fait vraiment" . . . "J'aimerais être un peu plus actif, sortir . . ." (Garçon - Sciences physiques. 137).

" . . . Je trouve que ce sont de bonnes personnes, des gens qui travaillent, qui s'occupent de leurs enfants, mais je trouve qu'il y a d'autres choses à faire . . . Ils travaillent pour nous autres puis la compagnie, ils mangent puis ils dorment, puis ils s'amusent de temps en temps. Je trouve qu'il y a quelque chose, je ne sais quoi. Il y a quelque chose de plus qu'ils pourraient faire: vivre vraiment" et un peu avant: *" . . . il est possible que je sois professeur, avec ce que je vais faire alors, donner mes cours, lire, continuer à faire du ski, mener un train de vie assez aisé, jamais me rentrer sur moi-même, faire quelque chose, vivre assez actif, avancer. Je vais peut-être m'occuper de politique". (Garçon-Sciences humaines. 131).*

" . . . A leur époque, ils étaient très bien . . . Mais moi, je ne pourrais pas vivre au même niveau qu'eux autres, . . . parce que bien des gens se mariaient, ils avaient rien . . . Maintenant, on se marie, on a la laveuse, la sécheuse, le groupe stéréo et la télévision" . . . "A franc parler, on mettrait ça sur le même niveau, j'aimerais bien . . . Ils ont vécu assez aisément . . . on est sorti énormément". (Garçon-Techniques physiques. 247).

" . . . Ma mère est obligée de travailler. On a un camp dans le nord, mon père la fait travailler pour payer le camp" . . . "Je veux vivre plus tôt qu'eux autres. Ils travaillent seulement pour payer leurs comptes, payer le commerce, payer le camp dans le nord, le char. Moi, je veux travailler, puis je veux vivre, avoir ma maison, un char, sortir ma femme, pas qu'elle travaille, . . . en fin de semaine sortir dans le nord, . . . faire partie de certains clubs où on peut sortir, aller danser". (Garçon - Techniques administratives. 144).

Pour les filles, l'aspiration au changement porte surtout sur le genre de vie. L'activité professionnelle ne vient pas en premier, même s'il est important pour elles de travailler.

> *"J'aimerais avoir plus de loisirs, parce que mes parents ont été assez privés de ce côté-là . . . j'aimerais être plus égoïste et mieux profiter de la vie". (Fille - Sciences physiques. 208).*
>
> *"J'aimerais mieux être plus à l'aise, mais ça ne me dérangerait pas d'avoir le même genre de vie, avoir un peu plus d'argent, avoir ma maison, mon auto". (Fille - Sciences physiques. 117).*
>
> *"Ma mère, elle n'a pas eu de loisir, elle a travaillé tout le temps . . . Elle n'a jamais eu le temps de vivre" . . . "L'idéal ce serait de trouver un emploi que j'aimerai. Mon but, c'est pas travailler. Je veux avoir un bon salaire, c'est sûr. Je veux d'abord avoir un travail qui me plaît". (Fille - Lettres. 252).*
>
> *"Pas tout à fait le même genre de vie . . . Disons que je n'aurai pas autant d'enfants qu'elle. Elle en a eu cinq. J'aimerai m'occuper de quelque chose en dehors de ma famille, avoir une occupation, deux ou trois heures par semaine, n'importe quoi, même si ça ne me rapporte pas tellement, juste pour sortir de mon milieu à un moment donné. Puis, je n'aimerais pas rester à la campagne. A la campagne on ne peut pas sortir sans auto. J'aime autant pouvoir rester à Montréal, parce qu'il y a plus de vie". (Fille - Techniques administratives. 139).*

Dans la troisième catégorie, c'est par rapport au travail exercé par le père ou à l'activité de la mère que les étudiants se prononcent, pour comparer l'existence de leurs parents à celle qu'ils aimeraient avoir.

Pour les garçons, il s'agit d'abord d'avoir un travail plus intéressant que celui de leur père, une activité qui apporte une plus grande satisfaction personnelle par les relations qu'elle permet.

> *"C'est un genre de vie qui n'est pas assez honnête pour moi. Dans la vente souvent on joue en arrière des gens". (Garçon - Sciences physiques. 126).*

> *"J'aimerais (le travail de son père), mais ce ne serait pas une satisfaction personnelle, ça serait faire ça pour vivre. C'est pas tellement intéressant des réparations, poser une vitre, poser une poignée de porte" . . . "Faire ce que j'aime ça résume tout. Actuellement: technique du génie civil, peut-être ingénieur. Je prendrai tous les moyens pour continuer là-dedans" . . . "J'étais pour (la contestation). Il nous faut un système d'éducation. On choisit ce qu'on aime, on fait ce qu'on aime. Quand on sort de l'école, ils nous mettent des bâtons dans les roues. A ce moment, ce serait aussi bien que ce soit comme dans l'ancien temps. De père en fils, on posait des briques". (Garçon - Techniques physiques. 122).*

Pour les filles, il s'agit tantôt de ne pas rester au foyer, tantôt d'avoir une activité professionnelle moins pénible que celle de la mère. Elles comparent surtout l'avenir qu'elles envisagent au rôle joué par leur mère, parfois par opposition à l'activité de leur père.

> *"Je trouve ça une existence ennuyante, bornée à la cuisine, le ménage, puis les enfants de temps en temps, puis les petites sorties, aller chez le beau-père, une amie, moi ça ne m'intéresserait pas . . . j'aimerais mieux l'existence de mon père . . . Mon père n'est jamais à la maison. Il a plein d'activités. Je ne veux pas quelque chose de passif". (Fille - Techniques biologiques. 206).*

> *"Faire la même chose que ma mère a fait, dans le monde d'aujourd'hui, je crois que ce serait pas mal impossible, je*

m'ennuierais parce que le besoin de travailler, de rencontrer des gens" . . . "Je vais passer une journée avec les enfants que j'aime (dans l'enseignement), leur montrer toute sorte de choses, me rendre utile . . . avoir quelque chose à faire, un but". (Fille - Lettres. 143).

"Une existence un peu moins ordinaire, peut-être quand même ça me plairait, un petit peu plus libre. . . Je ne veux pas vivre au foyer en tout cas,. . . peut-être parce que je suis jeune et que ça me déplairait, mais je ne me vois pas à la maison avec mes enfants, toute la journée. Je pense que je ne serai pas capable". (Fille - Techniques biologiques. 157).

"Je ne voudrais pas être coiffeuse, je trouve que c'est trop dur dans ce métier-là, toujours toute la journée à peigner les autres; il y en a qui sont pas contentes. Mon père, . . . j'aurais aimé ça, peut-être, j'aurais été un garçon, j'aurais été dans le transport, étant une fille . . . Quand un homme rencontre un autre homme, d'accord . . . vous pouvez discuter, aller dans un restaurant, dans un bar, . . . mais la femme, elle peut pas aller dans un bar avec un homme, discuter". (Fille - Sciences humaines. 226).

Parmi les étudiants qui espèrent changer de milieu social (quatrième catégorie), nous retrouvons surtout en classes moyennes ceux dont les parents ont des conditions d'existence proche de la classe ouvrière (employés - contremaîtres). La rupture d'avec la classe d'origine n'est cependant pas toujours aussi nette que chez les étudiants issus de la classe ouvrière, même si tous ces étudiants sont inscrits dans le cours général.

"Pas le même genre de vie que mon père a eu. Jamais de la vie. Il reste cloisonné dans un bureau. Le professeur, il parle avec des gens, il enseigne. C'est plutôt un rôle plus social que celui de mon père" . . . . "Un professeur automatiquement, . . . il n'a pas les mêmes relations qu'un ouvrier d'en

bas de la ville, c'est certain. Il va se tenir avec des gens, peut-être avec plus d'éducation que les ouvriers". (Garçon - Sciences humaines. 204).

"Je la vois quand elle arrive, puis elle travaille les fins de semaines. Quand elle arrive à cinq heures le soir, elle est à moitié morte. Non, non, je ne voudrais pas faire ça" . . . dans l'enseignement: *"Tu as toujours tes fins de semaines libres . . . A la maternelle tu vas mettre ton coeur à préparer ça, . . . puis tu as toujours l'été. Tu peux prendre des cours, tu peux voyager. Moi, j'aime beaucoup les voyages, c'est pour ça, ça me tente beaucoup. Quand tu vois que tu as deux mois de congé, c'est toujours ça". (Fille - Lettres. 154).*

Un étudiant qui a déjà fixé ses cours pour l'université envisage:

"Un travail de recherche au niveau du gouvernement et à l'échelle nationale, c'est-à-dire faire des plans de développement économique, car l'économie mathématique c'est plus terre à terre, c'est-à-dire un travail logique, définir des lignes d'action" . . . "Ma vie est orientée complètement vers l'économie . . . Dans les journaux . . . je cherche tout de suite les pages économiques, financières . . . je découpe des journaux . . ." Vivre comme ses parents? : *"Ca me décevrait beaucoup, parce que le genre de travail que mon père fait. . . lui son but est de convaincre le client, c'est presqu'un travail d'automate . . . tandis que faire de la recherche, essayer de trouver des solutions, des idées nouvelles, ça m'intéresse beaucoup". (Garçon - Sciences humaines. 134).*

"Je connais le docteur B. . . je gardais ses enfants deux mois durant l'été . . . A parler avec eux on voit que c'est des gens qui voient des quantités de genre de gens. Ils sont habitués d'aller dans une vie quand même assez bourgeoise. Ce sont

des gens qui ont assez d'argent, mais qui peuvent penser un peu comme nous . . . Ils sont capables d'être en contact avec nous, mais à un certain niveau, ils ne sont plus capables" . . . Le même genre de travail que les parents? : *"Non, je veux aller plus loin que ça, à cause des carrières que ça fait, juste pour ma satisfaction à moi, je veux aller plus loin. Je veux avoir un peu plus d'argent, un peu plus de sorties, un peu plus de largeur d'esprit, un peu plus de contacts avec les gens, parce que, quelqu'un comme mes parents, sortir, aller au théâtre, c'est quelque chose qu'ils ne font pas souvent, tandis que quelqu'un qui a de l'argent, qui y va à toutes les semaines, il est beaucoup plus détendu, il peut discuter bien plus à fond, il est au courant des problèmes". (Fille - Sciences biologiques. 111).*

Au terme de l'étude sur la mobilité sociale nous constatons que tous les étudiants établissent un lien entre l'acquisition d'un diplôme collégial et la portée sociale de cette acquisition. Font exception certains cas de la classe supérieure pour lesquels l'accès à des conditions sociales souhaitées peut être acquis par des avantages extra-scolaires, économiques et culturels, hérités de leur milieu familial. Font exception également une minorité d'étudiants de la classe ouvrière, dont les aspirations au changement ne sont pas très accentuées. (Cf. tableau XLIII, première et deuxième catégories).

Au-delà de la scolarité obligatoire, l'institution collégiale contribue encore à entretenir l'idéologie de "l'école libératrice", avec une plus ou moins grande intensité attribuable aux variations des contraintes sociales. Cette idéologie ne s'exprime pas indépendamment des bases matérielles sur lesquelles elle repose, à savoir d'une part, les conditions de la classe sociale d'origine et d'autre part les conditions sociales auxquelles aspirent les étudiants.

C'est sans doute par l'existence et le renforcement de cette idéologie que l'appareil scolaire contribue le plus à la conservation des rapports sociaux de production. Il y contribue principalement en laissant entendre que la décision sociale du travail est fondée sur le mérite individuel sanctionné par l'école et ses diplômes. Cette idéologie de la "méritocratie" n'est pas cependant une "fausse conscience", dans la logique du mode de production capitaliste, dans la mesure où sur le marché du travail, le diplôme joue un rôle qui, sans être exclusif, est de plus en plus déterminant pour l'obtention d'un emploi qualifié.

Ce sont donc les conditions matérielles de la production et de l'échange de la force de travail qui déterminent ces idéologies.

Par ailleurs nous remarquons, en comparant les deux tableaux XLII et XLIII, c'est-à-dire premièrement les motifs invoqués lors de l'orientation et deuxièmement les aspirations au changement, une relation entre les deux. Dans les classes moyennes, un bon nombre de garçons se prononcent en fonction du goût ou de l'intérêt pour certaines matières au moment de leur inscription. Ce sont ces mêmes garçons qui expriment plus fréquemment des aspirations à la conservation de leur condition sociale. Rappelons que c'est également parmi ce groupe qu'on rencontre le culte le plus explicite du diplôme utilisé à des fins sociales. On peut se demander si, pour ces étudiants, le diplôme ne devient pas une formalité à obtenir, pour se maintenir dans des conditions de classe déjà acquises par leurs parents. Ces garçons seraient par conséquent enclins à ne retenir, lors de leur orientation, que les cours et secteurs à leur goût, tout en recherchant évidemment les plus rentables sur le plan scolaire.

Nous relevons enfin chez les filles des classes moyennes, que le groupe le plus imprégné de conceptions traditionnelles sur le rôle de la femme, est également celui où les aspirations au changement de condition sociale sont les moins fortes (première et deuxième catégories du tableau XLII). C'est cet aspect que nous allons aborder plus précisément en étudiant la manière spécifique dont les filles entrevoient les rapports entre les différents rôles qui leur sont attribués et leur orientation au Cegep.

d) Le double destin des filles:

Nous avons eu l'occasion de constater, par l'étude de la fréquentation scolaire des Cegeps, que la variable sexe intervenait dans l'orientation à l'entrée des Cegeps, au détriment des filles. Tout en étant moins nombreuses, celles-ci sont plus fréquemment que les garçons inscrites dans le cours professionnel. Nous avons également remarqué au cours des entretiens que les filles se dirigeaient grosso modo vers deux groupes de professions, l'enseignement par le cours général et le secteur hospitalier ou paramédical pour un bon nombre inscrites dans le cours professionnel. Cette tendance à l'inscription des filles dans les cycles les moins longs serait donc encore plus forte si l'université n'avait pas aujourd'hui le monopole de la formation des enseignants. Plusieurs étudiantes ont en effet regretté d'être obligées de passer par l'université pour devenir professeurs.

Devant ces faits, nous pouvons nous demander dans quelle mesure le rôle exercé par la femme dans la division du travail, son rôle de subordonnée dans la vie active, mais aussi son rôle d'épouse et de mère, n'interviendraient pas au moment où les étudiantes s'inscrivent dans les cours et secteurs du Cegep. Les contraintes sociales relatives aux rôles assignés aux femmes peuvent être cependant soit ignorées ou surmontées par les étudiantes, soit intériorisées, c'est-à-dire acceptées, et devenir alors un facteur intervenant de façon spécifique dans leur orientation.

Nous avons vu aussi que les filles, contrairement aux garçons, pouvaient faire référence au travail de leur père comme à l'activité de leur mère, lorsqu'elles définissaient leurs aspirations par rapport à l'existence de leur famille. De la même façon s'opère la plupart du temps un dédoublement lorsqu'elles envisagent leur avenir professionnel. On pourrait dire alors que les filles peuvent exprimer un double "destin", celui du travail rémunéré et celui de la vie conjugale. Le rapport qu'elles entretiennent avec leur expérience vécue face à cet avenir traduit donc un degré de contrainte variable selon que la condition féminine intervient ou non dans la définition de leur projet.

Même si ce thème de la division du travail entre les sexes a pu être abordé spontanément au cours de nos entretiens avec les filles, nous avons préféré leur demander systématiquement comment elles envisagent leur devenir professionnel, si elles devaient se marier et avoir des enfants. En comparant le contenu de ce thème dans différents cas, nous pourrons apprécier si la variable sexe intervient indistinctement selon l'origine sociale ou si elle se manifeste sous diverses modalités selon l'origine de classe.

Les quelques filles de notre échantillon issues de la classe supérieure ne semblent pas soumises à la division du travail entre sexes, lorsqu'elles considèrent leur avenir. Elles ignorent ou refusent une quelconque division des tâches entre les hommes et les femmes ou l'attribution d'un rôle particulier en raison de leur sexe.

Du refus du mariage et de la maternité:

> *"Je n'ai pas envie de me marier . . ." . . . "Je n'aime pas les enfants, . . . les enfants des autres me suffisent, je n'ai pas l'esprit maternel". (Fille - Lettres. 149).*

Nous passons à une conception égalitaire des rôles masculins et féminins:

> *"Je considère que dans les ménages, si le mari au moins faisait sa part, je pense que ça rétablirait beaucoup l'équilibre . . . c'est ses enfants, il est forcé de vivre avec . . . Je pense qu'il devrait considérer qu'il est aussi impliqué là-dedans que sa femme peut l'être" . . . "Je pense que les deux (le travail et le mariage) peuvent se concilier. Ca m'étonnerait pas que si je vais à l'université en psycho . . . que mon mari . . . je peux peut-être gagner plus que lui . . . pourquoi moi je ne travaillerais pas? . . . que lui s'il voit que les enfants l'intéressent . . . que lui il donne plus de son temps aux enfants". (Fille - Sciences humaines. 132).*

Le mariage et les enfants ne sont pas un obstacle pour continuer l'exercice d'une profession:

"C'est l'une de mes conditions (continuer à travailler avec des enfants). Je ne voudrais pas du tout cesser complètement. Si je m'oriente dans ces études, c'est pour continuer, toujours avoir les deux pieds dans le milieu". (Fille - Sciences biologiques. 232).

Le groupe des filles de la classe ouvrière est encore assez restreint (sept). Il apparaît cependant que ces filles sont partagées sur la prise en considération de la division du travail entre sexes pour définir leur avenir. Quelques unes ne voient pas pour l'instant leur avenir sous l'angle de la vie conjugale et ne pensent pas que l'éventualité d'un mariage modifiera leur projet d'exercer une activité professionnelle. (224 - 153 - 406 - 104).

D'autres, en revanche, seraient disposées dans certaines circonstances, à abandonner un travail pour assumer le rôle traditionnel qui revient à la femme "gardienne du foyer". (123 - 133 - 100).

Cette ligne de partage entre deux tendances se manifeste évidemment chez les filles originaires des classes moyennes. Le nombre de cas étant plus élevé (dix-neuf), nous pouvons présenter l'opposition entre ces deux formes de représentations idéologiques sur le travail de la femme.

Sur l'ensemble du groupe de classes moyennes, seule une minorité de cinq filles ne subordonne pas son activité professionnelle à sa vie conjugale. Ces dernières refusent d'être confinées dans le rôle de la ménagère ou de la mère de famille et recherchent des activités pour ne pas rester passives au foyer.

"Je n'aimerais pas travailler . . . pour rentrer chez moi, puis ne rien faire. J'aimerais avoir plein d'activités partout, être toujours occupée à quelque chose" . . . "Moi, ce qui m'enrage dans celles qui sont au professionnel: bon, c'est pas

grave, on suit notre cours, on travaille un an ou deux, puis on reste à la maison. On a aucun contact avec l'extérieur- (même avec des enfants) je continuerai". (Fille - Techniques biologiques. 206).

"Je suis pour l'indépendance économique. Je ne vois pas pourquoi je ne travaillerai plus . . . c'est quand même dur de dépendre de quelqu'un, très dur . . . je suis très indépendante . . . je ne peux pas accepter qu'on me dicte ma façon de faire, que je sois limitée dans ce que je fais". (Fille - Techniques biologiques. 246).

"Même si j'ai des enfants . . . laisser le travail une fois qu'on est mariée, . . . il me semble qu'on est complètement en dehors de tout, dans la petite maison . . . la ménagère. Je ne vois plus ça de nos jours, il me semble que la femme, elle doit travailler". (Fille - Sciences humaines. 136).

La grande majorité des filles considèrent néanmoins que le mariage peut affecter leur activité professionnelle. Même si on est déterminé à travailler, la conciliation des rôles apparaît difficile:

"Ce serait un peu plus chargé, un horaire plus chargé: une épouse, une mère de famille, une enseignante tout ça, mais ça fait rien. Si j'en suis capable, je continuerai . . . jamais arrêter une fois mariée, pourquoi stopper comme ça? Ca ne sert à rien, ça ne vaudrait pas la peine, j'irais faire une secrétaire . . ." . . . "M'arrêter tout de suite être à la recherche d'un mari, j'aurais fait une secrétaire, travailler deux ans et arrêter après, ça ne m'intéresse pas" . . . "J'aimerais au moins continuer, deux, trois ans, même si j'ai un enfant. Là j'arrêterai peut-être, . . . Je ne vois pas pourquoi j'abandonnerais, si j'aime tellement ça". (Fille - Lettres. 148).

Dans la plupart des cas, c'est la naissance d'un enfant qui déciderait de l'abandon du travail, car elles pensent devoir à ce moment-là choisir entre deux activités inconciliables. Chaque fois que le rôle de la mère est opposé au rôle professionnel, c'est celui de la mère qui l'emporte. Le mariage peut déjà être une entrave, dans certaines conditions dont l'opposition du mari au travail de la femme.

> *"Je suis d'accord avec les femmes mariées qui travaillent jusqu'à un certain point. Disons, jusqu'à quand qu'on n'ait pas d'enfant, si le mari est d'accord, je ne vois pas pourquoi la femme, elle ne travaillerait pas. Mais un enfant, . . . ça a beaucoup besoin de sa mère. Disons que je serais prête à recommencer quand mes enfants seront élevés . . . Pour mes enfants . . . de leur naissance à cinq - six ans, je resterai avec eux autres". (Fille - Lettres 143).*

> *"Je m'arrêterai (si le mari demande d'arrêter de travailler). C'est pas que j'aime pas ma profession. J'aimerais bien mon mari aussi". (Fille - Techniques biologiques. 217).*

> *"Des fois, j'aimerais ça être bourgeoise un peu. Rester dans la maison, regarder la télévision, faire des choses comme ça, tricoter. Mais d'autres fois, j'aimerais sortir, aller au théâtre, voir de bons films. J'aimerais me trouver une autre occupation, si je viens à me marier. Je ne pourrai peut-être pas continuer à travailler. Je vais peut-être avoir des empêchements ou ça me tenterait plus . . . ça ça dépendra de mon mari d'abord, s'il veut que je travaille ou s'il veut pas, si on en a besoin. S'il ne veut pas, je pense que je ne travaillerai pas" . . . "Je trouve que c'est ça qui est important: s'occuper de ses enfants, on est aussi bien de s'en occuper. Si on veut continuer à travailler, moi j'en aurai pas tout simplement" . . . "La première année (du mariage), je continuerai à travailler à plein temps, dépendant de la situation financière, puis à temps partiel. Si j'ai un enfant, j'arrêterai de travailler parce que ce n'est pas une bonne chose de laisser un enfant au foyer avec une gardienne. Lorsqu'il aurait*

huit ans . . . je pourrais retourner au travail". (Fille - Sciences physiques. 208).

"Un garçon pour lui c'est plus important d'avoir une bonne base pour travailler, parce que c'est lui qui va toujours faire vivre sa famille, tandis qu'une femme, si jamais elle veut continuer après le mariage, c'est pas une nécessité". Après le mariage: *"Si je suis forcée je travaillerai. Je trouve que l'émancipation de la femme sur le marché du travail c'est important. Mais personnellement, je trouve qu'une femme si . . . elle veut s'occuper de ses enfants . . . J'imagine que la femme qui se lève tôt le matin et qui finit son ménage, le reste de la journée . . . elle s'ennuie. A ce moment-là, si ça dérange pas trop, elle peut aller travailler . . . par contre quand l'enfant arrive, si elle le confie à n'importe qui, pas n'importe qui . . . mais . . . je trouve que l'enfant va en souffrir". (Fille - Techniques administratives. 237).*

On peut remarquer cependant que dans certains cas c'est la maternité plus que le mariage qui doit interrompre l'activité professionnelle pour plusieurs années, sinon définitivement. C'est dire que la plupart des filles adhèrent profondément aux conceptions destinant la femme à un rôle d'éducatrice des enfants.

Après la mariage, on peut travailler:

"*. . . Un an, deux ans, jusqu'à ce que j'aie des enfants, puis là, je vais arrêter pour pouvoir m'en occuper, jusqu'à ce qu'ils soient un peu plus vieux ou peut-être arrêter complètement, ou reprendre après". (Fille - Sciences physiques. 117).*

"J'espère le garder (le travail), en tout cas pour les premières années de mariage. Avec des enfants, c'est bien difficile de travailler. Jusqu'à cinq - six ans, tant qu'ils n'ont pas l'âge scolaire, ça prend quelqu'un pour s'en occuper. C'est plus vos enfants quand vous vous en occupez pas. C'est peut-être

pour cela qu'il y a des emplois qui permettent de travailler, de garder le ménage, d'autres moins. Comme technicienne radiologique, je pense qu'il faut choisir: ou travailler ou garder les enfants à la maison". (Fille - Techniques biologiques. 157).

"Peut-être au début (le travail après le mariage), mais pas tout le temps . . . Je trouve quand on a des enfants, il faut arrêter de travailler, si on veut s'en occuper. Au début, quand les enfants sont petits, si on travaille, on est obligé de les faire garder. C'est pas nous autres qui les élèvent . . ." (Fille - Techniques physiques. 103).

Ces représentations idéologiques sur la division des tâches dans la vie conjugale constituent de fait des représentations sur la division du travail entre les sexes. Elles expriment la dualité latente du devenir des jeunes filles, sous forme de contradiction entre la vie active et la vie conjugale.

Un nombre relativement important de filles de dix-huit ans espèrent résoudre cette contradiction en subordonnant la vie active à la vie conjugale, au nom d'un attachement de la mère à l'enfant bien au-delà de la période de maternité proprement dite. Ces représentations idéologiques sur le rôle de la femme et de la propriété des enfants (ils ne sont pas à nous, si on ne les élève pas, etc. . .) légitime le rôle de la femme comme éducatrice d'enfants.

Il n'est donc pas étonnant que malgré le plus grand accès des filles à l'enseignement collégial, ces dernières se retrouvent davantage dans les cycles d'études courts, afin d'occuper un emploi souvent provisoire quitte à reprendre une activité pour éviter la monotonie de la vie de la ménagère. Ces représentations dominantes, chez les filles originaires de classes moyennes, elles-mêmes dominantes dans les Cegeps, ne peuvent finalement que renforcer la fonction du Cegep d'institutionnalisation de la subordination de la femme à l'homme dans la division du travail. Les conclusions que nous avions dégagées lors de l'étude de la répartition entre les cours et les secteurs selon le sexe, s'avèrent consolidées.

COMPORTEMENT SOCIAL ET COMPORTEMENT POLITIQUE

a) Classe sociale et comportement vis-à-vis de l'éducation:

La notion de comportement social définit un ensemble d'actions individuelles propres à certains groupes sociaux ou classes. L'utiliser ici ne vise pas à opposer l'individuel au social, mais à restituer l'orientation des étudiants et leurs aspirations dans leur dimension sociale. Notre problématique pourrait se résumer ainsi: peut-on, à partir d'une étude de la fréquentation sociale des Cegeps et des motivations invoquées par les étudiants, regrouper les comportements d'individus comme typiques de certains groupes sociaux?

Les types de comportements sociaux vis-à-vis de l'éducation sont donc des reconstructions à partir de deux séries de données objectives: l'orientation effective des étudiants et le rapport que ces derniers entretiennent avec leur expérience vécue. Nous ne devons pas oublier deux dimensions de ces comportements, d'une part la condition de classe d'origine indépendante des actes et de la volonté des individus et, d'autre part, l'orientation scolaire comme effet de l'appartenance sociale, tant en ce qui concerne le "choix" effectué que les représentations idéologiques qui l'accompagnent.

Si nous avons fait allusion à une condition de classe, ce n'est pas dans la perspective d'élaborer une conception mécaniste sur le rapport entre appartenance sociale et comportement. Nous voulons plutôt établir que l'appartenance sociale contient les limites de possibilités objectives des individus dans une situation donnée.

C'est la raison pour laquelle le comportement social peut présenter diverses possibilités de réponses à une même situation. Mais encore faut-il trouver chaque fois l'élément commun ou central qui unit les diverses modalités de réponse à une même condition de classe.

Les résultats que nous avons obtenus dans la deuxième et troisième phases de notre travail nous conduisent à ne considérer que deux types distincts de comportements sociaux vis-à-vis de l'éducation: d'une part un comportement de maîtrise de l'institution scolaire et d'utilisation de l'éducation comme un *bien de consommation* (dominant dans la classe supérieure), d'autre part, un comportement de lutte pour l'emploi dans le cadre de l'institution et d'utilisation de l'éducation comme un *bien d'investissement* (dominant dans la classe ouvrière). Les comportements des étudiants des classes moyennes comportent des traits communs à ces deux types malgré certains caractères spécifiques.

Les étudiants originaires de classes supérieures sont inscrits en grande majorité dans le cours général. Bénéficiant assez souvent de la formation classique, ils échappent pratiquement à la division du collège en deux réseaux, général et professionnel. Le partage se fait donc entre les disciplines scientifiques et les disciplines littéraires.

L'absence de contraintes économiques, au moment de l'inscription, leur permet d'envisager leur orientation et l'exercice d'une profession comme un continuum, au cours duquel toute activité n'est appréciée qu'en fonction de sa valeur intrinsèque. En ce sens la scolarité comme la vie active est recherchée pour la satisfaction qu'elle procure et se conçoit un peu comme des objets de consommation. L'éducation tout autant que le travail doivent permettre à la personne de se former. La condition de classe favorise sans doute cette conception du travail, libre pour les garçons et libérateur pour les filles, si bien que l'orientation apparaît effectivement comme un choix. Le rendement scolaire n'entre pas en ligne de compte dans le développement des aspirations professionnelles. Dans certains cas, la condition familiale présente une marge de sécurité qui facilite l'élaboration de projet à plus long terme.

D'ailleurs l'héritage social et culturel ne semble pas avoir joué, de façon directe, seulement lors de l'orientation dans le cours secondaire. A cette occasion la supervision des parents était très étroite. Même si ces derniers interviennent moins explicitement à l'entrée des Cegeps, l'héritage familial intervient tout aussi directement dans la maturation d'aspirations professionnelles. Plusieurs ont profondément fait leurs, les conditions et les valeurs s'appliquant au travail exercé dans leur famille. Nous avons vu que dans le peu de cas analysés, quelques étudiants de la classe supérieure ont envisagé ou envisagent encore d'exercer exactement la même profession que celle de leur père. La voie vers la conservation de la condition sociale implique le silence sur l'utilité sociale du diplôme, comme si l'issue des études collégiales et universitaires ne faisaient pas problème. La scolarité collégiale, n'étant pas véritablement un enjeu, peut devenir une activité librement consentie, procurant agrément ou désagrément, un peu à la manière d'un jeu pour certains. Les études comme bien de consommation, doivent permettre de connaître dans l'immédiat une satisfaction et de procurer ultérieurement une profession plaisante.

Comme leur scolarité n'est pas soumise à des contraintes économiques, les étudiants de la classe supérieure sont en général très satisfaits de leur vie au collège. Ils aiment leurs études et sont par conséquent portés à être très attentifs à la qualité des cours, à la compétence des professeurs. C'est sur ce point surtout qu'ils vont juger la vie collégiale. Le type de rapports qu'ils peuvent nouer entre étudiants en dehors des cours, prennent moins d'importance dans leur appréciation du collège.

Les filles de ce groupe ne sont pas orientées en plus grand nombre vers le cours professionnel à l'entrée des Cegeps. Elles expriment sensiblement les mêmes aspirations que les garçons et ne sont pas prêtes, à accepter dans la définition de leurs projets une quelconque division du travail entre les sexes. Elles manifestent au contraire une volonté de se libérer des contraintes sociales et culturelles assignant aux femmes des tâches de subordination dans le travail ou des responsabilités particulières dans la vie conjugale.

Les filles et les garçons de la classe ouvrière sont plus marquées par la division entre les deux types d'enseignement puisqu'ils se partagent approximativement entre les deux cours, général et professionnel. Alors que dans la classe supérieure on accorde dans l'ordre, la préférence aux secteurs sciences humaines, sciences biologiques et sciences physiques, les étudiants de la classe ouvrière s'orientent d'abord vers les sciences physiques puis vers les sciences humaines et les techniques physiques. La proportion d'orientation vers les sciences physiques est même plus forte dans la classe ouvrière que dans les autres classes. Cette remarque ne vaut cependant que pour les garçons. Les filles se dirigent en priorité du côté des techniques biologiques puis des techniques administratives et ensuite des lettres. Les étudiantes de la classe ouvrière sont d'ailleurs celles qui s'orientent le moins vers les sciences physiques.

L'orientation des étudiants issus des milieux populaires correspond à la recherche de sécurité et notamment dans l'emploi. Cette tendance s'est manifestée nettement chez la plupart des garçons inscrits dans le cours professionnel. Dans le cours général, les sciences pures constituent sans doute un ensemble de disciplines plus sûres en matière de débouchés, mais encore une branche pour laquelle l'apprentissage scolaire au niveau secondaire est relié moins directement à la transmission d'un héritage culturel.

Pour de nombreux étudiants des secteurs techniques, les contraintes économiques créent une urgence. Certains déplorent cette situation en espérant se perfectionner plus tard, d'autres l'acceptent en soutenant que le cours professionnel permet de gagner de l'argent plus rapidement et plus sûrement. Les étudiants inscrits dans le cours général tiennent sensiblement le même discours. Le cours universitaire leur permettra de se procurer un meilleur emploi et d'échapper définitivement aux conditions de leur classe d'origine. Quelle que soit l'orientation suivie, les études collégiales sont la plupart du temps, pour les étudiants des milieux populaires, un enjeu déterminant pour l'avenir. L'échec scolaire qui n'est jamais totalement écarté, est de nature à perturber ou détruire leurs projets.

Cette recherche d'un emploi, d'une situation stable, caractérise assez une utilisation de l'éducation comme un bien d'investissement. L'investissement est conçu comme une nécessité, une base pour la réalisation de projets. Il consiste en une dépense évaluée en fonction du coût des études, mais aussi par le manque à gagner accumulé pendant ces mêmes études. Alors que les étudiants de classe supérieure envisagent souvent leur activité professionnelle comme un prolongement de la vie étudiante, les garçons des milieux populaires visent une coupure plus nette entre leur scolarité au collège et leur travail ultérieur. Cette coupure est révélatrice également d'une utilisation de l'école comme investissement, afin de parvenir par le travail et en dehors du travail à une plus grande consommation. Pour les étudiants du cours professionnel, cet investissement initial et limité, suscite une volonté de poursuivre éventuellement leurs études une fois obtenue une première sécurité sur le marché du travail. La poursuite de la formation professionnelle est envisagée soit au moyen des possibilités de perfectionnement offertes dans la compagnie, soit par des cours à temps partiel à l'université. Cette aspiration à une formation professionnelle prolongée apparaît moins chez les filles, qui regrettent au contraire assez fréquemment la longueur des études.

Recevant moins d'informations de leur milieu familial, les étudiants de la classe ouvrière sont plus tôt livrés à eux-mêmes pour leur orientation. Les parents ne peuvent que prodiguer des encouragements. Pour avoir les mêmes aspirations que les étudiants de la classe supérieure, ils doivent compenser ce manque d'information, en premier lieu par la réussite scolaire, mais aussi par des expériences extrascolaires, soit sur le marché du travail (à temps partiel ou à temps complet), soit à l'occasion d'activités leur offrant des possibilités de promotion plus aléatoires (sports, art).

La combinaison de ces caractères va de pair, chez les étudiants de la classe ouvrière, avec une propension marquée au changement de condition sociale. Cette tendance est particulièrement forte chez les garçons qui, à une majorité de onze sur treize, écartent nettement le genre de travail accompli par leur père. Les filles sont partagées en deux sous-groupes, les unes étant prêtes à avoir le même type d'activité que leur mère, tout en espérant améliorer leur genre de vie en dehors du travail, les autres préférant suivre une voie différente.

En ce qui concerne la vie au collège, les étudiants de la classe ouvrière sont moins satisfaits dans l'ensemble que les étudiants de la classe supérieure et ceci, plus chez les garçons que chez les filles. Ils sont quand même divisés sur ce point en, premièrement, une minorité satisfaite, deuxièmement, la plupart des filles qui déclarent avoir eu des difficultés d'adaptation au début et troisièmement, un groupe de garçons qui avouent s'ennuyer, attendre impatiemment la fin de leurs études.

Les critiques formulées portent moins sur la qualité de l'enseignement ou des professeurs que sur l'ambiance dans le collège, le manque d'animation dans le milieu étudiant. L'enseignement semble accepté tel qu'il est, comme une nécessité. Pour le reste, le collège est surtout perçu comme une coupure par rapport au niveau secondaire et à la vie quotidienne en dehors de l'institution.

L'hétérogénéité des conditions sociales des classes moyennes se retrouve dans la diversité des comportements chez les étudiants qui en sont issus. Les classes moyennes, classes intermédiaires, présentent des traits spécifiques tant à la classe supérieure qu'à la classe ouvrière, ce qui, à notre avis, leur enlève le caractère de classe proprement dite. Pourtant, si le Cegep est un phénomène de classes moyennes, nous l'avons vu par la fréquence des effectifs originaires de ces milieux, nous devons tenir compte de cette diversité.

L'éducation peut être conçue comme un bien d'investissement au même titre que chez la majorité des étudiants de la classe ouvrière. Elle peut également être utilisée comme bien de consommation, comme chez la plupart des étudiants de la classe supérieure. Nous constatons que cette tendance à la bipolarisation des comportements dans les classes moyennes correspond aux conditions sociales des parents qui, par leur activité, se rapprochent soit de la classe ouvrière, soit de la classe supérieure. Il n'est pas surprenant que les enfants des contremaîtres par exemple, aient des comportements plus proches des étudiants de la classe ouvrière que les fils ou les filles de petits entrepreneurs d'un cadre moyen dans l'industrie. Cette diversité renforce donc la distinction entre deux types de comportements sociaux fondamentaux.

Nous rencontrons cependant un nombre de cas pour lesquels nous n'arrivons pas à distinguer des traits dominants, propres à l'un des deux types de comportement. Nous voulons faire allusion principalement à plusieurs garçons inscrits dans le cours général. Pour ces derniers, l'éducation est conçue comme un bien de consommation, car ils manifestent un intérêt pour les cours eux-mêmes, dans la mesure où leur orientation n'a pas été déterminée par des nécessités économiques. Mais leur scolarité devient en même temps un investissement, car elle est justifiée explicitement par l'obtention d'un diplôme leur permettant d'obtenir un statut social qu'ils souhaitent confortable.

Une partie des étudiants des classes moyennes expriment clairement la fonction que prend l'éducation comme moyen d'accumulation individuelle de la connaissance et de sa transformation en un titre de propriété: le diplôme. Le culte du "papier", bien inaliénable, correspond à la recherche d'un titre juridique qui confère des privilèges sur le marché du travail, dans la vie sociale. Les aspirations scolaires prennent alors un aspect formel. On peut s'orienter dans plusieurs disciplines, vers plusieurs alternatives; l'avenir professionnel demeure flou mais on reste déterminé à accomplir des études universitaires. Chez les filles, le même caractère formel des études est surtout relié aux conceptions sur le rôle de la femme. Le conformisme aboutit alors à considérer bien souvent le travail comme une activité secondaire par rapport aux tâches assignées à la femme dans la vie familiale et l'éducation des enfants.

En ce qui concerne l'attitude des familles devant l'orientation des enfants, nous avons noté que la diversité des conditions sociales pouvaient rapprocher les étudiants des classes moyennes de ceux des autres classes: premièrement de la classe ouvrière, par l'absence d'intervention d'une partie des parents pour l'orientation dans le secondaire, de leur incapacité de fournir des conseils à l'arrivée au Cegep, deuxièmement de la classe supérieure pour le prix qu'accorde une minorité de familles aux études classiques.

La propension à la mobilité sociale connaît chez les étudiants des classes moyennes les mêmes variations. Le partage entre une aspiration au changement et une aspiration à la conservation va souvent de pair avec la recherche formelle d'un diplôme.

Les appréciations sur la vie au collège diviseront encore une fois les étudiants des classes moyennes en deux sous-groupes d'égale importance. Parmi l'ensemble des étudiants, ce sont quand même eux qui, en proportion, ont le plus de critiques à formuler, tant sur la qualité de l'enseignement, la compétence des professeurs, que sur les rapports entre étudiants dans l'établissement. Ils manifestent ainsi le plus d'exigences vis-à-vis du collège.

On peut supposer que l'existence de ces deux types de comportements fondamentaux vis-à-vis de l'éducation, entrainent des contradictions au sein de l'institution scolaire. L'éducation est, en effet, de plus en plus conçue par le pouvoir, dans le mode de production capitaliste, comme un bien d'investissement afin de produire une force de travail adaptée aux besoins de l'économie. Les étudiants qui utilisent l'éducation comme un bien de consommation seraient les premiers à s'opposer à des mesures règlementant l'accès aux différents secteurs de l'enseignement collégial et universitaire, en fonction de normes qualitatives et quantitatives.

Cette contradiction apparaît, nous l'avons vu, dans les deux énoncés sur l'éducation, présents tout au long du Rapport Parent, entre l'un humaniste, orienté vers la formation de la personne et l'autre technocratique, soucieux de produire des "savoirs rentables".

C'est dire que l'enseignement collégial, comme instrument de contrôle de la production d'une force de travail, doit recevoir l'adhésion des étudiants, pour remplir cette fonction. Il réussit vis-à-vis des étudiants de la classe ouvrière et d'une partie des classes moyennes inscrits dans le cours professionnel, en leur donnant individuellement la possibilité ou l'illusion d'un changement de condition sociale par l'obtention d'un diplôme, d'un emploi. Pour les autres il n'atteint son but qu'en maintenant une coupure entre les deux formations, en mettant davantage en avant un effort de rénovation de la qualité de l'enseignement, de la pédagogie, propre à satisfaire des exigences immédiates en matière de consommation de cours.

Il semble cependant que, si les comportements sont relativement homogènes dans le cours professionnel, il n'en va pas de même dans le cours général à cause d'une plus grande diversité de sa composition sociale.

En retour, il faut admettre qu'en même temps qu'elle imprime sa logique, l'école du capitalisme d'Etat engendre la possibilité objective, d'un développement de la conscience politique dans les écoles. Les multiples exemples du caractère politique des mouvements étudiants dans la plupart des pays capitalistes apparaissent corrélativement aux transformations des fonctions remplies par l'école.

b) Conscience spontanée et conscience politique:

Les représentations idéologiques analysées dans le discours des étudiants expriment spontanément une fréquente utilisation du Cegep à des fins économiques. Cela va de pair avec la fonction objective de l'école de reproduction de la division technique et sociale du travail.

Les thèmes abordés au cours de l'entretien ne pouvaient d'ailleurs que renforcer l'orientation du discours sur ce terrain et il n'est pas étonnant que la conscience politique soit souvent absente de notre contenu.

En effet la conscience politique des étudiants peut relever soit de l'organisation de la vie au collège sous toutes ses formes, soit de l'introduction dans le collège des contradictions sociales et politiques existant dans la société toute entière. A cet égard peu d'enquêtes ont été effectuées sur la conscience politique des étudiants et les contradictions idéologiques qui animent les collèges et les universités.

On peut supposer d'après quelques indices relevés, que les formes de contestation relatives au partage du pouvoir dans les collèges, à l'organisation des cours soient davantage le fait d'étudiants issus de la classe supérieure et des classes moyennes, fréquentant le cours général. Les garçons et les filles de la classe ouvrière constituent sans doute une minorité à accéder au Cegep, par rapport aux effectifs globaux des classes d'âge issues de leur milieu. Les effets de la réussite scolaire les attachent sans doute davantage aux normes du système d'éducation. C'est que, pour eux, l'acquisition du diplôme collégial ou universitaire est le plus sûr moyen d'échapper aux conditions de leur origine sociale.

Les comportements des filles pourraient de la même façon nous amener à émettre une hypothèse qui déborde le cadre de ce travail, selon laquelle la "libération" de la femme ou l'égalisation des statuts féminins et masculins dans (et par) le travail, n'est que le fait d'une minorité appartenant à la classe supérieure. L'accès massif des filles à l'enseignement collégial n'entraine pas nécessairement la suppression de la division du travail entre les sexes et correspond encore moins à une transformation des idéologies traditionnelles sur le rôle de la femme.

En ce sens la transformation idéologique préalable au processus de mobilité sociale est plus marquée chez les garçons et chez ceux qui doivent à l'école leur destination à une classe autre que leur classe d'origine. L'inculcation de l'idéologie de la réussite sociale par la réussite scolaire concerne donc tout le monde, mais plus particulièrement ceux qui attendent le plus de l'école. Au Cegep, ce sont les étudiants originaires de la classe ouvrière. De cette façon, les institutions scolaires contribuent encore à contenir la conscience politique.

Deux études d'Elisabeth Bielinski(1) fournissent deux exemples des limites des activités autres que scolaires, lorsqu'elles se situent exclusivement dans le cadre collégial. D'une part, le désintérêt des étudiants de Cegeps pour les activités parascolaires pourrait être relié au fait que les comportements étudiants sont orientés par des finalités (nécessité de trouver un emploi - intérêt pour certains cours - recherche d'une formation professionnelle) qui laissent peu de place à l'aménagement d'une vie collégiale interne. Les activités parascolaires proposées ne sont pas rattachées directement aux objectifs des étudiants. Les activités parascolaires authentiques des étudiants sembleraient plutôt être paracollégiales, dans la mesure où le collège ne représente pas précisément un centre d'activités, de loisirs, mais bien souvent son contraire: un centre contraignant de travail.

Il est par ailleurs dommage que l'analyse des idéologies contestataires effectuée par E. Bielinski puissent difficilement être articulées sur le type d'observation que nous avons effectuées. En effet les seules analyses de contenu des journaux étudiants, des tracts de la contestation de 1968, de certaines entrevues, ne nous permettent pas de cerner les porteurs de ces idéologies en fonction de leur origine de classe et leurs projets d'avenir, c'est-à-dire le rapport des idéologies avec leur base sociale.

Nous relevons cependant que les contenus idéologiques présentés véhiculent au sein du milieu étudiant le même type d'ambiguités que nous avons déjà rencontrées ailleurs.

---

(1) BIELINSKI (E): Les servides aux étudiants dans les Cegeps et l'idéologie des contestataires - in L'étudiant québécois - Défi et dilemnes - op. cit.

On y trouve d'abord cette contestation humaniste orientée vers les valeurs de prise en charge de l'individu ou du groupe par lui-même, de créativité, d'épanouissement, de responsabilité, etc..., bref toute une série de thèmes qui ne sont qu'une reprise des thèmes de l'Education Nouvelle et de l'idéologie personnaliste du Rapport Parent. Certains contestataires ne seraient-ils pas en 1968 que des amplificateurs des objectifs de la réforme scolaire qui, selon eux aurait avorté, tout comme la Révolution Tranquille? Il n'est pas surprenant que nous rencontrions ici la même volonté de poursuivre un mouvement parallèle sur le plan scolaire avec le "pouvoir étudiant", que sur le plan constitutionnel avec l'option indépendantiste. Certains cadres du syndicalisme étudiant et de cette contestation ont rallié par la suite le Parti Québécois.

On rencontre pourtant une autre orientation de la contestation étudiante, moins développée mais plus conséquente puisqu'elle appelle à des actions extérieures au champ limité de l'école. Ce sont les premières formes de soutien aux luttes de la classe ouvrière, formes encore inorganisées. Les courants politiques qui s'amorcent dans le milieu étudiant ne sont donc pas coupés de ceux qui s'affrontent dans le reste de la société.

La conscience la plus répandue chez les étudiants est quand même la conscience des fonctions de l'école quant à leur affectation sur le marché du travail. Dans une certaine mesure, les étudiants jouent leur distribution dans les places offertes par l'économie de marché.

La conscience spontanée des fonctions économiques de l'école peut néanmoins se transformer en conscience politique, dans certaines conditions. Les écoles secondaires, les Cegeps et les universités deviendraient alors à des degrés divers, les amplificateurs des luttes politiques existant dans l'ensemble de la société. Au Cegep en particulier, les luttes politiques sous leur forme idéologique peuvent se développer sur une base objective, lorsque l'institution ne remplit plus ses fonctions économiques, à cause d'un taux élevé de chômage, d'absence de débouchés dans certains secteurs et de l'embauche dans des qualifications inférieures à la formation reçue au Cegep.

En l'absence de ces conditions objectives, ce sont des conditions subjectives qui peuvent jouer un rôle identique. Dans un milieu plus réceptif que d'autres aux affrontements d'idées, c'est même sous la forme de luttes idéologiques que les luttes politiques peuvent se manifester plus facilement.

Enfin le pouvoir contribue également au développement des luttes politiques dans les appareils scolaires, lorsque sa volonté de rationaliser la fabrication des produits scolaires se heurte aux pratiques dominantes dans les écoles. L'Université du Québec à Montréal et l'Université de Montréal ont connu au début de 1973 une grève des étudiants à la suite de l'application de nouveaux règlements administratifs pour la perception des frais de scolarité. La tentative d'instauration dans les Cegeps à la rentrée de 1972 d'un "nouveau régime pédagogique" est un autre de ces exemples qui ne manqueront pas de se produire, en raison même des fonctions remplies par l'école dans la société capitaliste à tendance technocratique.

Conclusion

L'étude de la création des Cegeps, de leur fréquentation et la connaissance partielle des comportements étudiants doivent fournir quelques éléments pour une meilleure compréhension des fonctions sociales du système d'éducation québécois et permettre de traiter des rapports entre l'école et la société sous un angle nouveau. Quel bilan dégageons-nous de cette approche?

Une des formes de la sociologie spontanée consiste souvent à réduire les questions de l'éducation aux problèmes de la jeunesse en général et des étudiants en particulier. On découvre ainsi une société profondément bouleversée sinon dans une situation de brusque mutation, caractérisée par le fossé de plus en plus profond séparant les générations. De là à définir la jeunesse ou les étudiants comme une nouvelle classe sociale, il n'y a qu'un demi-pas à franchir en toute innocence, pour substituer les conflits de générations aux luttes de classes.

Or il s'avère que les étudiants sont caractérisés par les déterminations sociales et que les marques de l'origine de classe ne disparaissent pas avec la scolarisation. Nous avons vu notamment que l'orientation est associée à ces différences et contribue à les maintenir. Par ailleurs les comportements des étudiants expriment plus la diversité que l'unité. L'hétérogénéité voire les oppositions rencontrées au cours de l'enquête ne sont que les manifestations chez les étudiants des oppositions propres à la société toute entière. C'est de cette façon que les étudiants sont profondément impliqués dans les contradictions sociales et ne sauraient être considérés comme un groupe homogène, presqu'en marge de la société "réelle" (adulte). Une enquête auprès des absents de l'enseignement collégial, la plupart du temps jeunes ouvriers ou commis, nous permettraient davantage de traiter de la jeunesse en général et de découvrir de nouvelles distinctions en particulier.

Dans un autre ordre d'idée on peut se surprendre du décalage existant entre les objectifs de démocrarisation proclamés dans le Rapport Parent et les effets de l'origine sociale des étudiants sur leur orientation. L'analyse comparée des statistiques, depuis les données fournies par la Fédération des collèges classiques en passant par nos résultats jusqu'à ceux de la recherche A.S.O.P.E., prouve que si l'enseignement collégial s'est réformé dans ses objectifs, ses programmes, son administration, il entretient le même type de discrimination sociale que par le passé, derrière d'autres modalités. Que peuvent nous apporter ces constatations?

Il ne suffit pas d'observer certains faits sociaux, encore faudrait-il leur apporter quelque explication et fournir surtout des lignes d'action pour agir sur la réalité et la transformer. C'est soulever ici toute la problématique des rapports entre les sciences sociales et la politique.

Nous avions souligné au début de cette étude que tout système d'éducation relève d'une politique, nous voudrions indiquer maintenant qu'il en est de même des explications qui en rendent compte. Toute explication du fait social a des aboutissements politiques et la sociologie de l'éducation n'échappe pas à cette logique. C'est pourquoi l'entreprise sociologique qui consiste à nier ou à masquer les rapports entre le social et la politique est-elle la meilleure productrice d'idéologies conservatrices.

Il suffit de considérer trois types d'explications divergentes à propos des mêmes constatations d'inégalités sociales devant l'école pour préciser ce point de vue. En effet tous les sociologues s'accordent à reconnaître ces inégalités. *Cependant selon qu'ils privilégient dans leur analyse, premièrement l'influence du milieu familial et social, deuxièmement celle du rapport entre ce même milieu et l'institution scolaire, troisièmement celle des rapports sociaux qui déterminent l'action combinée du milieu social et de l'institution, ils adoptent dans le premier cas une attitude conservatrice, dans le second ils invitent à des réformes de l'école (programme, pédagogie, administration), dans le troisième cas ils s'orientent vers une position révolutionnaire.*

Le premier groupe de sociologues n'expliquent l'action des facteurs sociaux dans la sélection et l'orientation scolaire qu'à partir des systèmes de valeurs différenciées et propres à chaque classe de la société. Nous rencontrons souvent le principe de la détermination sociale par les valeurs dans la recherche empirique américaine(1). Si nous devions retenir ce genre d'analyse pour rendre compte de l'orientation des étudiants à l'entrée du Cegep, il nous faudrait seulement constater que les étudiants originaires de la classe supérieure sont plus intéressés à aller à l'Université, qu'ils préfèrent souvent exercer une profession libérale ou occuper un poste de conception et sont moins ouvertement préoccupés par la rémunération du travail que les étudiants de la classe ouvrière. On pourrait en déduire que la classe ouvrière attache moins de prix à l'Université que la classe supérieure, qu'elle préfère en général le travail manuel et considère d'abord une activité par le revenu qu'elle procure. Les systèmes de valeurs seraient à l'origine de l'orientation différenciée des étudiants.

Cette explication consiste donc à attribuer les inégalités sociales à la seule volonté des individus et surtout aux aspirations de leur classe d'appartenance. Elle permet d'une part de justifier l'absence de démocratisation en en attribuant la responsabilité au groupe social intéressé et d'autre part de se laver moralement de

---

(1) Voir à ce sujet l'article de COMBESSIE (Jean-Claude): Education et valeurs de classe dans la sociologie américaine. *Revue Française de Sociologie* - X - 1969, p. 12-35.

ces mêmes inégalités, puisque si les filles et les fils d'ouvriers ne vont pas à l'Université, c'est qu'ils ne veulent pas. Ces explications sont également conservatrices, car elles excluent de leur champ d'investigation les institutions scolaires elles-mêmes, les possibilités qu'elles offrent et la solidarité qu'elles entretiennent avec les institutions économiques et politiques. Elles acceptent implicitement l'immuabilité de l'ordre que l'école est chargée de servir. Sur le plan idéologique, ces analyses renforcent les conceptions selon lesquelles les milieux populaires ne doivent qu'à eux-mêmes leur propre situation même si elles n'invoquent pas l'égalité des droits donc des chances devant l'enseignement. Elles laissent entendre enfin que seul le mérite individuel sinon l'orientation aux valeurs de la réussite sociale, permet aux enfants de milieux "défavorisés" d'échapper à leur destin de classe. Il y a même jusqu'à la "capacité" requise pour l'obtention d'une formation indispensable à la "promotion sociale" qui est soumise aux systèmes de valeurs. Le "manque d'effort personnel" (paresse?) limite, selon ce schéma volontariste, cette "capacité" qui apparaît encore comme un facteur dépendant de la "motivation"(1).

Le deuxième type d'explication des mêmes inégalités sociales relève également les différences de systèmes de valeurs ou pratiques culturelles dans les différentes classes de la société, mais elle les met en relation avec les valeurs et pratiques culturelles de l'institution scolaire, pour mettre à jour les mécanismes de la sélection.

Ainsi l'influence des facteurs sociaux dans l'orientation scolaire serait entretenue par un système d'éducation qui traite en égaux des élèves qui n'ont pas les mêmes capacités de réussir à l'école, du fait des inégalités sociales et culturelles. Cette théorie sociologique sur l'école a été systématisée par Pierre Bourdieu et

---

(1) Voir HYMAN (Herbert H.): Les systèmes de valeurs des différentes classes, une contribution psycho-sociologique à l'analyse de la stratification in Lévy (André): Psychologie sociale - Textes fondamentaux, Paris, Dunod, 1965, p. 423.

Jean-Claude Passeron[1]. Pour expliquer que l'on retrouve moins souvent les filles et les fils d'ouvriers dans le cours général que dans le cours professionnel, il faudrait envisager cette disparité comme le terme d'un processus. Ce processus se démontre comme l'aboutissement logique de la transmission par chaque famille d'un capital culturel (langage - informations - savoir faire, etc.) plus ou moins rentable sur le plan scolaire. L'école en effet ne valorise qu'une culture: la "culture savante" en plus grande affinité avec la culture des classes supérieures. Pour cette sociologie, tout le mécanisme social de la sélection repose sur une "distance sociale et culturelle" plus ou moins grande qui sépare l'école des étudiants originaires des différentes classes de la société. L'analyse de la transformation des inégalités sociales et culturelles en inégalités scolaires, reconverties à leur tour en inégalités sociales, par la portée du diplôme sur le marché du travail, engendre une sévère critique de l'école conservatrice. Ainsi cette explication aboutit à préconiser des réformes de type pédagogique, de façon à ce que l'école apporte aux enfants des "milieux défavorisés" ce que les plus favorisés doivent à leur origine sociale.

"En l'absence d'une pédagogie rationnelle mettant tout en oeuvre pour neutraliser méthodiquement et continûment, de l'Ecole maternelle à l'Université, l'action des facteurs sociaux d'inégalité culturelle, la volonté politique de donner à tous des chances égales devant l'enseignement ne peut venir à bout des inégalités réelles, lors même qu'elle s'arme de tous les moyens institutionnels et économiques, . . ."[2].

---

(1) Cf. BOURDIEU (Pierre) et PASSERON (Jean-Claude): Les héritiers - les étudiants et la culture. Paris. Ed. de Minuit, 1964, 189 p.

BOURDIEU (Pierre): L'école conservatrice - *Revue Française de sociologie,* no 7, 1966, p. 325-347.

D'autres références des mêmes auteurs sont indiquées en bibliographie.

(2) BOURDIEU (Pierre) et PASSERON (Jean-Claude): Les héritiers, op. cit. p. 114.

Il faut comprendre cette "pédagogie rationnelle" comme une pédagogie compensatoire qui réduirait les écarts culturels entre l'école et les étudiants des milieux populaires. Il n'est donc pas surprenant que ce type d'explication alimente aussi le courant pédagogique qui espère réduire cette distance d'une autre façon, en partant "des besoins de l'individu", par le rapprochement de l'école et du "milieu", et par la généralisation de méthodes d'enseignement conçues pour les "défavorisés". L'école deviendrait alors fidèle à son idéal de libération ou, tout au moins, de démocratisation. Si l'analyse de P. Bourdieu et J.C. Passeron ne laisse planer aucun doute sur la prétendue neutralité de l'école, elle fait cependant naître des espoirs de suppression des inégalités par le réformisme pédagogique [(1)].

Le troisième type d'explication des inégalités sociales devant l'école dépasse les deux précédentes en les critiquant. L'analyse marxiste ne néglige pas l'action des différents "systèmes de valeurs" ou de la "distance sociale ou culturelle" séparant les institutions scolaires des différentes classes. Toutefois elle ne ramène pas l'explication des inégalités à l'action exclusive de ces deux facteurs, qu'elle définit plutôt comme des effets engendrés par des rapports de classe et non comme des causes. Les rapports de classes sont liés au développement historique du mode de production capitaliste fondée sur la propriété privée des moyens de production et par conséquent, sur la division sociale du travail. Le système d'éducation s'est lui-même constitué au cours d'un processus historique en un appareil d'Etat, à un stade déterminé

(1) Dans leur dernier ouvrage: "La reproduction", Bourdieu et Passeron n'envisagent plus la suppression des inégalités sociales par la réforme pédagogique. Le passage du concept de "culture savante" à celui d' "arbitraire culturel" et la qualification du rapport pédagogique de "violence symbolique" ne laissent plus beaucoup de place à la transformation de l'école. Par ailleurs, comme "en matière de culture la dépossession exclut la conscience de la dépossession", la logique implacable de l'école conservatrice ne peut être contrée et les auteurs aboutissent à des vues pessimistes, en elles-mêmes conservatrices.

du développement de la société de classes. Ce n'est donc pas l'école qui crée ou supprime les inégalités sociales, puisque ses fonctions sont commandées par le développement des formes de production et des rapports de production(1) qui les contiennent.

L'école doit diviser et sélectionner parce qu'elle doit préparer aux divisions techniques et sociales du travail existant dans la société réelle. Les fonctions sociales de l'école ne sont pas seulement affaire de valeurs ou de pratiques pédagogiques. C'est pourquoi les doctrines pédagogiques qui nient ce rôle de l'école, l'ignorent ou se proposent de l'anihiler sans poser les conditions de la transformation de l'école, c'est-à-dire de la transformation des rapports sociaux de production, ne font que renforcer aujourd'hui l'idéologie de "l'école libératrice", en masquant la fonction du système d'éducation comme instrument de conservation de l'ordre social et de domination d'une classe. En raison de sa constitution historique comme instrument de domination d'une classe, l'école devient d'emblée l'enjeu de lutte politique et développe en son sein des contradictions plus ou moins antagoniques.

En ce sens la réforme scolaire au Québec et la création des Cegeps correspondent à une transformation des modalités par lesquelles l'école capitaliste contribue à la reproduction de la force de travail et exerce un contrôle social. La logique de la division subsiste en prenant d'autres formes. Ainsi l'instauration de la polyvalence et de la promotion par matière, ne supprime pas l'existence de deux réseaux de scolarisation (primaire - professionnel et secondaire - supérieur) que Christian Baudelot et Roger Establet définissent comme le fondement de l'école capitaliste.

Evidemment l'application de ce schéma d'analyse, qui devrait rendre compte de la particularité du système d'éducation

---

(1) Par force de production, il faut entendre les capacités de production engendrées par le travail, lui-même transformé en capital (machines - outillages - procédés techniques, etc...). Les rapports de production sont en dernière analyse les rapports de propriété dans lesquels se meuvent les forces de production.

québécois dans le cadre général de l'école capitaliste, reste à faire. Mais nous pouvons retenir comme hypothèse que la division commence avec la répartition entre allégés, réguliers et enrichis dès les premières années de l'enseignement élémentaire. Elle se poursuit avec le professionnel court au secondaire.

Comme plus de la moitié des jeunes terminent leur scolarité avant le niveau collégial, sans obtenir la plupart du temps une formation professionnelle qui leur assure un emploi qualifié sur le marché du travail, on peut situer *la coupure fondamentale* dans la reproduction du système des classes *au terme de la scolarité obligatoire,* c'est-à-dire avant la fin du cours secondaire. Cette coupure fondamentale reproduit pour l'essentiel la division fondamentale entre la bourgeoisie et le prolétariat. Encore faudrait-il ajouter aux effectifs éliminés à la fin du secondaire, tous ceux qui ne terminent pas leur scolarité au Cegep et même ceux qui ne continuent pas au-delà du Diplôme d'Etudes Collégiales dans une orientation préparée par le cours général. Car la formation générale au Cegep n'est conçue que pour la poursuite d'études universitaires. *Les divisions ultérieures à la scolarité obligatoire* (cours général et professionnel au Cegep, premier, deuxième et troisième clycle à l'Université) sont donc *secondaires* et contribuent, lorsque les études sont menées à leur terme, à la reproduction en grande partie d'une petite bourgeoisie fractionnée et hiérarchisée.

Mais l'école capitaliste n'est pas seulement un appareil qui contribue à la reproduction des rapports sociaux de production et à l'inculcation de l'idéologie dominante. Elle tend aussi au monopole de la formation professionnelle, par la scolarisation et l'élimination de la scolarisation, c'est-à-dire par le processus de sélection. Elle devient donc par surcroît un puissant appareil de contrôle social adapté au capitalisme monopoliste d'Etat[1] carac-

---

(1) C'est bien en effet la puissance des monopoles unie à la puissance de l'Etat bourgeois qui caractérise aujourd'hui le développement de l'économie capitaliste au Canada, plus que les formes d'organisations ou les idéologies dominantes produites par ce même développement du capitalisme.

térisé aussi par une idéologie dominante technocratique. Les conceptions technocratiques de l'exercice du pouvoir ont pour effet de faire correspondre progressivement une hiérarchie rigide de diplômes à une hiérarchie de "statuts professionnels", elle-même de plus en plus rigide dans l'organisation du travail. Les politiques de formation permanente, de recyclage peuvent encore accentuer ce phénomène et freiner la mobilité sociale indépendante de l'obtention d'un diplôme.

La rationalisation capitaliste de la fabrication des produits scolaires aboutit finalement à la réification de la connaissance ou au fétichisme du diplôme. Il apparaît en effet dans l'économie de marché l'utilisation pratique du diplôme comme d'un titre représentant une valeur, dans l'appréciation de la force de travail salariée. Cette pratique affecte indirectement la classe ouvrière, alors qu'elle concerne directement les cadres moyens salarié de l'industrie, du commerce ou de la fonction publique.

Le diplôme est en droit un titre de propriété privée inaliénable. En fait, l'utilisation de l'éducation comme bien d'investissement l'affecte, sur le marché d'échange de la force de travail, des mêmes fluctuations que celles que connaît la monnaie, sur le marché d'échange des biens et services. Si certains parlent déjà de l'inflation et de la dévalorisation des diplômes, nous connaissons également au Québec une opération du type monétaire, leur dévaluation, effectuée depuis 1971 dans les services d'équivalence du Ministère de l'Education.

Il se dessine de cette façon une évolution du contrôle social dans le mode de production capitaliste. La domination sociale fondée sur la propriété privée des moyens de production engendre des formes de domination fondée sur un type de savoir. Par le contrôle des institutions qui possèdent le monopole de la connaissance "légitime" en même temps que la capacité de la transformer en diplôme, l'Etat produit de nouvelles formes juridiques de conservation sociale, fondée sur une autre modalité de la propriété privée: l'appropriation privée des connaissances.

Devant l'aboutissement d'une telle politique il n'est pas possible de se maintenir exclusivement dans la problématique de la réforme de l'institution scolaire et de ses pratiques pédagogiques. C'est que l'action pour la réduction des inégalités sociales devant l'école n'est pas l'affaire de la classe dominante (par ses réformes), ni des seuls enseignants progressistes qu'ils soient isolés ou organisés dans un syndicat ou d'autres associations. Les inégalités sociales devant l'école ne sont qu'une forme des inégalités sociales inhérentes au mode de production capitaliste. Les "malaises" ou les crises endémiques de l'éducation, maintes fois décrites de nos jours, ne sont que des aspects d'une crise sociale et politique qui subsistera tant que subsisteront les actuels rapports de production.

La reconstruction d'une école nouvelle procède donc de la construction d'une société nouvelle, sous la direction de la classe ouvrière et de son parti. L'histoire et les récentes réalisations de pays aussi différents que la Chine et l'Albanie dans le domaine de l'éducation, marquent toutes les conditions à remplir pour une véritable révolution de l'apprentissage et la formation d'un homme nouveau.

Annexes

ANNEXE I

COURS, SECTEURS ET SPÉCIALITÉS OFFERTES PAR LES CEGEPS

I – COURS GÉNÉRAL:

a) Sciences biologiques (sciences de la santé):
- Chirurgie dentaire
- Diététique et nutrition
- Education physique
- Médecine
- Médecine vétérinaire
- Optométrie
- Pharmacie
- Sciences infirmières

b) Sciences physiques (sciences pures et appliquées):
- Agriculture
- Architecture
- Foresterie et géodésie
- Génie
- Sciences

c) Sciences humaines:
- Droit
- Géographie
- Histoire
- Phylosophie
- Psychologie
- Sciences de l'éducation
- Sciences religieuses et théologie
- Sciences sociales
- Service social

d) Sciences de l'administration:
- Sciences de l'administration

e) Arts:
- Arts plastiques
- Cinéma
- Musique

f) Lettres:
- Lettres

II — COURS PROFESSIONNEL:

a) Techniques biologiques:
- Techniques dentaires
- Techniques de laboratoire médical
- Techniques d'inhalothérapie
- Radiodiagnostic
- Radioisotopes
- Radiothérapie
- Techniques de physiothérapie
- Animalerie
- Laboratoires d'enseignement
- Aménagement de la faune
- Techniques infirmières
- Aménagement forestier

- Exploitation forestière
- Transformation des produits forestiers

b) Techniques physiques:
- Chimie industrielle (analyse)
- Chimie industrielle (procédé)
- Chimie-biologie
- Techniques de l'architecture
- Mécanicien de bateau de pêche
- Officier de bateau de pêche
- Techniques de préparation des produits marins
- Techniques du papier
- Techniques du génie civil
- Techniques de fabrication mécanique
- Equipement motorisé
- Dessin de construction mécanique (équipement et installation)
- Dessin de construction mécanique (outillage)
- Electrodynamique
- Instrumentation et contrôle
- Electronique
- Applications thermiques du bâtiment
- Construction navale
- Navigation
- Mécanique de marine
- Chimie teinture (textile)
- Production et contrôle (textile)
- Techniques de l'eau et de l'assainissement
- Fonderie
- Contrôle de la qualité et mécanique (métallurgie)
- Soudure
- Exploration et géologie minières
- Exploitation des gisements
- Minéralurgie
- Techniques de fabrication (aérotechnique)
- Pilotage

c) Techniques humaines:
- Rééducation de l'enfance inadaptée
- Rééducation de la déficience mentale
- Alimentation
- Assistance sociale
- Information et photographie
- Publicité et graphisme
- Radio et télévision
- Bibliotechnique
- Loisirs et sports

d) Techniques administratives:
- Marketing
- Personnel
- Finance
- Production
- Archives médicales
- Informatique

e) Arts appliqués:
- Céramique
- Esthétique de présentation
- Aménagement d'intérieurs
- Photographie (prise de vues)
- Photographie (laboratoire)
- Graphisme

ANNEXE II

L'accès des étudiants du cours secondaire à l'enseigne- collégial (ensemble du Québec)

Inscription dans les écoles secondaires — 1967-68 (1)

	11ème année	12ème année
Ecoles publiques	77.000	20.000
Ecoles privées	10.400	2.200
Total	87.400	22.200

Inscription dans les écoles secondaires — 1968-69 (1)

	11ème année
Ecoles publiques	91.650
Ecoles privées	5.550
Total	97.200

Inscription dans les Cegeps en 1ère année (2)

1968-69	:	22.981
1969-70	:	27.244

Ces chiffres ne nous donnent qu'une idée approximative de l'accès des finissants du secondaire à l'enseignement collégial.

Le Rapport Parent fixait à 48% l' "idéal" de scolarisation d'une classe d'âge au niveau collégial. La difficulté du calcul provient du fait que les étudiants peuvent accéder au collège après

---

(1) Source: Annuaire du Québec 1971 - Gouvernement du Québec. Ministère de l'Industrie et du Commerce. Québec - 1971 p. 295.

(2) Source: DIGEC. Pour les effectifs inscrits en Cegep I (Année 1968-69) l'annuaire du Québec indique 20.663.

la 12e année mais également après la 11e année, s'ils ont de bons résultats. L'accès peut donc se faire par le biais de la 12e. Par ailleurs nous manquons de renseignements sur l'enseignement collégial privé.

Si nous considérons les effectifs secondaires pour l'année 1967-68 (87.400 et 22.200 en 11ème et 12ème année), on s'aperçoit que seulement 27.224 étudiants sont inscrits l'année suivante au Cegep en 1ère année. En tenant compte du fait que plusieurs étudiants ont abandonné l'école avant la 11ème année, (la scolarité est obligatoire jusqu'à 16 ans), qu'une minorité d'étudiants seulement s'inscrit dans des établissements privés au niveau collégial, nous estimons que le taux de scolarisation par classe d'âge au Cegep (1ère année), doit être inférieur à 48%.

ANNEXE III

Implantation des Cegeps dans l'espace urbain du grand Montréal (1969-70)

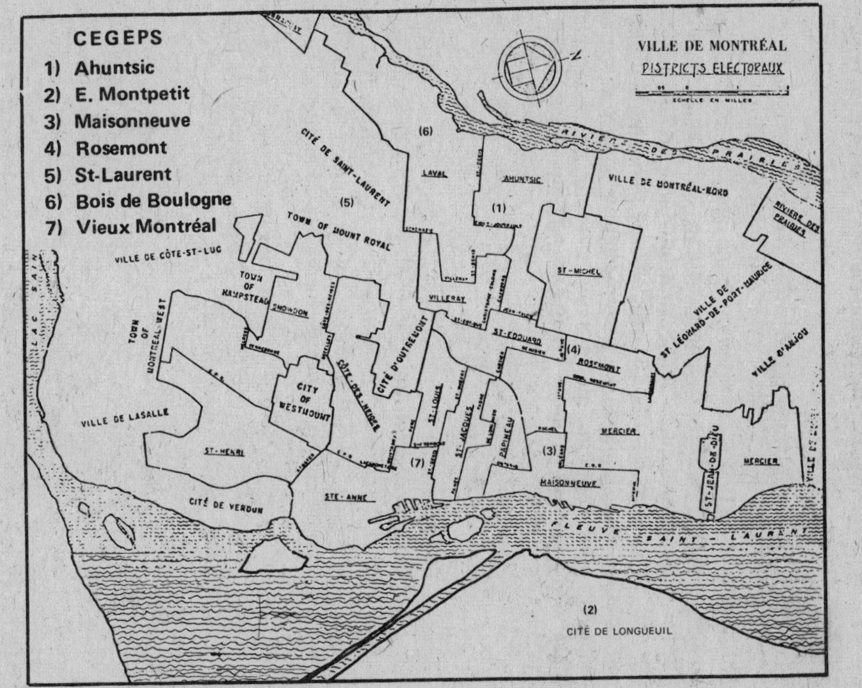

ANNEXE IV

LISTE DES ÉTUDIANTS INTERVIEWÉS

I — CLASSE SUPÉRIEURE:

a) Garçons

113 — 18 ans[1] - Sciences physiques - cours classique - A.p.[2]: ingénieur mines - Père: administrateur d'une Compagnie de produits pharmaceutiques - diplôme universitaire: en chimie - Mère: ménagère - Famille: 5 enfants.

201 — Sciences physiques - cours scientifique - A.p.: recherche en chimie (et administration) - Père: administrateur (vice-président) d'une Compagnie de distribution de films - 7e année - Mère: ménagère - Famille: 3 enfants.

221 — Sciences biologiques - cours classique - A.p.: vétérinaire (en administration) - Père: propriétaire - administrateur d'un commerce (7 employés) et d'immeuble (20 appartements) - cours commercial et cours universitaire en administration - Mère: ménagère - Famille: 3 enfants

242 — Sciences humaines - cours classique - A.p.: professeur (Cegep) - Père: professeur (Cegep) - doctorat es lettres - Mère: ménagère (maîtrise) - Famille: 3 enfants.

b) Filles

132 — 18 ans - Sciences humaines - cours classique - A.p.: indéterminé (en psychologie) - Père: propriétaire - administrateur d'une Compagnie de transport (20 employés) -

(1) L'âge est indiqué pour l'année d'inscription en première année (septembre 1969). L'étudiant né en 1951 a 18 ans.

(2) A.p.: aspiration professionnelle.

cours classique et cours préparant à l'enseignement - Mère: Ecole normale - Famille: 10 enfants.

149 — 18 ans - Arts et lettres - cours classique - A.p.: ind. (animatrice de télévision) - Père: animateur de télévision - cours classique et cours universitaire - Mère: assistante sociale (temps partiel) - Famille: 3 enfants.

232 — Sciences biologiques - cours scientifique - A.p.: médecine - Père: comptable agréé - cours universitaires - Mère: ménagère - Famille: 4 enfants.

II — CLASSES MOYENNES:

a) Garçons

106 — 20 ans - Sciences biologiques - cours classique - Abandonne le Cegep après 1 semestre - Père: gérant des ventes (Cie) - cours secondaire (et 12e année) - Mère: institutrice - Famille: 5 enfants.

119 — 18 ans - Sciences physiques - cours scientifique - A.p.: indéterminé (professeur de maths?) - Père: capitaine de pompiers - deux années de cours secondaire - Mère: ménagère - Famille: 4 enfants.

126 — 21 ans - Sciences physiques - cours scientifique (début classique) - A.p.: recherche (enseignement?) - Père: directeur de centre dans un laboratoire - cours secondaire et cours du soir - université - Mère: ménagère - Famille: 3 enfants.

127 — 16 ans - Sciences humaines - cours classique - A.p.: avocat - Père: comptable (non agréé) cours secondaire - Mère: sténo-dactylo - Famille: 3 enfants.

130 — 18 ans - Sciences administratives - cours scientifique - A.p.: indéterminé (en administration). Père: contremaître

à l'entretien (Ville de Montréal) - 1 an de secondaire - Mère: ménagère - Famille: 3 enfants.

131 — 18 ans - Sciences humaines - cours scientifique (3 ans classique) - A.p.: indéterminé (professeur?) - Père: cadre moyen (entreprise commerciale) - Cours primaire et cours du soir (Cegep) - Mère: ménagère - Famille: 4 enfants.

134 — 15 ans - Sciences humaines - cours classique - A.p.: économiste - Père: gérant des ventes (Cie) - cours secondaire et cours commercial - Mère: ménagère - Famille: 2 enfants.

137 — 16 ans - Sciences physiques - cours classique - A.p.: indéterminé - Père: conseiller en orientation scolaire - Mère: ménagère - Famille: 4 enfants.

140 — 18 ans - Sciences humaines - cours scientifique - A.p.: indéterminé (géographe) - Père: contremaître au Canadien National (chemin de fer) - cours primaire - Mère: ménagère - Famille: 6 enfants.

145 — 18 ans - Sciences administratives - cours scientifique - A.p.: indéterminé - Père: entrepreneur - une année de cours secondaire - Mère: vendeuse (pour ne pas s'ennuyer) - Famille: 3 enfants.

151 — 19 ans - Lettres - cours classique - A.p.: peut-être enseignement - Père: commis de bureau - 2 ans de cours secondaire et cours de comptabilité - Mère: serveuse - Famille: 2 enfants.

204 — Sciences humaines - cours scientifique - A.p.: professeur - Père: commis de bureau (C.T.M.) - cours secondaire - Mère: ménagère - Famille: 5 enfants.

207 — Sciences physiques - cours classique - A.p.: indéterminé

(recherche chimie phys.?) - Père: entrepreneur - cours primaire - Mère: ménagère - Famille: 4 enfants.

209 — Arts (musique) - cours classique - A.p.: indéterminé (professeur de musique?) - Père: musicien - cours universitaire (architecture) - Mère: institutrice.

229 — Sciences humaines - cours scientifique - A.p.: indéterminé (droit ou professeur d'histoire?) - Père: entrepreneur (6 employés) - Mère: ménagère - Famille: 4 enfants.

233 — Sciences administratives - cours classique - A.p.: indéterminé (adm. ou éducation physique?) - Père: policier - 2 ans de cours secondaire - Mère: ménagère - Famille: 4 enfants.

115 — 20 ans - Techniques physiques - cours classique - A.p.: électronique - Père: chauffeur de taxi (propriétaire) - cours primaire - Mère: ménagère - Famille: 2 enfants.

122 — 18 ans - Techniques physiques - cours scientifique - A.p.: génie civil - Père: briqueteur puis propriétaire d'appartements. - Famille: 2 enfants.

144 — 22 ans - Techniques administratives - cours général et secondaire V - A.p.: administration - Père: commerçant - cours secondaire et comptabilité - Mère: caissière - Famille: 4 enfants.

147 — 18 ans - Techniques administratives - cours général et scientifique - A.p.: administration - Père: inspecteur d'autobus - 2 ans de cours secondaire et cours du soir - Mère: ménagère - Famille: 2 enfants.

203 — Techniques physiques - cours scientifique (début classique) - A.p.: électrotechnique - Père: technicien en électricité - cours technique en électricité - Mère: ménagère - Famille: 4 enfants.

210 — Techniques physiques - cours scientifique (début classique) - A.p.: assainissement de l'eau - Père: instituteur - Ecole normale - Mère: ménagère - Famille: 4 enfants.

247 — Techniques physiques - cours scientifique (2 ans classique) - A.p.: architecture - Père: contremaître (dans une mine) - cours primaire - Mère: ménagère - Famille: 3 enfants.

257 — Techniques physiques - cours scientifique - (début classique) - A.p.: indéterminé (industrie ou commerce?) - Père: commerçant (4 employés) - 2 ans cours secondaire - Mère: ménagère - Famille: 5 enfants.

258 — Techniques humaines - cours classique - A.p.: loisir et sport - Père: artisan peintre (3 ou 4 employés) - cours secondaire - Mère: ménagère - Famille: 9 enfants.

b) Filles

103 — 17 ans - Techniques physiques - cours scientifique - A.p.: chimie biologie - Père: surintendant C.T.M. - cours classique - Mère: ménagère - Famille: 6 enfants.

111 — Sciences biologiques - cours scientifique - A.p.: médecine - Père; contremaître (construction) - Mère: ouvrière (couturière) - Famille: 4 enfants.

117 — 17 ans - S.C. physiques - cours scientifique - A.p.: indéterminé (professeur de maths) - Père: policier - Mère: aide-infirmière - Famille: 4 enfants.

129 — 18 ans - Sciences biologiques - cours scientifique - A.p.: professeur d'éducation physique - Père: artisan cordonnier (propriétaire) - 3 ans de cours secondaire - Mère: ménagère - Famille: 6 enfants.

136 — 16 ans - Sciences humaines - cours classique - A.p.: droit

(barreau) - Père: imprimeur (propriétaire: 5 employés) - 2 ans de cours secondaire - Mère: secrétaire juridique - Famille: 3 enfants.

143 — 17 ans - Lettres - cours scientifique - A.p.: institutrice - Père: contremaître (construction) - 2 ans de cours secondaire - Mère: ménagère (a été vendeuse) - Famille: 2 enfants.

148 — 18 ans - Lettres - cours scientifique - A.p.: enseignement (maternelle) - Père: policier - Mère: ménagère (secrétaire avant mariage) - Famille: 4 enfants.

154 — 16 ans - Lettres - cours scientifique - A.p.: enseignement (maternelle?) - Père: commis de bureau - cours secondaire et cours collégial - Mère: employée (service) - Famille: 2 enfants.

205 — 27 ans - Arts (musique) - cours général et école normale (2 ans) - A.p.: professeur de musique - Père: commerçant (15 employés) - cours primaire - Mère: secrétaire - Famille: 10 enfants.

208 — Sciences physiques - cours scientifique - A.p.: indéterminé (enseignement?) - Père: cadre administratif - cours secondaire et cours niveau universitaire - Mère: institutrice avant mariage - Famille: 3 enfants.

226 — Sciences humaines - cours scientifique - A.p.: professeur de géographie - Père: éditeur - indépendant - cours classique - Mère: ménagère (autrefois coiffeuse) - Famille: 4 enfants.

252 — Lettres - cours classique - A.p.: indéterminé (enseignement?) - Père: gérant de ventes - cours primaire - Mère: vendeuse - Famille: 6 enfants.

112 — 17 ans - Techniques physiques - cours scientifique - A.p.: chimie industrielle - Père: transporteur (deux camions) - cours primaire - Mère: ménagère - Famille: 4 enfants.

139 — 18 ans - Techniques administratives - cours scientifique - A.p.: informatique - Père: menuisier (à son compte) puis vendeur - cours primaire - Mère: ménagère - Famille: 5 enfants.

157 — 18 ans - Techniques biologiques - cours scientifique - A.p.: radiologie - Père: commerçant - 2 ans cours secondaire - Mère: institutrice (avant mariage).

206 — Techniques biologiques - cours classique - A.p.: infirmière - Père: professeur - cours classique et cours universitaires - Mère: ménagère - Famille: 4 enfants.

217 — Techniques biologiques - cours scientifique (début classique) - A.p.: infirmière - Père: commerçant - Mère: infirmière - Famille: 4 enfants.

237 — Techniques administratives - cours scientifique - A.p.: administration - Père: contremaître (Canadair) - cours primaire - Mère: ménagère (couturière avant mariage) - Famille: 2 enfants.

246 — Techniques biologiques - cours classique - A.p.: infirmière - Père: professeur (Haïti) - Mère: couturière - Famille: 13 enfants.

III — CLASSE OUVRIÈRE

a) Garçons

120 — 16 ans - Sciences physiques - cours classique - A.p.: ingénieur - Père: ouvrier (machiniste) - 3 années de cours secondaire - Mère: décédée - Famille: 2 enfants.

125 — 17 ans - Sciences physiques - cours scientifique - A.p.:

ingénieur - Père: ouvrier (plombier) - Mère: ménagère - Famille: 3 enfants.

152 — 20 ans - Lettres - Ecole de métier - Ecole normale - A.p.: professeur - Père: ouvrier (mécanicien) - cours secondaire - Mère: ménagère.

215 — Sciences physiques - cours scientifique - A.p.: ingénieur et pilote - Père: ouvrier (construction) - 3 ans de cours secondaire - Mère: ménagère - Famille: 3 enfants.

260 — Sciences humaines - cours scientifique - A.p.: écrivain professeur - Père: manoeuvre - cours primaire - Mère: décédée - Famille: 4 enfants.

418 — 20 ans - Sciences biologiques - cours scientifique - A.p.: professeur éducation physique - Père: ouvrier (briqueteur) - Mère: ménagère - Famille: 2 enfants.

102 — 18 ans - Techniques physiques - cours scientifique - A.p.: chimie industrielle - Père: manoeuvre - Mère: ménagère.

110 — 19 ans - Techniques physiques - cours général et recyclage - A.p.: chimie industrielle - Père: ouvrier (assembleur) - cours primaire - Mère: vendeuse - Famille: 2 enfants.

118 — 18 ans - Techniques physiques - cours scientifique - A.p.: électronique - Père: sacristain - cours primaire - Mère: ménagère.

124 — 18 ans - Techniques physiques - cours scientifique - A.p.: électronique - Père: ouvrier (sableur) - Mère: femme de chambre.

138 — 17 ans - Techniques administratives - cours classique - A.p.: informatique - Père: ouvrier (mécanicien puis contrôle des travaux C.T.M.) - cours primaire - Mère: ménagère - Famille: 3 enfants.

142 — 18 ans - Techniques administratives - cours scientifique - A.p.: informatique - Père: chauffeur de camion - cours primaire - Mère: ménagère - Famille: 5 enfants.

155 — 20 ans - Techniques biologiques - cours scientifique - A.p.: radiologie - Père: ouvrier (mécanicien) décédé - Mère: décédée - Famille: 2 enfants.

228 — Techniques administratives - cours scientifique - A.p.: administration - Père: chauffeur de taxi (employé) - cours primaire - Mère: ménagère - Famille: 5 enfants.

b) Filles

123 — 18 ans - Sciences physiques - cours scientifique - A.p.: ergothérapeute - Père: ouvrier (opérateur verrerie) - cours d'infirmier - Mère: institutrice - Famille: 3 enfants.

153 — 17 ans - Lettres - cours scientifique - A.p.: enseignement (maternelle) - Père: ouvrier (briqueteur) - chômage - cours primaire - Mère: secrétaire.

224 — Sciences physiques - cours scientifique - A.p.: indéterminé (enseignement?) - Père: cheminot - cours primaire - Mère: institutrice suppléante.

406 — Lettres - cours scientifique - A.p.: indéterminé (enseignement?) - Père: ouvrier (mécanicien industrie) - Mère: ménagère - Famille: 2 enfants.

100 — 18 ans - Techniques physiques - cours scientifique - A.p.: chimie-biologie - Père: ouvrier (plombier - construction) - cours primaire - Mère: ménagère - Famille: 3 enfants.

104 — 18 ans - Techniques physiques - cours scientifique - A.p.: chimie-biologie - Père: ouvrier (électricien - auto) - Mère: ménagère - Famille: 7 enfants.

133 — 17 ans - Techniques administratives - cours scientifique - A.p.: informatique - Père: ouvrier (menuisier) - Mère: (institutrice avant mariage) - Famille: 4 enfants.

Bibliographie

AHAMAD, B.
Une projection des besoins en main d'oeuvre par profession en 1975. Le Canada et ses régions.
Ministère de la main d'oeuvre et de l'Immigration - Ottawa Imprimeur de la Reine - 1969 - 319 p.

ALLEN, Patrick:
Tendances des professions au Canada, de 1891 à 1961, in "Actualité économique" - Avril - juin 1965 - pp. 49 et 86.

ALTHUSSER, Louis:
Pour Marx - Paris - Ed. Maspero - 1967 - 258 p.

ALTHUSSER, Louis:
Notes sur les appareils idéologiques d'Etat. La pensée - Juin 1970.

AUDET, Louis-Philippe:
Histoire de l'enseignement au Québec - 2 vol. 1608-1840 et 1840-1971. Montréal - Toronto. Holt-Rinehard - Winston Ed. 1971 - 432 et 496 p.

AUDET, Louis-Philippe:
Bilan de la réforme scolaire au Québec, 1959 - 1969 - P.U. de Montréal - 1969 - 70 p.

BABY, Antoine,
BELANGER, Pierre W.,
OUELLET, Rolland,
PEPIN, Yvon:

Nouveaux aspects du problème de la démocratisation de l'enseignement dans les Cegeps - in *"L'orientation professionnelle".* Vol. 5, No. 2 - Printemps 1969.

ANGERS, François-Albert:

L'industrialisation et la pensée nationaliste traditionnelle, in Comeau (Robert): Economie québécoise - Montréal - Cahiers de l'Université du Québec, 1969 - 495 p.

BAUDELOT, Christian
ESTABLET, Roger:

L'école capitaliste en France - Paris - Maspero - 1971 - 336 p.

BEAUDRY, Robert:

Niveau d'aspiration et statut professionnel. Thèse de maîtrise es arts - Université de Montréal. 1968 - 182 p.

BEAUDRY, Robert:
GUINDON, Hélène:

Attentes et satisfactions d'un groupe d'étudiants de niveau collégial. Centre d'animation de développement et de recherche en éducation - Montréal - 218 p.

BECKER, Howard S.:

Schools and Systems of Stratification - in Halsey (A.H.), Floud (J.), Anderson (C.A.): Education, Economy and Society - New York - The Free Press - 1968 - 625 p.

BEAULIEU, Maurice:
NORMANDEAU, André:

Le rôle de la religion à travers l'histoire du Canada français - in *"Revue juridique et politique"* – Indépendance et coopération - No 3 - Juillet - Septembre 1967.

BELANGER, André J.:
LEMIEUX, Vincent:

Le nationalisme et les partis politiques. R.H.A.F., XXII, 4 (mars 1969) p. 54 - 563.

BELANGER, Pierre W.:
ROCHER, Guy:

Ecole et Société au Québec. Ed. H.M.H. - Montréal - 1970 - 465 p.

BERELSON, Bernard:
Content Analysis in Communication - Glencoe - Illinois - The Free Press - 1952 - 220 p.

BERGERON, Gérard:
Le Canada français après deux siècles de patience. Paris - Seuil - 1967 - 271 p.

BERTRAND, Gordon W.:
L'éducation et la croissance économique, in Bélanger (Pierre W.) et Rocher (Guy): Ecole et Société au Québec. Ed. HMH Montréal 1970 - 465 p.

BOILY, Robert:
Les hommes politiques du Québec - 1867-1967 - *Revue d'histoire de l'Amérique française* - XXI, 3e (1967) p. 599 - 634.

BOURDIEU, P.:
PASSERON, J.C.:
Les Héritiers - les étudiants et la culture. Paris - Ed. de Minuit - 1964 - 189 pages.

BOURDIEU, P.:
PASSERON, J.C.:
SAINT-MARTIN M. de:
Rapport pédagogique et communication: Paris - La Haye - 1965 (C.S.E.)

BOURDIEU, P.:
PASSERON, J.C.:
La comparabilité des systèmes d'enseignement. in Castel (R.), et Passeron (J.C.): Education, développement et démocratie - Paris, La Haye, Mouton 1967, p. 21 - 58.

BOURDIEU, P.:
PASSERON, J.C.:
La reproduction. Paris - Ed. de Minuit - 1970, 279 pages.

BOURDIEU, P.:
Différences et distinction, in Darras: Le partage des bénéfices - Paris - Ed. de Minuit, 1966, p. 117 - 129.

BOURDIEU, P.:
L'école conservatrice. Revue Française de Sociologie No. 7 - 1966, p. 325 - 347.

BOURDIEU, P.:
Systèmes d'enseignement et système de pensée. Revue Internationale des Sciences Sociales. Vol. XIX, No. 3, 1967, p. 367 - 386.

BOURDIEU, P.:
PASSERON, J.C.:
L'examen d'une illusion. in Revue Française de Sociologie - IX, No. spécial 1968, p. 327 - 388.

BOURDIEU, P.:
CHAMBOREDON, Jean-Claude:
PASSERON, J.C.:
Le métier de sociologie. Paris - Ed. Mouton - Bordas 1968 - 430 p.

BISSERET, Noëlle:
La sélection à l'université et sa signification pour l'étude des rapports de dominance. in *"Revue Française de Sociologie".* IX, 1968, 463 - 496.

BOURQUE, Gilles:
FRENETTE, Nicole:
La structure nationale québécoise. in "Socialisme québécois" No 21-22 - Montréal, avril 1971 - p. 109 - 155.

BOURQUE, Gilles:
Classes sociales et question nationale au Québec, 1760-1840, Montréal - Ed. Parti pris. 1970.

BRAZEAU, Jacques et al:
Les résultats d'une enquête auprès des étudiants dans les universités de langue française du Québec. Département de Sociologie. Université de Montréal - Montréal, 1962.

BRETON, Raymond:
MAC DONALD, John C.:
Projets d'avenir des étudiants canadiens. Ministère de la Main d'Oeuvre et de l'Immigration. Ottawa - 1967 - Vol. I, 204 p.

BROOKOVER, Wilbour B.:
GOTLIEB, David:
A Sociology of Education. New York - American Book Company, 1964, 488 p.

CASTEL, Robert:
Remarque sur la démocratisation de l'enseignement dans certains pays socialistes. Revue Française de Sociologie, IX - No. spécial - 254 - 278.

CECCONI, O.:
Remarques sur les critères et les fonctions de l'idéologie. in *"Economie et Humanisme".*

CHALVIN, Solange & Michel:
Comment on abrutit nos enfants, La Bêtise en 23 manuels scolaires - Ed. du Jour, Montréal - 1962 - 139 p.

CHAPUT, Marcel:
Pourquoi je suis séparatiste. Montréal - Ed. du Jour - 1961 - 191 p.

CHOUBKINE, Vladimir N.:
Le choix d'une profession. Résultats d'une enquête sociologique auprès des jeunes de la région de Novosibirsk - in "Revue Française de Sociologie" IX, 1968, 35-50.

CLERC, Paul:
La famille et l'orientation scolaire au niveau de la sixième - Enquête de juin 1963 dans l'agglomération parisienne - Population - 1964 - 4.

COMBESSIE, Jean-Claude:
Education et valeurs de classe dans la sociologie américaine. Revue Française de Sociologie - X - 1969 - p. 12 - 35.

COOMBS, Philip H.:
La crise mondiale de l'éducation. Paris - P.U.F. Collection Sup. 1968 - 319 p.

D'ALLEMAGNE, André:
Le Colonialisme au Québec - Montréal, Editions R.B. 1966 - 191 p.

DE COSTER et al:
Essais sur la régression sociale virtuelle et l'enseignement. Ed. de l'Institut de Sociologie - U. libre de Bruxelles - Bruxelles, 1967 - 225 p.

DE COSTER, Sylvain:
VANDER ELST, G.:
Mobilité sociale et enseignement. Bruxelles - Librairie Encyclopédique - 1955.

DENTON, Trevor:
The Structure of French Canadian Acculturation in Anthropologica, N.S. Vol. VIII - No. 1 - 1966.

DESBIENS, Jean-Paul:
Les insolences du Frère Untel. Ed. de l'Homme - Montréal 1960 - 158 p.

DESROSIERS, Richard:
La question de la non-participation des Canadiens-français au développement industriel au début du XXe siècle. in Comeau (Robert), ed. Economie québécoise - Montréal - Cahiers de l'Université du Québec 1969 - 495 p.

DOFNY, Jacques:
RIOUX, Marcel:
Les classes sociales au Canada-Français - Revue Française de Sociologie. Vol. III, No. 3, Juillet - Septembre 1962.

DION, Léon:
Le Bill 60 et la société québécoise. Montréal - Ed. H.M.H. Collection Aujourd'hui, 1967 - 197 p.

DUBUC, Aldred:
Les classes sociales au Canada de 1760 à 1840. Publication du Département des Sciences Economiques. Faculté des Sciences Sociales de l'Université de Montréal.

DUMONT, Fernand:
La représentation idéologique des classes au Canada-Français in *Recherches sociographiques.* Vol VI, No. 1 janvier- avril 1965.

DUMONT, Fernand:
Notes sur l'analyse des idéologies. "Recherches Sociographiques" 1963 (IV), No. 2 - mai - août.

DURKHEIM, Emile:
Education et sociologie. Paris - PUF, Collection Le Sociologue - 1966 - 120 pages - p. 34.

DURKHEIM, Emile:
L'Evolution pédagogique en France. Paris - PUF, 1969, 399 p.

DURKHEIM, Emile:
L'éducation morale. Paris - PUF, 1963 - 239 pages.

ESTABLET, Roger:
Culture et idéologie in *"Cahiers Marxistes Léninistes"* No 12/13 - juillet - octobre - 1966, p. 15 - 18.

FAUCHER, Albert:
LAMONTAGNE, Maurice:
L'Histoire du développement industriel au Québec. in Rioux (Marcel) et Martin (Yves) ed. La société canadienne française - Montréal - Hurtubise H.M.H., 1971 - 404 p.

FALARDEAU, J.C.:
Les canadiens français et leur idéologie in *"Revue juridique et politique"* - Indépendance et Coopération - No. 3 - Juillet - Sept. 1967.

FALARDEAU, Jean-Charles:
Réflexions sur des classes sociales in *"Nouvelle Revue Canadienne",* 1,3,1,7.

FALARDEAU, J.C.:
L'origine et l'ascension des hommes d'affaires dans la société canadienne-française in *"Recherches sociographiques"* - Vol. VI - No. 1 - janvier - avril 1965.

FALARDEAU, J.C.:
Symposium. Essais sur le Québec contemporain. Québec P.U. Laval 1953.

FEDERATION DES COLLEGES CLASSIQUES:
Notre réforme scolaire. Mémoire à la Commission Royale d'Enquête sur l'enseignement - Centre de Psychologie et de Pédagogie - Montréal 1963 - 2 vol. 206 et 254 p.

FERGE, Suzanne:
La démocratisation de la culture et de l'enseignement en Hongrie in Castel (Robert) et Passeron (Jean-Claude): Education, développement et démocratie - Paris - La Haye Mouton, CSE, 1967, 268 pages.

FLOUD, Jean:
Le rôle de la classe sociale dans l'accomplissement des études - in Halsey, Floud et al: Attitude intellectuelle et éducation - Paris - O.C.D.E. 1961.

FLOUD, Jean:
HELSEY, A.H.:
English Secondary Schools and the Supply of Labor - Year Book of Education, 1956.

HALSEY, A.:
FLOUD, J. et al:
Attitude intellectuelle et éducation. Paris O.C.D.E. 1961.

FLOUD, Jean:
HALSEY, Arthur et al:
Ecole et société - Paris Ed. Marcel Rivière - 1950 - 131 p.

GAGNON, Lisiane:
Une semaine dans une (polyvalente) publié dans le quotidien "La Presse", les 7-8-9-10-11-12 décembre 1970.

GERIN-LAJOIE, Paul:
Pourquoi le bill 60, Montréal, Edition du Jour, 1963, 142 p.

GERARD, Alain:
BASTIDE, Henri:
La stratification sociale et la démocratisation de l'enseignement - Population - 1963 - 3.

GERARD, Alain:
Les facteurs psychologiques et sociaux de l'orientation et de la sélection scolaires. Le cheminement d'une promotion d'élèves pendant les deux années suivant la sortie du cycle élémentaire. Population - 1966 - 4.

GERARD, Alain:
BASTIDE, Henri:
Orientation et sélection scolaire. Cinq années d'une promotion de la fin du cycle élémentaire à l'entrée dans le 2e cycle du second degré. Population - 1969 - 1 et 2.

GINSBERG, Eli:
Occupational choice - An approach to a General Theory - Columbia University Press. 1951.

GIROD, Roger:
Système social et projets d'avenir des adolescents. Revue suisse de psychologie - 1962 - 1.

GIROD, Roger:
La Stratification sociale et la démocratisation de l'enseignement - Population - 1963 - 3.

GOBLOT, Edouard:
La Barrière et le Niveau: Paris, PUF, 1967 - 108 pages.

GUNDER, Frank André:
Fonctionnalisme et dialectique in *"L'Homme et la Société"* - Avril - mai - juin 1969 - no 12, p. 139 - 149.

HALSEY, A.:
FLOUD, J.:
ANDERSON, Arnold C.:
Education, Economy and Society - New York - The Free Press 1968 - 5e ed. 625 pages.

HALSEY, A.:
FLOUD J. et al:
Attitude intellectuelle et éducation. Paris O.C.D.E. 1961.

GROULX, Lionel:
L'enseignement français au Canada - Montréal Ed. Granger 1933.

HASSENFORDER, Jean:
La réforme de l'enseignement au Québec in "Revue de l'Education Nationale", 3 juin 1965 - no 21, p. 12 - 14.

HAVIGHURST, R.J.:
NEWGARTEN, B.L.:
Society and Education - Boston Allyn and Baron 1962, 2nd ed. 585 pages.

HONORE, Serge:
Adaptation scolaire et classes sociales; Paris Ed. "Les belles lettres" 1970 - 159 p.

HUGHES, Everett C.:
French Canada in transition. Chicago. The University of Chicago Press 1943.

HUSEN, Tersten:
La structure de l'enseignement et le développement des aptitudes in Halsey, Floud et Al. Attitude intellectuelle et éducation - Paris O.C.D.E., 1961.

HYMAN, Herbert H.:
Les systèmes de valeurs des différentes classes une contribution psycho-sociologique à l'analyse de la stratification in Levy (André): Psychologie sociale. Textes fondamentaux - Paris Dunod - 1965 - p. 423.

ISAMBERT-JAMATI, Viviane:
Crises de la société et crises de l'enseignement. Paris P.U.F. Bibliothèque de sociologie contemporaine. 1970, 400 p.

JOHNSON, Daniel:
Egalité ou Indépendance - Montréal - Ed. de l'Homme 1961 - 125 p.

KAHL, Joseph A.:
Aspirations of "Common Man" Boys. in Mercer (Blaine E.) Carr. (Edwin R.): op. cit.

KALLENBACH, W. Warren:
HODGES, Harold M.:
Education and Society, Colombus - C.E. Merrill Books 1964 - 474 pages.

KOHN, Melvin J.:
SCHOOLER, Carmi:
Class, Occupation and Orientation. American Sociological Review - Oct. 1969, No. 5.

KOHN, Melvin, L.:
Social Class and the Exercise of Parental Authority. American Sociological Review - Vol. 24 - juin 1959.

KOHN, Melvin, L.:
Social Class and Parental Values. The American Journal of Sociology. Vol. 64 - Jan. 1959 - 40.

KOHN, Melvin L.:
Social Class and Parent-Child Relationships. an interpretation "the American Journal of Sociology". Jan. 1963, vol. 68.

LACOSTE, Norbert:
Les caractéristiques sociales de la population du Grand Montréal. Ed. Université de Montréal. Montréal 1958. 267 p.

LAUZON, M.:
La persévérance scolaire dans les institutions classiques, affiliées à l'Université Laval. Québec - Université Laval 1961.

LEMIEUX, Vincent:
Quatre élections provinciales. 1956 - 1966. Québec. P.U.L. 1969, 246 p.

LESAGE, Jean:
Lesage s'engage. Montréal. Ed. Politiques du Québec. 1959, 123 p.

LEVESQUE, René:
Option Québec. Montréal. Ed. de l'Homme. 1967 - 173 p.

LEVY, A.:
Psychologie Sociale - Textes fondamentaux - Paris - Dunod - 1965.

MAO TSE TOUNG:
De la contradiction: dans "Oeuvres choisies" Ed. en langues étrangères. Pékin. 1966 Tome I, p. 375.

MAGNAN, Jean Luc:
La variation sexe dans la perception des carrières universitaires. Fédération des Collèges classiques. Montréal 1965, 111 p.

MARKIEWICZ-LAGNEAU, Janina:
Education, égalité et socialisme. Paris. Ed. Anthropos. 1969, 172 p.

MARTIC, Mirko:
SUPEK, Rudi:
Structures de l'enseignement et catégories sociales en Yougoslavie. In Castel (Robert) et Passeron (Jean-Claude): Education, développement et démocratie - Paris - La Haye - Mouton - 1967 - p. 21 - 58.

MARTIN, Jean-Marie:
Nouveau visage de l'enseignement québécois. in "Revue juridique et politique": Indépendance et Coopération - No. 3 - Juillet - Sept. 1967.

MARX, Karl:
Contribution à la critique de l'économie politique, Paris - Gallimard Bibl. de la Pléiade, 1963, p. 271 - 275.

MARX, Karl:
ENGELS, Friedrich:
L'idéologie allemande - Paris, Editions Sociales 1966, 154 p.

MERTON, Robert K.:
Eléments de méthode sociologique. Paris - Ed. Plon. 1953 - 250 p.

MERTON, Robert K.:
KITT, Alice J.:
La théorie du groupe de référence et la mobilité sociale. in Levy (André). Psychologie Sociale. op. cit. p. 470 - 480.

MELTZ, Noah M.:
La main d'oeuvre au Canada. 1931 à 1961. *Statistique historique de la population active au Canada.* Ministère de la main d'oeuvre et de l'immigration. Ottawa. Imprimeur de la Reine 1969 - 290 p.

MERCER, Blaine E.:
CARR, Edwin R.:
Education and the Social Order. New York - Rinehart and Company - 1957 - 587 pages.

MILLS, C. Wright:
Les cols blancs. Paris, Maspero, Coll. Points - 1970, 411 p.

OUELLET, Fernand:
L'enseignement primaire: responsabilité des Eglises ou des Etats? (1801-1836) in Bélanger (Pierre W.) et Rocher (Guy): Ecole et Société au Québec - Ed. H.M.H. Montréal 1970 - 465 p.

OUELLET, Roland:
BABY, Antoine:
BELANGER, Pierre W.:
Les orientations des étudiants du cours collégial in *"L'étudiant québécois - Défi et dilemnes - Rapports de recherches".* Ministère de l'Education - Editeur Officiel du Québec - 1972 - 364 p.

PARSONS, Talcott:
The School Class as a Social Systems; Some of its Functions in American Society. in Halsey (A.M.), Floud (J.), Anderson (C.A.).

PARTI PRIS ED.
Les Québécois. Préf. de Berque (Jacques). Paris - Ed. Maspero - 1967 - 300 p.

POIGNANT, Raymond:
Les plans de développement de l'éducation et la planification économique et sociale. Paris. U.N.E.S.C.O. Institut international de planification de l'éducation. 1967 - 55 p.

RACINE, Luc:
DENIS, Roch:
La conjoncture politique québécoise depuis 1960, in *"Socialisme Québécois"*, No. 21 - 22 - Montréal - Avril 1971.

PORTER, John:
The vertical Mosaïc, Toronto-University of Toronto Press - 1965 - p. 164 - 197.

RAPPORT GRAY:
Ce que nous coûtent les investissements étrangers. Ed. Leméac - Le Devoir - Montréal 1971 - 213 p.

RAPPORT PARENT:
Gouvernement du Québec.- Québec - 1963 - 1966.

RAYNAUD, André:
Croissance et structure de la Province de Québec, Ministère de l'Industrie et du Commerce de la Province de Québec, 1961.

RIOUX, Marcel:
Conscience ethnique et conscience de classe au Québec, *Recherches sociographiques.* op. cit.

ROSENBERG, Morris:
Facteurs influençant le changement du choix de métier. in Levy (André). Psychologie sociale, op. cit.

RYAN, William F.:
L'Eglise et l'éducation au Québec. in Bélanger (Pierre W.) et Rocher (Guy): Ecole et Société au Québec. op. cit.

SAINT-MARTIN, Monique de:
Les facteurs de l'élimination et de la sélection différentielle dans les études des sciences in *"Revue Française de Sociologie".* IX No. spécial 1968, 167 - 184.

SAUVY, Alfred:
GIRARD, Alain:
Les diverses classes sociales devant l'enseignement. Mise au point général des résultats - Population 1965 - 2.

SAVARD, Rémi:
L'orientation des finissants des collèges classiques du Québec de 1924 à 1956. Ecole de Pédagogie et d'orientation, Université Laval - Québec 1963.

SCHAFF, Adam:
La définition fonctionnelle de l'idéologie et le problème de la fin du siècle de l'idéologie in *"L'homme et la Société"*, No. 4, avril - mai - juin 1964 - p. 50.

SCHATZMANN, L.:
STRAUSS, A.:
Social Class and Modes of communication. American Journal of Sociology, Vol. LX no. 4, 1955.

STEPHENSON, Richard:
Education and Stratification in Mercer (Blaine E.) and Carr (Edwin R.) op. cit.

TOFIGH, Firouz:
Du choix des professions. Etude sociologique. Genève. Librairie Droz - 1964 - 158 p.

TREMBLAY, Arthur:
Les collèges et les écoles publiques: Conflit ou coordination, Québec, P.U. Laval 1954.

VALLERAND, Noël:
Agriculturisme, Industrialisation et triste destin de la bourgeoisie canadienne-française (1876-1920) in Comeau (R.): Economie Québécoise, Montréal - Cahiers de l'U. du Québec - 1967 - 495 p.

WHITE, Sylvester F.:
Bilan économique et la démocratisation de l'enseignement, in Bélanger (Pierre W.), Rocher (Guy) et al: Ecole et Société au Québec, op. cit.